CEO
공학의 숲에서 경영을 논하다

CEO

공학의 숲에서 경영을 논하다

김승호 지음

페이퍼로드
paperroad

왜 CEO도 공학을 알아야 하는가?

경영 마인드와 공학 마인드의 통섭을 모색하며

사업상 만나서 명함을 교환할 때 필자의 명함을 받은 사람들은 많은 경우 다음과 같은 반응을 보인다.

"아, 공학박사시군요?" 하면서 내 얼굴을 한 번 더 쳐다보고는, 겉으로 말하는 경우와 속으로 삭혀 표정으로만 드러내는 경우가 있지만 대부분 "무슨 공학박사가 사업을 한다고…"라는 반응을 보인다.

그나마 필자를 생각해서 좀 점잖게 표현하는 사람들은 "아니 박사님이 대학 교수나 연구소 연구원으로 가지 않으시고, 이 험한 사업의 세계에서 고생하십니까?" 하면서 웃는다.

그래서 한동안은 명함에서 '공학박사'라는 타이틀을 뺄까 하고 고민도 했었다. 하지만 필자의 사업이 기술 관련 분야의 일이고, 상대하는 사람들이 대부분 기술자들이기에 신뢰를 주기 위해 '공학박사'라는 타이틀을 명함에 그대로 유지하고 있다. 위에 예를 든 반응을 보이는 사람들은 사업에 간접적으로 관련되어 만나는 사람들이 많기에 그들의 반응 때문에 명함을 바꿔야 될 정도는 아니라고 판단했기 때문이다. 그렇지만 기술 분야의 사업이 아니라 보험이나 마케팅 등의 분야에서 사업을 했다면 '공학박사'라는 타이틀을 명함에서 빼는 게 유리하지 않았을까? 설사 기술 분야의 사업이라도 어느 정도 규모가 큰 회사의 CEO로 있는 경우라면 마찬가지로 명함에서 '공학박사'라는 타이틀을 빼는 것이 유리할 것이라고 생각된다.

왜 사람들은 명함에 있는 '공학박사' 타이틀을 보고 필자가 사업에 적합하지 않다고 판단할까? 아마도 공학박사를 '현실을 모른 사람' 또는 '현실과 동떨어진 세계에 있는 사람' 정도로 여기기 때문일 것이다. 이상적으로 움직이는 자연 세계에만 익숙한 공학박사가 냉혹한 현실을 견딜 수 없을 것이라는 자비심(?)이 이런 반응을 불러일으킨 게 아닐까 하는 생각이 든다. 사실 외환 위기 이후 평생직장이 무너지면서 공학도들이 현실 세계에 적응하지 못해 많은 피해를 입었다. 몇 년 전에는 벤처 바람이 불면서 수많은 기술자들이 기술을 내세워 창업했다가 대부분이 쓰러지는 쓰라린 경험을 하기도 했다. 이 모두가 공학을 하는 사람들은 현실을 모르는 사람들이란 생각을 더욱더 확고하게 만든 원인이 아닐까?

그렇다면 정말 공학은 현실과 동떨어져 있는가? 과거에는 그랬을지도 모른다. 필자가 대학을 다닐 때만 해도 컴퓨터는 냉난방 시설이 갖춰진 별도의 공간에 모셔지는 특별한 기계였다. 특별한 엔지니어들만이 컴퓨터를 다뤘고 이용하는 사람들도 대부분 엔지니어들이었다. 그러나 지금도 컴퓨터가 별도의 공간에 모셔지는 특별한 기계인가? 지금은 컴퓨터가 우리의 책상 위에 놓여 있고, 누구나 다루는 평범한 기계가 됐다. 유엔미래포럼의 회장 제롬 글렌Jerome C. Glenn은 2015년이면 옷과 안경 형태의 컴퓨터인 사이버나우Cyber-Now를 통해 24시간 사이버 공간과 접속하게 될 것이라고 전망하고 있다. 미래학자들의 예측에 의하면 조만간 컴퓨터는 지금과 같이 책상 위에 놓여서 생활을 조금 편리하게 하는 정도가 아니라, 가전제품 등 모든 제품의 내부로 들어가 우리 생활을 지배하게 된다고 한다. 예를 들면, 냉장고에 들어 있는 컴퓨터에 요청을 하면 냉장고 내의 각 식품들의 종류와 저장 기간을 고려하고, 나의 식성을 고려해서 식단을 추천하는 정도가 된다는 것이다.

이처럼 공학은 이제 우리의 실생활 속에 있고, 더 빠른 속도로 우리의 삶 속에 들어오고 있다. 지금 현재에도 우리의 삶은 공학 없는 생활은 상상할 수 없는 상태에 이르렀다. 생각해보라. 핸드폰 없는 세상, 자동차 없는 세상을 상상할 수 있겠는가. 어쩌다 핸드폰을 잊고 집에 놔두고 오는 날에는 그렇게 불편할 수가 없다. 불과 10여 년 전만 해도 핸드폰 없이 잘 지냈는데, 이제 핸드폰 없이는 업무를 볼 수 없는 지경에 이르렀다. 이는 필자의 경우만이 아닐 것이다. 현대인이면 누구나 겪는 일상적인 일이다. 요즘 아이들은 손에 게임기나 핸드폰 등 디지털 기기가 없으면 불안한 증세까지 보인다고 한다.

공학은 이렇게 우리 실생활에 필수적인 요소가 됐을 뿐만 아니라, 그러한 만큼 사업을 하는 데도 필수적인 요건이 됐다. 과거 산업사회에서도 기술은 경쟁력에 큰 요소였던 것이 사실이다. 하지만 기술 변화 속도가 느렸기 때문에 충분히 시간을 두고 검토할 수 있었고, 또 그 검토를 기술자들을 비롯한 전문가들에게 맡길 수 있었다. 하지만 이제는 기업의 CEO들도 공학에 대해 어느 정도 알고, 정확하고 빠른 판단을 내려야 하는 시대가 도래했다.

그 이유로는 첫째, 기술이 기술 그 자체로 중요한 게 아니라, 기업의 핵심 역량과 결합하여 어떤 가치를 창출해낼 수 있느냐가 중요해졌기 때문이다. 과거 산업사회에서는 기술이 만들어내는 제품 자체가 기업의 경쟁력이 되는 경우가 많았다. 예를 들어 산업사회에서는 자본이 있으면 엔지니어링 회사에서 기술을 사서 공장을 짓고 제품을 생산했고, 그 제품 자체가 경쟁력이 됐다. 하지만 지금은, 그리고 앞으로는 더더욱 고객이 원하는 제품을 생산해야만 팔리는 고객 위주의 시장이 대세다. 기술 자체보다는 그 기술을 이용해 고객에게 어떤 차별화된 가치를 제공할 수 있느냐를 CEO가 판단해야 하기 때문에 CEO도 공학을 이해하고 있어야 하는 것이다.

보다 구체적인 예를 들어, 애플 컴퓨터의 스티브 잡스Steve Jobs의 경우를 보자. 기술적으로 보면 최초의 퍼스널 컴퓨터를 만든 그의 공적이 다른 어떤 공적보다 훨씬 크다고 할 수 있다. 하지만 그는 애플 퍼스널 컴퓨터를 만든 다음에도 기술을 고집하다 회사가 기울면서 자신이 설립한 회사에서 쫓겨나는 신세가 됐다. 그가 애플 컴퓨터로 복귀해 CEO로서 화려하게 각광받는 이유는 기술보다는 고객에게 제공하는 가치를 앞세우면서, 아이포드iPod 등의 제품을 개발해 크게 히트했기 때문이다. 이제 제품 개발을 기술자들에게 맡기거나, 마케팅 팀과 기술자 팀의 이중 체제로 기업을 운영해서는 성공하기 힘든 세상이다. CEO가 기술에 대해 알면서 회사가 갖고 있는 핵심 역량을 결합하여 고객에게 차별화된 가치를 제공해야만 한다.

둘째는 기술의 변화 속도가 너무 빠르고 변화 방향은 예측하기 어려운 데 비해 기술이 사업에 미치는 영향력은 커졌기 때문이다. 과거 산업 사회에서는 자본으로 기술을 일단 사오면 그 후에는 그 기술을 개선하는 정도로 충분했지만, 지금은 새로운 기술의 출현 속도가 빨라 기존 사업 자체를 폐기해야 하는 경우도 생기게 됐다. 그런데 문제는 이처럼 사업의 방향에 영향을 줄 정도로 중요해진 기술의 발전 방향을 예측하기가 쉽지 않다는 것이다. 예를 들어 컴퓨터용 도트 프린터를 생산하는 기업의 경우, 도트 프린터의 기능을 어떻게 하면 향상시킬 수 있느냐 정도의 개선 노력으로는 충분하지 않다. 잉크젯 프린터, 레이저 프린터라는 새로운 제품의 출현으로 도트 프린터 자체가 시장에서 퇴출되는 상황에 어떻게 대처하느냐가 관건인 것이다. 이런 시장에서의 기술 변화를 예측하기 위해서는 기업의 경영 방향을 결정해야 하는 CEO가 기술 변화에 대해 알고 있어야 한다.

예를 들어 IBM이 퍼스널 컴퓨터 시장에 뛰어들었을 때, 운영 체제os의 중요성을 알았더라면 마이크로소프트의 윈도우 시스템을 운영 표준으로 채택하지는 않았을 것이다. 하드웨어 자체보다 소프트웨어의 가치가 훨씬 커질 것이라는 혜안을 IBM의 CEO가 가지고 있었더라면 IBM은 지금보다 훨씬 막강한 회사가 됐을 것이다. IBM의 등에 업혀 미약하게 출발한 마이크로소프트가 세계 최고의 회사가 된 것은 어찌 보면 IBM CEO의 크나큰 실수라고 볼 수 있다. 이와 같은 문제들에 관한

CEO의 판단은 아웃소싱과 네트워크가 절대적인 최근의 추세 속에서 점점 더 중요해지고 있다고 볼 수 있다.

세 번째로는 약간 부수적인 문제일 수 있지만, CEO가 새로운 사업 방향을 결정할 때 공학적인 상식에 근거해서 판단할 필요가 있다는 점이다. 공학을 전공하지 않은 CEO가 어느 정도까지 공학적인 상식을 가져야 하는가도 문제일 수는 있다. 하지만 어떤 사람이 물로 가는 자동차라든가, 영구히 가동하는 영구 기관을 가져왔을 때 그게 공학적인 원리에 어긋난다는 정도는 판단할 수 있어야 하지 않을까 한다.

과학이나 공학이 일상생활과 사업에 지대한 영향을 미치게 되면서 과학과 공학을 전공자나 전문인이 아닌 일반인들에게 이해시키려는 노력이 많이 있었다. 그리고 어느 정도 결실을 맺은 것도 사실이다. 하지만 아직까지는 공학 비전공자인 CEO, 또는 중간 관리자가 갖추어야 할 공학적인 상식을 정리하려는 시도는 없었던 듯하다. 그 이유는 아마도 CEO나 중간 관리자가 알아야 할 공학적 지식을 정리하려면 너무 방대하고, 또 어느 정도 선에서 알려야 할지 막연하기 때문일 것이다. 또한 공학 지식 자체가 중요한 게 아니라, 사업적인 상식과 경험이 뒷받침되어야 하기 때문에 누구도 선뜻 시도를 하지 못한 게 아닌가 생각된다.

물론 필자도 공학도로서 새로운 시대 변화에 대비해서 공학도들이 어떻게 변해야 하는가에 대해서는 기회가 있을 때마다 여러 자리를 통해 역설해왔다. 즉 공학도의 입장에서 사업과 사회를 바라보는 시각에 대해 얘기해왔다. 그런데 시각을 바꿔서 공학 비전공자인 CEO, 중간 관리자 내지 마케팅 담당자들이 알아야 할 공학 상식과 미래 기술 방향, 공학과 경영의 상호 이해를 모색하는 책을 출간하면 어떻겠느냐는 페이퍼로드 최용범 대표의 제안을 받게 됐다. 물론 필자도 작은 회사를 창업해 운영한 경험이 있긴 하지만, 큰 사업 경험도 없고 기업의 운영에 대해 체계적으로 배우지도 않은 상태이기 때문에 이러한 시도가 얼마나 처음 의도를 만족시킬 수 있을지는 장담할 수 없다. 다만 일단 시도해보는 것 자체가 의미 있을 것이기에 용기를 내어 최선을 다해 사업에 필요한 공학에 대해 정리해보도록 하겠다.

우선 1장에서는 사업가로서 알아야 할 과학적인 원리를 몇 가지 소개했다. 물론 과학적인 원리를 다 설명하려면 그 자체로도 너무 방대한 작업이고, 필자의 능력에도 부치기 때문에 일단 여기서는 상식적인 수준에서 알아야 할 정도의 과학 원리를 소개했다. 가능하면 전공 언어를 사용하지 않고, 비전공자도 이해할 수 있는 쉬운 용어를 사용해서 설명했다. 공학도들이 보기에는 설명에 미진한 부분도 있을 것이다. 자세한 과학 원리보다는 잘못된 과학 상식을 바로 잡고, 수식을 쓰지 않으면서 과학 원리를 풀어 쓰려고 시도해본 것이다. 아울러서 사업을 하기 위해서는 과학을 넘어 공학의 원리를 알아야 한다는 점도 기술했다.

2장에서는 미래 기술의 발전 방향에 대해 다루었다. 물론 이 주제도 너무 광범위해서 충분히 다루기는 어려웠다. 다만 기술 그 자체의 발전 방향보다는 사업적인 측면에서 기술의 발전 방향을 개괄적으로 살펴보는 수준으로 그 다루는 범위를 한정했다. 첨단 기술 분야인 IT, BT, ET, NT의 기술이 앞으로 어떤 방향으로 개발될 것이고, 그 영향은 어느 정도인지에 대해서도 살펴보았다. 어느 정도의 깊이로 어느 시기까지의 기술을 다루어야 할지 기준을 정하기가 쉽지 않았다. 그래서 세계 여러 미래 연구기관들이 예측하고 있는 미래 기술에 대해 개괄적으로 살펴볼 수 있도록 했고, 사업적인 면에서 그 기술이 어떤 영향을 미칠 것인가에 대해서 필자의 생각을 피력해보았다.

3장에서는 요즘 화두가 되고 있는 기술 융합에 대해 중점적으로 다루었다. 왜 기술이 융합되고 있는가 하는 문제에 대해서 먼저 살펴보았다. 또한 현재의 기술 융합 현황과 앞으로 기술 융합이 어떤 방향으로 진행될지에 대해 나름대로 짚어보았다. 우선 대표적인 기술 융합 분야인 방송·통신·인터넷의 융합에 대해 살펴보았다. 스마트폰, IPTV, DMB 등에 대해 간략하게 소개했다. 다음으로는 IT와 의료의 융합인 u-헬스케어, IT와 자동차의 융합인 지능형 자동차, IT와 기계의 융합인 로봇에 대해 기술했다.

4장에서는 기술을 사업화할 때 유의해야 할 점들을 정리해보았다. 요즘은 기술이 사업에 필수적인 것은 사실이지만, 기술 그 자체가 사업화에 전부라고는 할 수 없다. 그 기술을 통해 고객에게 제공하는 차별화된 가치를 어떻게 만들어낼 것이냐가 중요하다는 얘기다. 따라서 최근의 추세인 기술의 아웃소싱이 고객에게 차별화된 가치를 제공하기 위한 것이라는 점에 대해서도 살펴보았다. 또한 신기술 개발시 가장 큰 고민인 시장의 반응을 어떻게 예측할 것이냐 하는 문제와 또 고객들에게 그 기술을 어떻게 전달할 것이냐에 대해서도 살펴보았다. 또한 최근 문제가 되고 있는 표준화, 특허의 중요성에 대해서 다루고, 기술만 생각하는 기술자들을 어떻게 사업적으로 생각하게 만들 수 있는가 하는 문제에 대해서도 간략하게 살펴보았다.

아무튼 이 책이 기술의 시대를 살아가는 사업가와 그 동안 공학을 멀리해왔던 사람들에게 조금이나마 도움이 되었으면 하는 바람을 가져본다.

행복한 미래를 만드는 기술자

김송호

목차

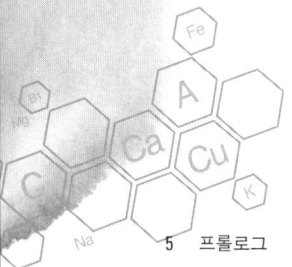

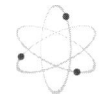

공학의 원리를 알자

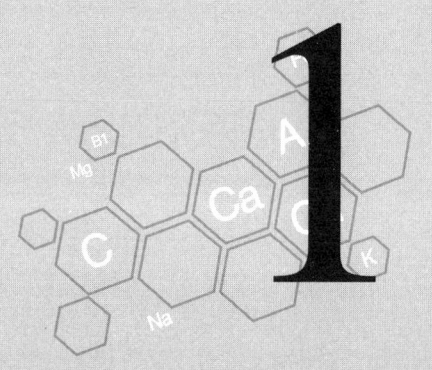

얼마 전 인터넷 뉴스를 검색하다가 눈에 확 띄는 기사를 발견했다. 이른바 '물로 달리는 자동차'에 대한 기사였다.

물로 달리는 자동차 개발? 논란

로이터 등 해외 언론에 소개된 '물로 달리는 자동차'가 논란의 대상으로 떠올랐다. 이번 달 초 일본의 '제네팩스'사는 오직 물로 달릴 수 있는 자동차를 개발했다고 주장했고 시연 장면은 로이터 등 해외 언론을 통해 소개되기도 했다. 차

(GENEPAX 보도자료)

에는 물에서 수소를 추출하는 에너지 발생기가 장착되어 있고, 이 에너지 발생기가 전자를 방출하면 자동차를 달리게 할 전기 에너지가 생겨난다는 설명이다. 제네팩스는 물로 달리는 자동차의 대량 생산을 위해 파트너를 구하고 있다고 밝혔다. 그런데 원론적이며 해묵은 논란이 뒤따르고 있다. 웹 뉴

스 매체 《허핑턴포스트》와 환경 관련 웹 매체 《에코긱》 등이 '과연 물로 달리는 자동차가 가능하냐'는 질문을 던진다. 답은 부정적이다. '물 자동차'의 기본 원리는 단순하다. 발전기를 이용해 물을 수소와 산소로 분리한 후, 그 둘을 다시 결합시킴으로써 자동차 엔진을 가동시킬 에너지를 생산하는 것이 기본 원리이다. 여기서 가장 큰 문제는 투입된 에너지보다 더 큰 에너지를 산출할 수 없다는 점이다. 물을 수소와 산소로 분리시키는 데 쓰이는 에너지보다 많은 에너지를 생산할 수 없다면, '물 자동차'는 애초에 불가능한 꿈인 것이다. 제네팩스 측은 수소를 오랜 시간 동안 추출할 수 있는 장치를 발명했기 때문에, 물 자동차의 꿈을 이룰 수 있었다고 주장한다. 물론 물과 공기를 이용한 에너지 생산의 상세한 내용은 비밀이라며 공개하지 않았다. 《팝뉴스》 2008. 6. 20.

필자는 이 기사를 보고 실소를 금할 수가 없었다. 왜냐하면 몇 년 전에 '물로 달리는 자동차'를 만들었다면서 필자를 찾아온 사람이 기억났기 때문이다. 그는 여러 자료와 사진들을 보이면서 물로 가는 자동차만 상용화하면 전 세계 자동차 시장을 석권할 수 있다고 큰소리쳤다. 그래서 그에게 "혹시 열역학 법칙은 아시냐?"고 물어보았다. 그랬더니 여러 사람들에게 찾아갈 때마다 그런 질문을 많이 받는데, "물로 가는 자동차는 모든 과학 법칙에 어긋나는 게 없다"는 주장만 되풀이했다. 하는 수 없이 필자는 "자금도 없거니와 과학 법칙에 어긋나는 기술에는 관심이 없다"고 정중히 말하고 그를 돌려보냈다.

그 사람인지 아닌지는 모르겠지만, 나중에 들은 얘기로는 그 일이 있기 몇 년 전 벤처 투자 붐이 한참일 때도 어떤 사람들이 '물로 가는 자동차'에 대한 시연회까지 열어 수많은 사람들로부터 몇백 억 원의 투자비를 끌어들였다고 한다. 물론 그 후에도 '물로 가는 자동차'가 상용화됐다는 얘기는 없었다. 필자는 이 얘기를 듣고 어이가 없었다. 과학적으로 말도 안 되는 기술에 그토록 많은 사람들이 투자했다는 사실에 놀라움을 금할 수 없었다. 하긴, 가능하기만 하다면야 '물로 가는 자동차'는 정말 매력적인 제품임에 틀림없다. 그러니 실물을 눈앞에서 본다면 과학원리를 모르는 입장에서는 그 매력적인 자동차에 투자할 수도 있으리라는 생각이 든다.

이 일을 잊어버릴 무렵 중국을 방문했다가 다시 한 번 깜짝 놀랐다. 사업을 위해 방문한 중국 연변의 사업가에게서 바로 그 문제의 '물로 가는 자동차'를 개발하고 있다는 얘기를 들었기 때문이다. 그 사업가는 '물로 가는 자동차'에 푹 빠져 필자와의 상담에는 시큰둥했다. 그 자동차만 만들어내면 세상의 돈을 다 긁을 수 있다는 생각에 필자와의 사업은 안중에도 없는 것 같았다. 그는 이미 그 자동차 개발에 필요한 자금도 수십 억 원을 투자한 상태였다.

필자는 사업적 용무는 까맣게 잊은 채 그에게 '물로 가는 자동차'의 허구성(?)에 대해 누누이 설명했다. 하지만 그는 이미 '물로 가는 자동차'의 매력(?)에 깊이 빠져 필자의 말에는 관심도 보이지 않았다. 개발을 제안한 사람에게서 이미 세뇌를 받았는지, "그런 모함(?)은 너무도 많이 들었다. 자동차 시범을 직접 보았다. 확신한다"는 얘기만 되풀이했다. 그의 반응에 너무나 황당했다. '과학의 원리에 대해 조금이라도 아는 사람이라면 그런 황당한 결정은 하지 않았을 텐데' 하는 생각에 안타까운 마음이 들었다. 그 문제의 '물로 가는 자동차'가 실제로 나왔다는 기사를 접하니 과학의 원리를 안다는 게 얼마나 중요한 일인지 새삼 실감하게 됐다.

'물로 가는 자동차' 무엇이 문제인가?

앞에서 필자는 자신 있게 '물로 가는 자동차'는 불가능하다고 주장했다. 어떻게 그렇게 단정적으로 말할 수 있는가? 그 이유는 간단하다. '물로 가는 자동차'가 열역학 제1법칙에 어긋나기 때문이다. 무슨무슨 '법칙'만 언급해도 머리를 절레절레 흔들면서 '나에게 그런 설명은 하지 말라'며 도망가는 독자도 있을 것이다. 하지만 과학적인 법칙이라고 해서 어려운 수식을 꼭 알아야 하는 것은 아니다. 물론 법칙을 응용하고, 증명하기 위해서는 수식을 동원할 필요가 있을 수도 있다. 하지만 그냥 그 법칙을 이해하기 위한 목적이라면 구태여 수식을 동원하지 않고 상식적인 수준에서 얼마든지 이해할 수 있다. 이 책이 추구하는 바가 바로 그런 상식적인 수준에서의 과학 원리의 설명이다. 과학이 어렵다는 선입견을 조금만 접어 두고 설명을 따라오다 보면 일상생활 속에서 발견하는 과학의 원리를 깨닫는 또 다른 재미를 느낄 수 있을 것이다.

'물로 가는 자동차가 불가능하다'는 주장은 좀 더 정확히 표현하자면 '외부의 에너지 공급 없이 물로만 가는 자동차는 불가능하다'라고 해야 한다. 위 기사에서 '물로 가는 자동차'를 개발했다는 제네팩스사의 주장은 글자 그대로는 맞는 말일 수도 있다. 다시 말해 제네팩스사의 주장처럼 물을 산소와 수소로 분리한 다음 다시 그 산소와 수소를 결합시키면서 나오는 에너지로 자동차를 가게 할 수는 있다. 즉 물을 산소와 수소로 분리할 때 외부에서 별도의 에너지가 들어가게 되는데, 이렇게 별도로 외부에서 들어간 에너지는 산소와 수소의 에너지 상태를 높이게 된다. 그런데 이렇게 분리된 산소와 수소를 다시 결합하게 되면 그 전에 들어갔던 에너지가 나오면서 자동차를 가게 하는 것이다. 다시 말해 자동차를 가게 하는 에너지는 산소와 수소를 분리할 때 들어간 외부 에너지라는 말이다. 그러니 결과적으로 물로 자동차가 간다는 표현이 맞는 말이라고 주장할 수도 있는 것이다. 하지만 문제는 물을 산소와 수소로 분리하는 데 별도의 에너지가 들어가고, 실제로는 물 자체가 가진 에너지가 아니라 물을 산소와 수소로 분리하는 데 들어간 에너지가 자동차를 움직이는 원동력이라는 사실이다. 결론적으로 간단히 말하면, 사람들이 '물로 가는 자동차'에 혹하는 이유는 친환경적이면서도 지천에 널려 있는 물만 집어넣으면 차가 갈 수 있다는 것인데, 실제로 차를 가게 하기 위해서는 별도의 에너지가 들어간다는 사실이다. 더구나 외부에서 들어간 그 별도의 에너지가 현재 자동차를 가게 하는 에너지 비용보다 훨씬 많이 들어갈 뿐 아니라 그 장치도 훨씬 복잡하다는 점은 감춰져 있는 것이다.

이 설명이 복잡하고 아직도 긴가민가하다고 느끼면 다음의 비유를 생각해보자. 어떤 사람이 당신을 찾아와서 한 달에 500만 원을 벌게 해주겠다고 제안했다. 그러면서 당신에게는 아무 일을 할 필요도 없고, 돈을 투자할 필요도 없다고 했다. 그런데 한참을 얘기하다 계약서에 서명하려는데, 그 계약 조건이 성립되려면 당신이 다섯 사람을 모집해서 그 사람들로 하여금 지정하는 곳에서 일을 하도록 하여야 한다는 조건이 붙었다는 것을 발견했다. 그러면 아마 당신은 화를 내면서 '그러려면 내가 그 사람들을 일을 시키고 직접 돈을 챙기겠다'고 말할 것이다. '물로 가는 자동차'도 마찬가지다. 왜 물을 산소와 수소로 분리하는 데 에너지를 들였다가, 그 산소와 수소를 다시 결합해 에너지를 발생시켜 자동차를 가게 하는가? 그냥 물을 산소와 수소로 분리하는 데 들어가는 에너지를 직접 자동차를 움직이는 데 사용하는 게 훨씬 더 효율적이라는 것이다.

비유가 좀 비약이 심하다고 생각하는 독자들을 위해 다른 예를 들어보기로 하자. 가을만 되면 단골로 나오는 뉴스 중의 한 가지가 농촌에서는 배추값이 폭락해서 가격이 싼데, 서울에서는 비싸게 팔린다는 것이다. 예를 들어 산지에서는 배추 한 포기에 100원밖에 안 하는데, 서울에서는 1,000원에 팔려 중간 상인들이 10배의 폭리를 취한다는 것이다. 그렇다면 어떤 사람이 농촌에서 100원에 팔리는 배추를 사서 서울에서 200원에 팔면 100퍼센트 남는 장사니까 떼돈을 벌 수 있다고 주장하며 사업에 투자하라고 한다면 당신은 투자하겠는가? 아마 투자하지 않을 것이다. 투자를 제안한 사람은 100원짜리 산지 배추를 서울로 가져오는 데 들어가는 운반비, 저장 비용, 점포 임대료, 인건비 등 별도의 비용이 들어간다는 사실을 고려하지 않았다. 그런 비용을 감안하면 결국 농촌의 산지에서 100원 하는 배추를 서울에서 1,000원에 파는 것이 10배 남기기 장사는 아니라는 것을 알 수 있다.

다음과 같이 간단히 생각해볼 수도 있다. 농촌에서 배추가 싸다는 말만 듣고 차를 몰고 농촌으로 가서 배추를 잔뜩 사오는 사람은 별로 없을 것이다. 왜 그런가? 배추 10포기를 사려고 농촌에 가면 배추를 싸게 사는 비용보다도 차를 몰고 농촌으로 가는 비용이 더 많이 들어가기 때문이다. 물론 이 경우에는 서울과 농촌의 배추 가격 차이에 따라 어느 정도 이상의 물량을 사오면 이익을 보는 경우도 있을 것이다. 배추를 사러 일부러 농촌에 가는 게 아니라, 출장 등 다른 일로 농촌에 갈 수 있는 사람이면 오는 길에 배추를 사오면 이익이라고 생각할 수도 있다. 이게 비유로 설명할 때의 문제점이다. '물로 가는 자동차'의 경우에는 물을 수소와 산소로 분리하는 데 들어가는 에너지가 직접 자동차를 움직이는 데 필요한 에너지보다 항상 크다. 즉 배추를 산지에서 서울로 가져오는 데 들어가는 비용이 서울과 농촌의 배추 가격 차이에 의해 얻어지는 이익보다는 항상 크다는 얘기다. 그 이유를 설명해주는 게 바로 '열역학 법칙'이다.

세상의 에너지를 지배하는 열역학 법칙

이 세상을 움직이는 근원은 에너지다. 그 에너지의 가장 일반적인 형태가 열이기 때문에 에너지와 관계된 여러 현상을 취급하는 보편적인 이론 체계를 '열역학 법칙'이라 칭하고 있다. 열역학 법칙은 열평형 상태와 경험적 온도에 관한 열역학 제0법칙, 에너지보존법칙인 열역학 제1법칙, 열 현상의 비가역성에 대한 열역학 제2법칙, 그리고 절대영도에서의 상태에 관한 열역학 제3법칙으로 이루어져 있다.

아마 이 정도의 설명만으로도 머리가 지끈지끈하고 무슨 말인지 모르겠다고 머리를 절레절레 흔드는 독자가 있을 것이다. 하지만 이 열역학 법칙들은 어떤 수식으로부터 유도해낸 이론적 법칙들이 아니라, 우리의 경험에서 체득한 경험 법칙들이기 때문에 우리 주위에서 일어나는 일들을 생각해보면 의외로 쉽게 이해될 수 있다. 즉 우리가 무심코 넘어갔던 생활 속의 현상들을 법칙으로 정리해놓은 것이기에, 생활 속에서의 경험을 생각하면서 그냥 이해하는 정도만으로도 충분하다는 얘기다.

우선 열역학 제0법칙을 살펴보자. 외부로부터 차단된 상태에서 2개의 물체를 접촉시키면 처음에는 한쪽에서 다른 쪽으로 열의 이동이 생기는데, 오랜 시간이 흐르면 결국 아무 변화도 일어나지 않게 된다. 이때 두 물체는 서로 열평형에 있다고 한다. 열평형에 있는 두 물체 사이에서는 열의 주고받기가 상쇄된다. 이런 열평형 현상을 이용한 것이 바로 온도계다. 체온을 잴 때 체온계를 입이나 겨드랑이 등 신체 부위에 넣어두고 충분한 시간이 흐르도록 하면 신체 온도와 체온계는 열평형 상태에 이르게 되어 체온계의 온도를 우리 체온과 같다고 할 수 있는 것이다.

어찌 보면 과학의 원리는 참으로 쉬운 말을 어렵게 표현하는 것이다. 우리 일상생활에서 당연하게 생각하는 것들을 법칙이라는 이름으로 표현해서 우리를 헷갈리게 한다고 볼 수도 있다. 그냥 온도를 재는 게 당연하다고 생각할 때는 머리가 안 아픈데, 그걸 무슨 과학적 원리니 법칙이니 하니 갑자기 머리에 쥐가 나는 것이다. 다만, 이렇게 당연한 현상을 명확하게 법칙으로 정리하면 좀 더 복잡한 현상을 만났을 때 이를 체계적으로 정리할 수 있는 장점이 있다.

열역학 제1법칙은 '외부와 차단된 상태에서 어떠한 물리적 변화에서도 그것과 관계되는 모든 물체가 지닌 에너지의 합은 불변'이라는 에너지보존법칙이다. 이 표현이 상당히 어렵게 느껴질 수도 있는데, 위의 '물로 가는 자동차'에 적용해보면 오히려 쉽게 이해될 수 있다. 물을 산소와 수소로 분리한 뒤 이 산소와 수소가 반응해서 엔진을 가동하는 에너지를 낸다는 것은 산소와 수소가 물보다 에너지가 많다(높다)는 것을 의미한다. 그런데 어떤 물리적 변화에서도 두 상태(앞의 경우에는 산소와 수소 상태와 물의 상태)에서의 에너지의 합은 불변이기 때문에 어떤 에너지(이 경우에는 주로 전기 에너지)가 들어가야만 물이 산소와 수소로 분리가 된다.

여기서 '물로 가는 자동차'에 투자한 사람들이 오해하는 부분을 살펴보자. 그들이 '물로 가는 자동차'에 투자하는 이유는 물이 마치 현재의 휘발유 같은 역할을 해서 아무런 별도의 에너지 투입 없이 자동차를 가게 할 수 있다고 생각하는 것이다. 하지만 열역학 제1법칙에 의해 물 그 자체로는 자동차를 움직이는 에너지원이 될 수 없다. 그러면 휘발유는 왜 자동차를 가게 하는가? 휘발유는 성분이 다양하지만 어쨌든 물보다는 에너지가 높다. 따라서 휘발유가 산소와 반응해서 이산화탄소와 물이 되는 경우에 휘발유의 에너지가 물+이산화탄소보다 높기 때문에 에너지가 발생하는 것이다. 그럼 왜 휘발유는 에너지가 높은 것인가? 그건 식물(정확히는 엽록소)이 광합성 작용을 통해 물과 이산화탄소에 태양 에너지를 넣어서 높은 에너지 상태로 만들어놓았기 때문이다. 예를 들어 벼라는 식물이 광합성을 통해 태양 에너지를 이용해서 물과 이산화탄소를 에너지 상태가 높은 쌀로 만들어 놓는다(동화작용). 물론 이때 식물은 산소를 발생하게 된다. 우리가 그 쌀을 먹는 이유는 이렇게 높은 에너지 상태가 된 벼를 흡수해서 벼의 성분을 다시 산소와 반응시켜서(이화작용) 물과 이산화탄소로 만들면서 그 에너지를 이용하고자 하는 것이다. 즉 벼가 가지고 있는 높은 에너지와 물과 이산화탄소가 가지고 있는 낮은 에너지 차이를 이용하는 것이다. 여기서 알 수 있는 것은 물이나 이산화탄소와 같이 산소와 반응해서 생기는 화합물의 에너지는 낮은 상태라는 것이다. 즉 물이나 이산화탄소를 별도 에너지 투입 없이 에너지원으로 이용하려면 그보다 더 낮은 화합물로 만들어야 하는데, 그런 상태로 만들기가 어렵다는 것이다.

열역학 제2법칙은 '열은 고온에서 저온으로 이동한다' 또는 '일이 열이 되는 과정은 비가역적이다' 등 여러 가지로 표현된다. 이를 좀 더 과학적으로 표현하자면 '어떤 상태에서 다른 상태로 변하는 과정에서는 엔트로피가 증가한다'고 한다. 엔트로피는 '무질서도'라고 표현하기도 하는데, 예를 들면 맑은 물에 잉크를 떨어뜨리면 맑은 물+잉크의 원래 상태와 잉크가 들어간 물의 상태의 에너지는 같으나 무질서도, 즉 엔트로피는 잉크가 들어간 물이 더 높다는 것이다. 따라서 별도의 에너지 투입이 없다면 물과 잉크가 섞인 상태, 즉 엔트로피가 높은 상태에서 맑은 물과 잉크, 즉 엔트로피가 낮은 상태로 되돌릴 수 없다는 것이다.

열역학 제3법칙은 조금 더 복잡한데, 일단 물체가 지닌 엔트로피는 온도가 절대영도(0K)에 가까워지면 0이 된다는 것으로 표현할 수 있다. 다시 말해 절대영도에서는 물체의 무질서도가 없는 상태, 즉 완전한 질서를 갖게 된다. 물체는 절대영도에 가까워지면 여러 특이한 성질을 나타내게 되는데, 그 가운데 한 가지가 초전도 현상이다. 초전도 현상이란 일정한 임계 온도 이하로 내려가면 어떤 물체의 전기 저항이 없어지는 현상을 말한다. 대부분의 전도체는 전류가 흐르게 되면 전기 저항이 나타나게 되고, 그 결과 전기량 손실이 생길 뿐만 아니라 열이 발생하여 어느 정도 이상의 전기량을 보낼 수 없다.

초전도체는 전기 저항이 없기 때문에 이론적으로는 무한대의 전류를 흘려보낼 수 있어서 자기부상열차, 입자가속기, 핵자기공명장치 등 다양한 분야에 활용할 수 있다. 그런데 이렇게 획기적인 초전도체가 아직까지 활용에 제한을 받는 이유는 바로 초전도 현상이 아주 낮은 온도에서 나타나기 때문이다. 초전도 현상을 나타내기 위해서는 특수한 냉각장치를 통해 초전도체의 온도를 낮춰야 한다. 그래서 각국에서는 초전도 현상이 일어나는 온도를 높이기 위한 연구를 활발히 진행하고 있다. 최초로 초전도 현상을 발견한 네덜란드의 물리학자 오네스가 수은의 초전도성을 관측한 온도는 영하 269℃(절대온도로 4K)였다. 이 온도는 일반적인 방법으로는 이를 수 없고 액체헬륨을 이용해서 냉각해서 얻어진 온도였다. 그 후 1986년에 스위스의 IBM연구소에서 영하 238℃(35K)에서 초전도 현상을, 1987년에 영하 178℃(95K)에서 초전도 현상을 나타내는 물질을 만들어냈다. 지금은 영하 153℃(120K)에서 초전도체가 되는 물질들도 만들어져 있고, 그 온도는 계속 높아지고 있다. 이렇게 비교적 높은 온도(?)에서 초전도성을 나타내는 물질을 고온 초전도체라고 부른다. 과학도가 아니라면 '고온'이라는 단어를 오해할 수도 있겠는데, 고온 초전도체의 '고온'은 아직도 영하의 온도지만 비교적 높은 온도, 예를 들어 영하 173℃(100K) 정도의 온도를 일컫는 용어다. 앞으로 만약 상온에서 초전도성을 갖는 물질을 만들어낼 수 있다면 전기 분야에서는 에디슨의 전구 발명을 뛰어넘는 획기적인 변화가 일어나게 될 것이다. 열역학 제3법칙은 이론적으로는 중요하지만 실생활에서는 응용성이 적기 때문에 여기서는 이 정도로 설명을 마치도록 하겠다.

열역학 법칙에 어긋나는 발명들

몇 년 전에 KIST(한국과학기술연구원)에 다니는 친구를 만났더니 막무가내로 찾아오는 사람들 때문에 괴롭다는 하소연을 했다. 몇 년 전만 해도 발명 하나 잘 하면 팔자 고칠 수 있다는 생각에 발명에 평생을 바치는 사람들이 꽤 많았다. 그런 사람들이 발명을 완성했다 싶으면 그래도 공신력이 있는 KIST와 같은 국가 연구기관에 찾아와 자신의 발명의 가치를 인정해달라는 경우가 많다는 것이다. 만약 그 발명이 가치가 있다면 어떻게든 도와주는 것이 국가기관인 KIST의 임무일 수도 있는데 문제는 그렇지 못한 경우가 대부분이라는 것이다. 그 친구가 괴롭다고 하는 경우도 과학의 원리에 맞지 않는 발명품을 무작정 인정해달라는 경우였다.

이러한 엉터리 발명품 중 가장 흔한 예가 바로 과학적인 용어로는 '영구기관'이라 칭하는 발명품이다. 사실 인류는 구리와 같은 값싼 물질로 값비싼 금을 만들려는 연금술을 오랫동안 꿈꿔왔다. 하지만 아이러니하게도 연금술 때문에 발전한 화학 지식 덕분에 연금술이 불가능하다는 결론에 이르게 됐다. 연금술 못지않은 인류의 오랜 꿈이 바로 외부에서 동력을 공급하지 않아도 스스로 영원히 움직이는 장치, 즉 '영구기관永久機關, perpetual mobile'이다. 실제로 아르키메데스Archimedes, 서머싯Edward Somerset(1601~1667), 장 베르누이Jean Bernoulli(1667~1748) 등 과학계에서 유명한 사람들도 영구기관에 대한 아이디어를 제안했다. 그만큼 영구기관이 매력적이라는 것을 보여주는 단적인 예다. 에너지를 집어넣지 않고도 에너지를 생산할 수 있다면 매력을 느끼지 않을 사람이 누가 있겠는가?

하지만 이러한 제1종 영구기관은 열역학 제1법칙인 에너지보존법칙에 어긋나기 때문에 존재할 수 없다는 것이 밝혀졌다. 즉 외부에서 에너지가 들어가지 않고는 어떤 영구기관도 일을 할 수 없기 때문에 제1종 영구기관은 열역학 제1법칙에 모순되는 것이다. 물론 하나의 열원에서 열을 받아 이것을 일로 바꾸되 그 외 어떤 외부의 변화도 일으키지 않는 열기관인 제2종 영구기관은 열역학 제1법칙에는 어긋나지 않지만, 열역학 제2법칙에 어긋나기 때문에 불가능하다고 할 수 있다. 즉 제2종 영구기관은 가역적이라는 뜻인데, 제2종 영구기관은 모든 진행 상태는 비가역적이라는 열역학 제2법칙에 어긋나는 것이다.

최근의 인터넷 게시판을 봐도 영구기관을 발명했는데 연구기관이나 대학의 교수 등 공학박사들이 인정해주지 않는다고 하소연하는 글을 많이 볼 수 있다. 특히 이들은 평생을 영구기관의 발명에 몸 바쳤고, 자신의 발명에 대한 자부심이 대단해 과학적인 원리를 아무리 설명해주어도 소용이 없는 경우가 대부분이다. 그들 중 일부는 '물로 가는 자동차'의 경우와 같이 고의적으로 사기를 치는 경우도 있다. 영구기관에 대한 논란은 과학계에서는 어제 오늘의 일이 아니기 때문에 논의가 어느 정도 정리되어 있는 편이다. 그런 글들 중에서 《한겨레》 2005년 8월 10일자에 실린 최성우(한국과학기술인연합 운영위원)의 글이 비교적 문제점을 잘 정리하고 있어서 여기 소개한다.

역사적으로 '영구기관'의 발명자들 중에는 잘못을 미처 깨닫지 못한 채 자기의 발명이 옳다고 확신한 사람들이 많았지만, 고의적인 사기꾼들도 적지 않았다. 영구기관을 만들었다고 하면 관심 있는 부자나 권력자들로부터 큰 돈을 후원받을 수 있다는 점을 노렸던 것이다.

대표적인 인물로는 18세기 초에 '자동바퀴'를 만든 독일의 오르피레우스 Johann Bessler aka Orffyreus가 있다. 크고 작은 톱니바퀴와 추의 낙하를 교묘히 연결하여 바퀴를 영원히 돌릴 수 있다는 어이없는 장치였지만, 그는 장치의 중요 부분을 가리고 밑에 숨은 사람이 밧줄을 잡아당기는 속임수로 그것이 영구기관인 것처럼 보이게 했다. 그는 여러 나라의 귀족과 부유층들로부터 거액을 지원받으면서 호사스런 생활을 누렸고, 러시아 황제 표트르 1세에게서 10만 루블을 받고 자신의 자동바퀴를 대여하려 하기도 했으나, 결국은 사기극이 들통 나고 말았다.

미국의 존 킬리John Worrell Keely(1827~1898)라는 인물 또한 영구기관에 관련된 아주 탁월한 사기꾼이었다. 킬리의 발명은 단순한 영구기관이라고 하기에는 좀 복잡해서, 무에서 에너지를 만들어내는 것이 아니라, 물을 사용해서 '공감적 진동'에 의해 재결합을 일으켜서 대량의 에너지를 낸다는 그럴듯한 이론을 폈다. 그는 교육을 받지는 않았으나 언변이 뛰어났고, 난해한 용어들을 써가면서 사람들의 마음을 끄는 혹세무민惑世誣民의 대가였다.

그는 사람들을 모아서 '킬리모터회사'를 설립하고 모형을 만든 후, 1874년에 필라델피아에서 사람들을 불러 모아 킬리 모터의 공개 실험을 했다. 킬리는 "나는 약 1리터의 맹물로 기차를 필라델피아에서 뉴욕까지 달리게 할 수 있다"라고 호언장담하면서 거액의 투자와 후원금을 모았다.

킬리가 죽은 후에 실험실이 있던 건물을 조사한 결과, 마루 밑에 숨겨둔 압축공기 장치의 힘으로 기계를 움직였던 킬리 모터의 사기극이 비로소 밝혀졌으나, 거액의 투자비는 그의 사치스런 생활비로 이미 탕진된 후였다.

국제 유가가 고공 행진을 계속하고 인류의 에너지 위기가 고조되는 오늘날, 많은 사람들은 '영구기관의 유혹'에 다시금 빠져들지 모른다. 몇 년 전에는 국내의 한 저명인사가 어느 영구기관 발명가를 후원하고 외신 기자회견까지 하겠다는 기사가 보도되어 실소를 자아내게 한 적도 있다.

아직도 영구기관을 발명했다고 특허 출원을 고집하는 사람들이 의외로 많은 것은 우리나라뿐 아니라 세계적으로 공통적이어서, 각국의 특허청 담당자들은 골머리를 앓고 있다고 한다. 미국 특허청의 경우는 이러한 영구기관 특허는 신청서류에 반드시 동작하는 모형을 첨부한다는 조건을 붙임으로써 특허 출원 자체를 처음부터 저지하고 있다.

우리나라 특허청에서도 영구기관 특허를 출원하려는 '재야 발명가'들과 특허청 직원들의 실랑이가 해마다 끊이질 않는데, 우리 특허법 제2조에 특허의 대상이 되는 발명은 '자연법칙을 이용한 기술적 사상의 창작'으로 정의되어 있으므로, 자연법칙에 위배되는 영구기관은 물론 원천적으로 특허를 받을 수 없다.

그러나 특허청에서는 "이미 같은 것을 다른 사람이 앞서서 출원한 바 있다"는 선원주의 원칙에 의한 거절 방식으로 막무가내인 발명가들을 편법적으로 설득하는 경우도 많다고 한다. 영구기관 발명가들의 순수한 열정과 노력을 다른 창의적인 곳으로 돌려서 좋은 결과를 유도할 수 있도록 하는 것은 어떨까? 《한겨레》 2005. 8. 10.

이렇게 영구기관에 대해 장황하게 늘어놓는 이유는 이 글을 읽는 독자도 언젠가 영구기관을 발명했다는 사람들을 만날 확률이 높기 때문이다. 그들로부터 사업 제안을 받았을 때 이 정도의 과학적 상식만 있다면 아까운 자산을 헛된 투자에 날려버릴 염려가 없기 때문이다.

그렇다면 어떤 사람이 영구기관이 아닌 발명품을 들고 왔을 때 그 발명품이 열역학 법칙을 비롯한 과학 원리에 맞는지를 판정할 수 있는 기준은 무엇일까? 사실 비과학도가 어떤 발명이 과학 원리에 맞는지를 단번에 판단하기는 쉽지 않다. 하지만 몇 가지 방법은 있다. 우선은 그 발명이 특허를 받았는지를 확인하는 게 한 가지 방법이다. 특허는 일단 그 발명이 과학 원리에 부합되어야 받을 수 있다. 물론 특허를 받았다고 해서 그 발명의 사업성이 보장되는 것은 아니지만, 적어도 과학 원리에 부합된다는 보증은 된다. 다음으로는 공인된 기관(국가 연구기관 또는 대학)에서 인정한 기술인가 하는 걸 살펴볼 필요가 있다. 과학 원리에 맞지 않는 엉터리(?) 발명을 한 사람들이 하는 불평들 가운데 한 가지가 KIST와 대학 등 공인된 기관의 박사들이 귀찮아서 자신들의 위대한(?) 발명을 인정하지 않으려 한다는 것이다. 하지만 공학박사들이 단지 귀찮다는 이유만으로 그 발명가들을 멀리하지는 않는다. 만약 그 발명이 정말로 대단한 것이라면 거기에 흥미를 갖지 않을 박사는 없을 것이다. 그 발명의 모순된 점을 이론적으로 아무리 설명해주어도 통하지 않는 게 일반적이라는 데 문제가 있는 것이다.

　필자도 공학박사지만, 박사들이 기발한 아이디어를 내고 기상천외한 발명품을 만들어내는 데는 부족한 면이 있을 수 있다. 하지만 어떤 발명품이 과학 원리에 맞는지 판정할 수 있는 능력은 가지고 있다. 물론 자신의 분야가 아닌 경우에는 그 판정이 쉽지 않을 수 있지만, 적어도 관련된 사람들의 자문을 구하면 그 발명품이 과학 원리에 맞는지 정도는 판정할 수 있다. 물론 이 경우에 그 발명품이 과학 원리에 맞고, 기발한 제품이라 하더라도 사업성이 있느냐 하는 것과는 별개라는 사실은 명심할 필요가 있다. 하지만 어떤 발명품이 과학 원리에 맞는지 공학 전문인에게 자문을 구해 판정해보는 검토만 거쳐도 '물로 가는 자동차'나 '영구기관' 같은 엉터리 발명에 자본을 투자하는 우는 피할 수 있는 것이다.

과학 법칙은 불변의 진리인가?

이제까지 나는 사업을 판단함에 있어서 일단 과학 원리에 맞는지를 살펴보아야 한다고 주장했다. 그런데 이 논리를 들여다보면 '과학 법칙은 불변의 진리'라는 전제가 깔려 있다. 만약 과학 법칙이 변할 수 있다면 판단의 근거가 없어지기 때문이다. 그렇다면 주제를 바꿔 '우리가 알고 있는 과학 법칙은 절대 불변인가?'에 대해 살펴보기로 하자. 사실 이 질문에 대한 답은 뻔한 것이 아니냐고 생각할 수도 있다. 당연한 질문을 왜 하느냐고 생각할 수도 있겠지만, 실제로는 상당히 복잡한 문제다. 이 문제를 깊이 들어가게 되면 과학은 확실한 답을 갖고 있을 거라는 이제까지의 상식에서 벗어나게 되어 오히려 더 혼돈이 올 수도 있을 거라는 염려도 된다. 하지만 이 문제는 우리가 일상생활에서 알게 모르게 자주 접하기 때문에 한 번쯤 확실하게 정리해두는 것이 바람직할 것 같다.

우리는 '자연과학' 하면 절대 불변의 진리라고 생각하는 경우가 많다. 특히 자연과학에 관련된 분야에 종사하지 않는 사람들은 자연과학은 자연을 다루는 학문이고, 자연은 한 가지 사실만을 나타내기 때문에 과학 법칙은 객관적 진리라는 생각을 대부분 하고 있다. 하지만 자연과학 자체가 자연은 아니다. 자연과학은 인간이 자연을 해석하는 활동이라고 보아야 한다. 자연은 객관적일 수 있겠지만, 문제는 인간 능력의 한계 때문에 자연을 해석하는 활동이 완벽할 수 없다는 점이다. 사실 이미 세웠던 과학 법칙의 한계가 드러나고 새로운 법칙이 세워진 것도 인간 인식의 범위가 늘어난 게 큰 요인으로 작용한 것이다. 예를 들어 천동설만 해도 우리의 경험상으로는 천동설이 맞다. 아침에 일어나면 해가 동쪽에서 떠서 서쪽으로 진다. 달도 별도 마찬가지다. 이렇게 맨눈으로 볼 수 있는 정도의 인식 범위 안에서는 천동설이 맞다. 그런데 망원경이 발명되면서 사람의 인식의 한계가 넓어지고, 별들의 움직임을 보다 자세히 관찰함으로써 지동설이 지지를 받게 된 것이다. 물론 천동설에서 지동설로 넘어가기 위해서는 단순히 인식의 한계가 넓어진 것뿐만 아니라 수학적 지식과 뛰어난 사람들의 영감이 작용하기도 했지만, 그 시발이 인식의 범위가 넓어진 것에서 비롯됐음은 부인할 수 없을 것이다.

사실 인간의 인식 능력은 상당히 좁은 영역에서만 발휘된다. 인간 눈의 망막은 단지 400~700나노미터에 해당하는 빛만을 감지하도록 설계되어 있다. 따라서 400나노미터 이하의 빛은 자연에 존재하더라도 인식할 수 없다. 인간이 감지할 수 있는 청각 범위는 20헤르츠에서 2만 헤르츠(초당 공기 압축 주기)다. 또한 인간은 시공간의 제약을 받는다는 한계도 가지고 있다. 예를 들어 우리가 보고 있는 북극성은 1,000년 전의 북극성이다. 북극성에서 나온 빛이 1,000년을 지나 우리에게 도착하기 때문에 지금 현재의 정확한 북극성의 위치를 우리는 인식할 수 없다. 아마 지금은 북극성이 사라지고 없을지도 모른다. 물론 그럴 일은 없겠지만 말이다. 이러한 인간 인식의 한계를 보완해주는 많은 도구들이 발명됨으로써 과학 지식의 지평이 크게 넓어졌다. 또한 실험 과학을 통해 인간은 오감에 의한 인식의 제약에서 벗어나 물리적 실재를 탐지하는 능력을 엄청나게 확장시킬 수 있었다.

인간의 인식 범위가 넓어지면서 기존의 과학 지식이 부정된 대표적인 예로 원자에 대한 개념 변화를 들 수 있다. 원자 개념을 처음 생각한 사람은 데모크리토스다. 그는 물질을 계속 쪼개다 보면 어떤 최소 단위가 있지 않을까 막연히 생각한 것이다. 원자란 말 자체가 더는 쪼갤 수 없다는 의미를 지니고 있다. 그런데 20세기 초에 들어오면서 원자는 원자핵과 전자로 이루어졌다는 것이 밝혀졌다. 원자도 쪼갤 수 있다는 것이 밝혀진 것이다. 그 후에 원자핵도 다시 양성자와 중성자로 이루어져 있다는 사실이 밝혀졌다. 최근에는 양성자와 중성자는 다시 중성미자, 바리온, 메존, 렙톤, 쿼크 등으로 다시 쪼갤 수 있다는 것을 알아냈다. 이러한 기본입자들은 이론물리학과 가속기를 이용해 밝혀내고 있는데, 어디까지가 끝인지는 아무도 모른다.

일반적으로 과학 원리는 여러 가지 명칭으로 불린다. 어떤 경우에는 '~~법칙'이라 불리기도 하고 '~~이론' '~~론' 또는 '~~설'이라 불리는 경우도 있다. 에너지보존법칙, 일반상대성이론, 진화론, 지동설 등을 그 예로 들 수 있다. 그러면 어떤 경우에 법칙을 붙이고, 어떤 경우에 이론, 론, 설 등의 말을 뒤에 붙이는가? 아직 이에 대한 명확한 기준을 제시하는 글을 본 적이 없기에 필자 나름대로의 의견을 여기 피력하고자 한다. 우선 법칙은 확고한 원리로 인정받는 경우에 붙이고 있다.

예를 들면 '만유인력의 법칙' '에너지보존법칙' '물질 보존의 법칙' '열역학 법칙' 멘델의 '유전법칙' 등을 들 수 있다. 하지만 '물질 보존의 법칙'의 경우만 해도 물질과 에너지가 별개라고 생각한 고전물리학에서는 법칙으로 성립됐지만, 물질과 에너지가 상호 전이가 가능하다는 '상대성이론'이 발표되고 나서는 더 이상 성립되지 않는다. 물론 에너지까지 물질 보존의 법칙에 고려하고, 물질까지 에너지보존법칙에 고려한다면 이 두 가지 법칙은 여전히 성립한다고 볼 수 있다.

법칙이 보통 관찰된 비교적 단순한 현상에 대해 당연하다고 생각하는 체험을 경험론적으로 체계화시킨 것이라면, 이론은 관찰된 현상을 보다 폭넓게 적용하기 위해 가설을 세워 만들어낸 논리 체계라고 볼 수 있다. 예를 들어 아인슈타인의 '상대성이론'은 뉴턴의 고전역학에서 당연시했던 절대공간, 절대시간의 개념으로는 설명되지 않는 우주에 대한 관측 결과들도 설명할 수 있다. 시간과 공간이 상대적이라는 개념을 도입한 것이다. 물론 아인슈타인의 상대성이론을 통해 뉴턴의 고전역학 법칙들을 풀 수 있다. 다시 말해 뉴턴역학은 상대성이론의 특수한 경우라고 볼 수 있다는 얘기다. 즉 계산하는 조건을 우리 일상생활의 인식 범위로 한정하면 상대성이론과 뉴턴역학은 거의 같은 결과가 나오게 된다. 엄격히 말하자면 뉴턴역학은 모든 조건을 다 만족시키지 못하기 때문에 맞지 않는 이론이라고 볼 수 있지만, 우리가 흔히 접하는 일상생활에서는 잘 맞기 때문에 아직도 유효하게 사용하고 있는 것이다. 또한 뉴턴역학은 일반인들도 쉽게 이해하고 풀 수 있는 반면 상대성이론은 전문가 수준에서만 풀 수 있기 때문에 아직도 뉴턴역학을 사용하고 있는 것이다. 하지만 첨단 과학 기술이 일상생활에 더 많이 적용되기 시작하면서 일상생활에서도 뉴턴역학보다는 상대성이론을 적용해야 될 경우가 점차 늘어가고 있다. 예를 들어 요즘 일상화되고 있는 GPS을 통해 자동차 위치를 계산할 때 뉴턴역학만 적용하게 되면 하루 수 킬로미터의 오차가 생기게 된다. 물론 현재 GPS를 통해 자동차의 정확한 위치를 알 수 있는 것은 상대성이론을 적용하기 때문이다.

완벽한 이론적 체계를 갖추지 못했지만 어떤 가설을 통해 관찰된 현상을 잘 설명할 수 있을 때 이를 보통 '~~론'이라 칭하게 된다. 진화론과 창조론을 대표적인 예로 들 수 있다. 현재 일반적으로 진화론이 진리라고 믿고 있는 사람들이 많지만, 과학적으로 봤을 때 진화론이 절대적으로 옳다고 주장할 만한 확실한 근거는 아직 없다고 볼 수 있다. 그래서 진화론이 옳으냐, 창조론이 옳으냐를 두고 논쟁이 계속되고 있는 것이다. 물론 진화론의 근거로 화석 등의 자료와 다른 지역에 살고 있는 동종 생물의 차이를 들고 있지만, 진화론을 반박할 자료들도 만만치 않게 많이 있다. 진화론의 가장 큰 취약점은 과거의 현상을 재현할 수 없다는 점이다. 더불어 생물의 다양성이라든가, 복잡하고 완벽한 조화를 이루는 생물체가 어떻게 우연으로 진화할 수 있는가 하는 점에 대해 확실한 답을 할 수 없다는 점이다. 필자 개인적으로는 진화론과 창조론을 아우를 수 있는 또 다른 방법이 있지 않을까 생각하고 있다. 후에 이를 발전시켜 진화론이나 창조론보다 더 합리적인 필자만의 '김송호론'을 만들어낼 수도 있을 것이다. 물론 그 '김송호론'이 '~~론'으로 확실히 자리 잡기 위해서는 관찰된 상황을 더 합리적으로 설명할 수 있어서 대다수 과학자들의 지지를 받을 수 있어야 하겠지만 말이다.

CEO 공학의 숲에서 경영을 논하다

이론적인 근거나 체계가 부족하지만 어떤 현상을 설명하기 위해 제시된 방법을 '~~설'이라고 한다. 대개 '~~설'은 현상을 잘 설명하는 것처럼 보여서 제시됐지만, 보다 강력한 근거가 제시되면서 '~~론'이나 '~~법칙'으로 발전되지 못하고 끝나는 경우의 것들이다. 라마르크의 '용불용설'은 진화 현상을 잘 설명하는 것 같았지만, 후천적으로 획득된 성질은 유전되지 않는다는 멘델의 유전법칙에 의해 과학적 사실이 아님이 증명됐다. 하지만 '원자설'과 같이 고대 그리스의 데모크리토스에 의해 단순히 개념적으로 제시됐다가 차후에 실험을 통해 그 존재가 확인되어 '원자론'으로 격상된 경우도 있다. 사실 '~~설'은 단어 자체가 의미하는 바 그대로 누구나 사실이 아니라는 걸 알고 있는 경우도 있고, '~~카더라' 수준의 논란거리를 제공함으로써 차후 증명을 요하는 모든 경우를 포함하게 된다.

법칙을 주로 많이 사용하던 시기는 고전물리학이 완성되기까지인 19세기 말까지다. 실제로 19세기 말에는 자연현상을 모두 이해해 물리학이 완성됐으니 더는 할 일이 없다고 생각했다. 그러나 다행인지 불행인지 고전물리학이 완성됐다고 생각한 20세기 초반에 들어오면서 고전물리학 자체 모순에서 비롯한 심각한 문제가 알려지게 됐다. 즉 유명한 상대성이론과 양자역학의 이론 확립으로 고전물리학은 극히 제한된 조건 아래에서만 성립하는 법칙임이 밝혀졌다. 즉 우리의 일상적인 인식 범위 안에서는 고전물리학이 성립되지만, 우주와 같이 아주 거대한 대상이나 원자와 같은 아주 미세한 대상에는 고전물리학이 적용되지 않는다는 것을 알게 된 것이다. 따라서 '~~법칙'이란 용어도 20세기에 들어오면서는 잘 쓰지 않게 됐다. 왜냐하면 나중에 우리가 알고 있는 법칙을 벗어난 새로운 법칙이 발견될 수 있기 때문이다.

　그렇다면 여기서 이런 의문을 가질 수 있다. 우리가 절대적 진리라고 믿었던 과학 법칙도 나중에 부정될 수 있다면 과학 법칙은 아무 소용이 없다는 말인가? 그런 불확실성 아래 과학 법칙이 무슨 의미를 가질 수 있겠는가? 하고 말이다. 우리는 일반적으로 과학이 절대적 진리라는 속성을 가진 것으로 생각하지만 이는 잘못된 견해라고 볼 수 있다. 앞에서 과학이 자연현상을 설명하는 우리의 인식 작용이라고 정의했는데, 그렇다면 과학 법칙의 '불확실성'을 우리의 인식 범위가 넓어짐에 따라 과학의 영역이 넓어지는 '가능성'으로 인식하는 사고의 전환이 필요하다. 다시 말해 기존의 과학 법칙을 적용해서 현상을 예측하고 대응하되, 다른 현상이 발생할 경우에는 열린 마음으로 다른 가능성을 탐색하는 지혜가 필요한 것이다. 이를 좀 더 고상하게 표현해 '과학적 사고'라고 부르는데, '과학적 사고'는 중요하기 때문에 다음 절에 다시 논의하기로 하겠다.

　'과학은 객관적이다'라고 생각하는 것을 '과학적 실재론'이라고 부르는데, 현재 이러한 과학적 객관론은 받아들여지지 않는 게 대세다. 그렇다면 어떤 이론적 해석이 과학적 사실이라고 어떻게 판단할 것인가? 현대는 대체적으로 상호주관성을 통해 과학적 사실인지 아닌지를 판단하는 추세다. 상호주관성이란, 대다수 과학자들이 서로 동의할 수 있는 방식 즉 실험과 관측, 논리적 추론을 통한 검증을 통해 상호 인정하면 과학적 사실로 받아들인다는 의미다. 과학 활동이 자연현상을 설명하는 우리의 인식 작용이라면, 이는 어차피 주관적일 수밖에 없는데, 이를 보완하기 위해 대다수 과학자들이 합리적으로 수용할 수 있으면 과학적 사실이라고 받아들이자는 것이다. 따라서 요즘 일반적인 과정은 과학 잡지 또는 기술 잡지에 기고하여 심사를 받으면서 1차로 다른 과학자들의 검증을 받고, 다른 과학자들에 의해 같은 실험의 확인 작업을 거치면서 과학적 사실로 인정받게 된다.

과학적 사고가 중요하다

산업혁명 전까지는 대체적으로 동양이 서양에 비해 기술적인 면에서 훨씬 앞서 있었다. 인류의 발전사에서 중요한 발명, 예를 들어 종이, 화약, 측량술, 아리비아 숫자 등은 모두 동양에서 발전되어 서양으로 전해졌다. 특히 산업혁명 전까지 중국은 기술적인 면에서 무척 선도적인 위치를 차지했다. 효율적인 마구, 철강 기술, 화약과 종이의 발명, 기계식 시계, 그리고 구동 벨트, 사슬 구동 장치 및 회전 운동을 직선 운동으로 바꾸는 표준적 방법과 같은 기초적 공학 장치들, 그리고 선미재 키와 같은 항해 기술에서 중국의 기술은 서양을 압도했다.

하지만 산업혁명 이후 서양이 기술적인 면에서 동양을 앞서기 시작했는데, 그 가장 큰 원인이 바로 '과학적 사고'라고 볼 수 있다. 즉 동양이 서양에 비해 과학적 사고가 미흡했기 때문에 앞섰던 기술적 우위를 지키지 못하고 뒤처지게 된 것이다. 최근 과학 기술이 사업에서도 중요한 요인이 되면서 경영자들도 과학적 사고를 가지는 게 아주 중요하게 됐다. 사실 이 책을 쓰는 목적도 어떤 특정한 과학적 사실을 전하는 것이 아니라, 과학적 사고를 가지도록 하는 게 목적이라고 볼 수 있다. 그렇다면 그렇게 중요한 과학적 사고란 무엇인가? 쉬운 것 같지만 막상 구체적으로 설명하기란 쉽지가 않다. 이제부터 서울대 물리학과 최무영 교수의 『최무영 교수의 물리학 강의』(책갈피, 2008)에 실린 내용을 중심으로 과학적 사고에 대해 살펴보기로 하겠다.

과학적 사고의 첫째 요소는 기존 지식에 대해 '의식적으로 반성'하는 것이다. 최무영 교수는 과학적 사고의 전형적인 예로 갈릴레이의 낙하실험을 들고 있다. 당시에는 무거운 물체와 가벼운 물체를 떨어뜨리면 무거운 물체가 먼저 떨어진다고 생각했다. 실제의 관찰 결과가 그랬으니 아무도 의심하지 않은 것이다. 그런데 갈릴레이는 무거운 물체와 가벼운 물체가 동시에 떨어진다고 주장했다. 이러한 갈릴레이의 주장은 지금은 당연해 보이지만, 당시에 가장 영향력이 컸던 아리스토텔레스의 견해도 무거운 물체가 먼저 떨어진다고 했고, 실제 경험상으로도 무거운 물체가 먼저 떨어지는 것으로 관찰되기 때문에 너무나 획기적인 일이었다. 이렇게 사회의 보편 지식에 반하는 '의식적인 반성'을 시도하는 것이 바로 과학적 사고의 출발점이다.

천동설이 사회적으로 받아들여지고 있던 중세에 지동설을 주장했던 코페르니쿠스도 과학적 사고를 보여준 또 하나의 전형적인 예로 꼽을 수 있다. 아무리 사회적으로 보편 진리라고 받아들여지고 있어도, 관찰된 결과에 근거해서 다른 주장을 할 수 있는 것이 바로 과학적 사고이다. 뉴턴의 고전역학이 진리라고 받아들여지고 있을 때, 우주를 관찰하면서 고전역학에 맞지 않는 모순을 발견하고 이를 수정하는 상대성이론을 생각해낼 수 있었던 아인슈타인도 과학적 사고를 가졌다고 볼 수 있다.

과학적 사고의 둘째 요소는 '지식의 정량화'다. 무거운 물체가 가벼운 물체보다 먼저 떨어진다는 생각은 '정량적 사고'를 통해 모순이 드러난다. 예를 들어 무거운 물체와 가벼운 물체를 묶어서 떨어뜨리면 어떤 현상이 일어나야 하는가? 두 물체를 묶으면 따로따로 떨어뜨릴 때보다 더 무거워지기 때문에 더 빨리 떨어져야 한다. 하지만 실제로는 무거운 물체와 가벼운 물체의 중간 속도로 떨어지게 된다. 즉 모순이 생기게 되는 것이다. 하지만 공기 저항이 없다면 두 물체는 원래 동시에 떨어져야 하는데, 공기 저항 때문에 무거운 물체가 먼저 떨어진다는 갈릴레이의 사고를 통해 보면 이 문제는 해결이 된다.

과학적 사고의 세 번째 요소는 '지식의 실증적 검토'다. 지식의 정량화를 위해서는 실제 경우를 통해 정량적으로 확인해보는 과정, 즉 검증이라는 과정을 거쳐야 한다. 이러한 검증을 위해서는 실험을 통해 결과치를 측정한 후 예측된 결과와 맞는지 확인하는 과정이 필요하다. 물론 인위적인 실험을 할 수 없을 경우에는 실제 자연에서 관측을 한 다음이를 예측치와 비교해 검증하여야 한다. 실험을 할 수 있는 갈릴레이의 낙하 실험과 같은 경우에서는 무거운 물체가 가벼운 물체보다 더 빨리 떨어진다면 측정을 통해 이를 증명할 수 있어야 한다. 물론 그 측정 결과는 모든 예측치와 일치해야 한다. 예를 들어 동일한 무게의 물체가 낙하 속도가 다르다면 그 이론에 문제가 있는 것이다. 종이를 떨어뜨릴 때, 그냥 떨어뜨린 경우가 그 종이를 뭉쳐서 떨어뜨린 경우보다 낙하속도가 느리게 측정된다. 그런데 무거운 물체가 먼저 떨어진다면, 위의 두 경우에 종이의 무게는 같기 때문에 낙하속도는 같아야 한다. 물론 이 경우에는 공기의 마찰력이 다르게 작용하기 때문에 두 경우의 낙하속도가 다르게 측정된 것이다. 그렇다면 무거운 물체와 가벼운 물체가 동시에 떨어진다는 것을 증명하기 위해서는 어떤 실험이 필요할까? 공기저항이 없거나 무시할 수 있는 조건이 필요하다. 예를 들어 진공 상태인 공간에서 낙하 실험을 하게 되면 무거운 물체와 가벼운 물체는 동시에 떨어지게 되고, 예측치와 측정치가 일치하게 된다.

물론 실험을 할 수 없고 자연에서 관찰하는 경우에는 논란의 여지가 많을 수 있다. 처음에 코페르니쿠스가 지동설을 주장했을 때, 그의 지동설이 천문학적인 관찰 결과와 완전히 일치하는 것은 아니었다. 하지만 당시까지 당연하게 받아들여지고 있던 천동설보다는 훨씬 천체의 운동을 합리적으로 설명할 수 있었다. 그 후 코페르니쿠스의 지동설은 갈릴레이, 케플러, 뉴턴을 거치면서 수정되고 보완되어 정량적으로도 확실히 이론이 정립됐다. 지식의 정량화를 통해 완전한 과학적 사실로 인정받는 데 상당한 시일이 걸린 것이다. 아인슈타인의 상대성이론은 우주를 대상으로 하기 때문에 검증에 어려움이 있었다. 그런데 완전하지는 않지만, 개기일식 때 별의 위치 치우침 현상을 관찰함으로써 이론의 타당성을 인정받았다. 즉 일반상대성이론에 따르면 빛도 중력에 의해 휘게 되는데, 개기일식 때 해 뒤에 있는 별의 빛이 태양의 중력 작용으로 휘어져서 별의 위치가 실제로 치우치게 관측됨으로써 그 타당성을 인정받은 것이다.

과학적 사고의 네 번째 요소는 '지식의 반증 가능성'이다. 어떤 과학 지식에 대해 생각할 수 있는 모든 경우에 대해 검증을 거쳤다고 하더라도 단 한 가지 경우에 그에 반하는 결과가 나오면 그 과학 지식은 과학적 사실로 받아들여지지 않는다. 뉴턴의 고전역학은 일상생활 범위 안에서는 잘 맞아서 법칙으로 인정을 받았었지만, 우주에서처럼 빛의 빠르기를 고려해야 하는 상황에서는 잘 맞아 떨어지지 않는다는 점이 발견됐다. 따라서 뉴턴의 고전역학은 과학적 사실이 아니라고 말할 수 있다. 물론 아직까지도 뉴턴의 고전역학이 과학적 사실로 받아들여지고 이용되고 있는 이유는 앞에서도 설명했지만, 우리 일상생활에서는 뉴턴의 고전역학에 의해 푼 결과가 상대성이론으로 푼 결과와 큰 차이가 없기 때문이다. 반면에 뉴턴의 고전역학은 상대성이론에 비해 다루기가 쉽기 때문에 아직도 과학적 사실로 받아들여지고 있는 것이다. 다만 특수한 경우에만 맞는다는 전제를 항상 달고서 말이다.

이와 같이 어떤 과학 지식도 반증 가능성을 지녀야 한다는 것이 과학적 사고다. 반증 가능성이란 반증할 수 있는 기회를 항상 열어두어야 한다는 것을 의미한다. 물론 많은 사람들이 여러 가능성에 대해 검증을 했다면 과학적 사실일 확률은 올라가지만, 절대적으로 과학적 사실이라고 말할 수는 없다. 해가 지구를 중심으로 돌기 때문에 천동설이 옳다고 검증했지만, 다른 천체들의 움직임을 관찰하고 나서는 지동설이 과학적 사실이라고 생각하게 된 것과 같은 일이 벌어질 수 있기 때문이다.

과학적 사고의 다섯 번째 요소는 단편적인 지식들을 '하나의 합리적 체계'로 설명하려고 시도한다는 것이다. 특정 지식은 개별적인 과학적 사실들을 말하는데, 과학 활동은 이러한 단편적인 특정 지식을 묶어서 보편적 지식 체계를 만들려고 한다. 이와 같은 보편적 지식 체계를 이론이라고 한다. 예를 들어 사과가 땅으로 떨어지는 현상, 지구가 태양 주위를 도는 현상, 밀물과 썰물이 생기는 현상 등은 개별적인 특정 지식이다. 그런데 이러한 특정 지식들을 묶어서 설명하는 하나의 이론을 만들면 보편 지식이 된다. 우리가 보통 과학 지식이라고 하면 이런 체계화된 보편 지식을 의미하게 된다.

사업을 하려면 공학적인 관점을 가져야 한다

필자는 앞에서 어떤 발명품에 투자를 결정하기 전에 우선 그 발명품이 과학 원리에 맞는지를 먼저 판단해보아야 한다고 주장했다. 하지만 자신이 직접 판단을 하건, 공학박사에게 자문을 구하건 간에 그 발명품이 과학적 원리에 맞는다는 판정이 나더라도 그것만으로 사업성이 있다고 보장되는 것은 아니다. 여기서는 몇 가지 예를 통해 과학의 원리와 더불어 경제성을 고려해보는 '공학적인 관점'을 살펴보고자 한다.

필자가 대학을 다니면서 과외를 할 때의 얘기다. 아마도 그날의 주제는 '에너지'였던 것 같다. 자동차 엔진의 경우, 들어간 에너지의 약 20~30퍼센트만 사용되고 나머지는 열이나 소음 등으로 쓰인다는 얘기를 했다. 그러자 중학교 1학년이었던 학생이 갑자기 이런 질문을 하는 것이었다.

"선생님, 그러면 열로 버려지는 에너지를 다시 회수해서 쓰면 안 되나요? 자동차 엔진에서 나는 열로 발전을 해서 다시 쓰면 환경 보존도 되고, 에너지 비용도 절감되잖아요."

"그런데 문제는 그 버려지는 열을 회수하는 데 들어가는 비용이 더 높아서, 그렇게 하지 않는 거야."

"그래도 환경 보존을 생각한다면 돈을 더 들여서라도 에너지를 회수해야 되는 게 아닌가요?"

그 학생은 마치 자신은 지구를 구하는 친환경주의자(?)이고 필자는 돈만 밝히는 속물주의자인 양 취급하는 것이었다. 기분도 나빴지만, 경제성이란 개념이 없는 중학교 1학년에게 그의 생각이 현실성이 없다는 점을 설득하는 게 쉬운 일이 아니라는 것을 깨달을 수 있었다.

무엇이 문제인가? 문제는 우리의 학교 교육에는 과학은 있지만 공학은 없다는 것이다. 그렇다면 과학과 공학의 차이는 무엇인가? 아마도 어디선가 읽은 다음의 문장이 과학과 공학의 차이를 가장 잘 설명해줄 것이라고 생각한다.

Science makes knowledge with money.
과학은 돈을 들여서 지식을 만들어내는 것이다.

Engineering makes money with knowledge.
공학은 지식을 활용해서 돈을 버는 것이다.

이 문장은 필자가 공대 학생들을 대상으로 강연할 때 꼭 들려주는 내용 중의 한 가지다. 경제적인 개념을 가져야 하는 공대생들조차도 마치 자신들이 경제적인 면을 고려하지 않아도 되는 과학자인 것처럼 착각하는 경우가 많기 때문이다. 예를 들어 필자와 같이 일하는 엔지니어들에게 개발한 제품을 가지고 고객을 방문해서 기술 영업을 하라고 얘기하면, "저는 기술 개발을 하는 사람인데, 왜 제가 영업을 해야 합니까?"라고 불만을 토로한다. 하지만 엔지니어라면 '내가 만든 제품이 고객에게 팔릴 수 있을 정도로 경제성을 갖고 있는지' 관심을 가져야 한다. 즉 내가 만든 제품으로 돈을 벌 수 있는지에 초점을 맞춰야 한다는 것이다.

이런 의미에서 '이공계'라는 용어 자체도 문제가 있다는 것이 필자의 생각이다. 이(Science)와 공(Engineering)은 기반은 같을지 모르지만, 그 성격은 천양지차다. 필자가 어렸을 때 만화를 많이 보면서 로봇을 만드는 과학자가 되겠다고 생각했는데, 로봇을 만드는 사람들은 과학자가 아니라 공학자라는 걸 그때는 몰랐던 것처럼 말이다. 물론 로봇을 만드는 기초 기술은 과학자들이 만들 수 있지만, 그 기초 기술을 이용해 실제로 로봇을 만드는 사람들은 공학자들인 것이다. 필자가 공대에 들어간 첫 학기에 어느 교수님이 칠판에 크게 'Engineering=Science+Economics'라고 썼을 때 그 의미를 제대로 깨닫지 못했지만 말이다.

얘기가 나온 김에 이(Science)와 공(Engineering)이 이렇게 다른데 왜 사람들은 '이공계'라는 단어를 쓰는 것을 좋아하는지 생각해보자. 아마도 우리 의식 속에 '돈'을 밝히는 것은 배운 사람답지 못하다는 조선시대의 그릇된 선비 정신이 들어 있어 그런 게 아닌가 하는 생각을 해본다. 과학은 돈을 밝히지 않으니까 고상한데, 공학은 돈을 생각해야 하니까 좀 하급 학문이라는 생각을 하는 게 아닐까? 그러니까 과학이라는 공통분모를 갖고 있다는 점을 이용해서 이공계로 뭉뚱그려버린 게 아닐까 하는 짐작을 해본다. 물론 그런 명칭이 무슨 대수냐 할 수 있겠지만, 필자는 이것이 상당히 중요한 문제라고 생각한다. 요즘 공대 학생들이 사회에 나와 적응하지 못하는 이유 중의 하나가 바로 자신을 이공계라고 생각하는 데 있기 때문이다. 회사에 이익을 남기는 게 공학도의 의무라고 생각하지 않고, 기술 개발 자체를 공학도의 의무로 생각하는 풍토도 '이공계'라는 명칭과 무관하지 않다는 생각이 든다. 만약 공학도들이 자신의 기술이나 제품이 시장에서 어떤 경제적 의미를 가질까를 생각한다면 일하는 자세도 달라질 것이고, 생존 경쟁력 또한 높아지지 않을까? 왜냐하면 돈을 벌려면 시장에서의 경쟁력을 생각해야 하기 때문에 기술이나 제품을 보는 사고방식이 지금과는 많이 달라질 것이기 때문이다. 공학도들이 지금과 같이 제품 뒤에 숨어서 시장의 요구와 나는 아무 상관이 없다고 생각하면 생존 경쟁력이 있을 수 있겠는가?

이런 의미에서 사업가 내지 경영자들은 과학의 원리를 이해하는 것을 넘어 공학의 원리를 이해하는 것이 필수적이다. 과학적인 관점과 공학적인 관점의 차이를 이해하는 데 도움을 줄 수 있는 몇 가지 예를 들어보겠다.

한국에는 수력발전 댐이 많이 있다. 연중 비가 오는 시기가 초여름에 집중되어 있는 관계로 물을 효율적으로 관리하기 위해서 댐은 아주 유용하다. 댐은 식수나 용수로 쓰기 위해 물을 저장하는 역할도 하지만, 낙차를 이용해 발전을 하기도 한다. 그런데 이런 경우를 한번 생각해보자. 어떤 농촌 마을에 있는 댐에서는 낮에는 댐의 물을 이용해 발전을 하다가 밤에는 밑에 있는 물을 다시 댐으로 퍼 올린다. 낮에는 댐에 있는 물로 발전을 하기 때문에 댐에 있는 물이 밑으로 내려갈 것이다. 과학적으로 표현하자면 물의 위치 에너지를 전기 에너지로 바꾸는 것이다. 즉 높은 위치에 있는 댐의 물이 밑으로 내려가면서 발전기 축을 돌리게 되면 전기 에너지가 생기는 것이다.

그러면 그렇게 낮에 발전을 하기 위해 내려 보낸 물을 밤에 위로 퍼 올려서 다시 이용하는 이유는 무엇일까? 과학적으로 보면 이는 참으로 어리석은 일이다. 왜냐하면 낮 동안에 발전을 하기 위해 내려 보낸 물을 다시 댐 위로 올리기 위해서는 낮 동안 만든 전기 에너지의 몇 배가 들기 때문이다. 즉 떨어지는 물로 전기 에너지를 만드는 효율이 100퍼센트이고, 물을 위로 올리는 펌프의 효율이 100퍼센트일 경우에만 낮 동안에 만든 전기 에너지로 전기를 만드느라고 밑으로 떨어진 물을 전부 위로 다시 올릴 수 있다. 자연계에서는 효율이 100퍼센트 이상일 수 없기 때문에 결국 낮 동안에 떨어지는 물로 전기를 만들고, 나중에 그 떨어진 물을 낮 동안 만든 전기 에너지를 이용해서 위로 올리면 떨어진 물을 전부 올릴 수가 없다. 다시 말해 이 과정은 '이익 봐야 본전인 셈이다.'

예를 들어 일반적으로 에너지 전환 효율이 30퍼센트 이하인 점을 감안해서 떨어지는 물로 전기 에너지를 만드는 효율과 물을 위로 올려 보내는 펌프의 효율을 각각 30퍼센트라고 가정해보자. 댐 위의 물이 가진 위치 에너지를 100이라고 했을 때 그 물을 이용해서 만들어지는 전기 에너지는 30이 된다. 그런데 그 전기 에너지 30으로 다시 물을 위로 올려 보내면 다시 효율이 30퍼센트이기 때문에 9만큼에 해당하는 물만 위로 올려 보낼 수 있다. 즉 100이라는 에너지 중에서 91(=100−9)만큼의 에너지는 사라지고, 9만큼만 되돌아오는 셈이 되는 것이다. 에너지보존법칙으로 보면 참으로 어리석은 행동이 아닐 수 없다.

그러나 과학적으로 보면 이렇게 어리석은 행동도 경제적인 개념이 들어가면 합리성을 가질 수 있다. 이 경우에는 낮 동안에는 전력 수요가 많기 때문에 댐의 물을 사용해서 전기를 생산하도록 한다. 그러나 밤에는 전력 수요가 줄면서 남아도는 전력이 생기게 된다. 따라서 밤에 어차피 없어지는 전력을 사용해서 댐 밑의 물을 위로 올리게 되면 용수로 사용할 수도 있고, 다시 전력을 생산하는 데 사용할 수도 있어서 경제성을 갖게 된다. 즉 낮의 전력 단가와 밤의 전력 단가가 다르기 때문에 이를 감안하면 과학적으로 내린 결론과 다른 결론이 날 수 있는 것이다. 즉 이 경우 댐의 물은 에너지를 저장하는 수단으로 사용되는 것이다.

조금만 주의해서 살펴보면 이러한 일은 우리 주위에서 너무 흔히 볼 수 있다. 전기로 조명을 하는 경우를 보자. 전기를 생산하기 위해서는 연료를 태워야 한다. 이 때 연료의 화학적 에너지를 전기 에너지로 전환하는 효율도 30퍼센트를 넘지 않는다. 즉 전기 에너지를 생산하기 위해서 연료가 가진 에너지의 70퍼센트를 버리는 셈이다. 그 전기 에너지를 가정이나 공장 등 조명에 쓰이는 장소까지 전달하려면 다시 손실을 감수해야 한다. 거기다가 가정까지 전달된 전기 에너지를 조명에 필요한 빛 에너지로 바꾸면 다시 효율이 떨어지게 된다. 실제로 오늘날 대규모 발전소에서 생산된 전기로 불을 밝히는 백열등의 에너지 효율은 3퍼센트밖에 되지 않는 것으로 조사되고 있다. 따라서 조명을 위해 전기 에너지를 생산하는 대신 연료를 바로 연소해서 빛을 얻으면 훨씬 더 효율이 높다. 같은 양의 연료를 이용해서 전기를 생산한 다음 조명을 하는 것보다는 옛날식으로 그 연료로 호롱불을 켜면 에너지 관점에서는 더 효율적이라는 얘기다.

그런데 우리는 왜 호롱불 대신 에너지 효율이 더 낮은 전기 조명을 하고 있는 것인가? 그건 편리성 때문이다. 우선 연료를 개별적으로 공급하기보다는 전기를 통해 공급하는 것이 더 편리하기 때문이다. 호롱불을 켜기 위해 연료를 각 가정에서 보관하고 또 채워 넣는 일은 상당히 번거로운 절차다. 또한 호롱불을 사용하는 경우보다는 전기를 사용하는 경우에 조명을 훨씬 밝게 할 수 있고, 다양한 조명 장치를 만들 수 있다는 장점이 있다. 또한 호롱불에 의한 그을음이라든가 불완전 연소에 의한 냄새 등을 막을 수 있는 장점도 있다. 그 밖에도 전기 에너지를 생산하는 발전소를 변두리에 설치함으로써 생활공간 내에서의 환경오염을 방지할 수 있는 이점도 있고, 연료의 대량 구매에 의한 경제성도 확보할 수 있다.

아무튼 이렇게 복잡하게 설명했지만, 지금은 어느 누구도 호롱불을 켜는 게 에너지 효율이 더 높다는 이유로 전기 에너지 대신 호롱불을 사용하자는 사람은 없을 것이다. 하지만 여기서 필자가 얘기하고자 하는 요점은 어떤 실제적인 현상을 판단하기 위해서는 과학적인 관점도 중요하지만, 경제성과 실현성 등을 고려한 공학적인 관점이 더 중요하다는 점이다. 이를 사업적인 면에서 좀 더 구체적으로 설명하기 위해 요즘 화두가 되고 있는 '수소 에너지'와 '생분해성 수지'에 대해 논의해보고자 한다.

공학적인 관점의 사례 1
수소 에너지

요즘 원유 고갈이 점차 현실화되고, 이산화탄소에 의한 지구온난화가 문제가 되면서 새로운 대체에너지에 대한 관심이 높아지고 있다. 새로운 대체에너지에 대해서는 여러 방안들이 제시되고 있는데, 그중 한 가지인 수소 에너지에 대해 공학적인 관점에서 살펴보고자 한다.

수소는 산소와 반응하면 물만 발생시키기 때문에 청정에너지로 각광받고 있다. 또한 수소를 원유를 대체할 가장 적합한 에너지라고 주장하는 사람들은 수소가 이 우주에서 가장 흔한 원소들 중 하나라는 사실을 지적한다. 원유는 특정 지역의 땅속에만 묻혀 있기 때문에 자원 전쟁이 일어날 수 있지만, 수소는 어디에나 존재하기 때문에 그럴 염려가 없다는 것이다. 물론 우주에서 수소는 가장 흔한 원소라고 볼 수 있다. 우주에 퍼져 있는 먼지 형태의 성간물질 성분의 70퍼센트가량이 수소이고 나머지 20~30퍼센트는 헬륨이다. 수소와 헬륨을 합하면 99퍼센트 이상이 된다. 여기서 헬륨도 별들의 핵융합 반응에 의해 수소가 결합되면서 나온 물질인 것을 감안하면 우주의 대부분의 물질은 수소인 것이 사실이다. 하지만 지구를 기준으로 보면 수소가 산소와 반응해 에너지를 발생할 수 있는 순수한 형태로 존재하는 경우는 거의 없다. 또한 수소 자체는 공기 중의 산소와 아주 잘 반응해서 위험하기 때문에 특수한 용기에 보관하여야 한다.

실제로 지구상에 존재하는 수소는 대부분 어떤 화합물의 형태로 존재하고 있다. 아마도 수소가 가장 흔하게 들어 있는 형태는 바로 물일 것이다. 물은 수소 원자 두 개와 산소 원자 한 개의 비율로 화학결합을 하고 있으니까 말이다. 그래서 앞에서 예를 든 물로 가는 자동차의 경우에도 우리 주위에서 가장 쉽게 구할 수 있는 물을 수소와 산소로 분해해서 그 수소를 다시 산소와 반응시켜서 에너지를 얻는다고 주장하는 것이다. 그 밖에도 수소는 유기물, 즉 생물체 내에 존재하게 된다. 물론 원유와 천연가스, 석탄도 유기물이기 때문에 그 안에도 수소는 존재한다. 따라서 수소를 얻는 가장 흔한 방법은 바로 물을 전기 분해하든가, 원유나 천연가스, 석탄을 화학 분해하는 것이다.

그렇다면 여기서 한번 생각을 해보자. 수소를 얻기 위해서는 물을 분해하든, 유기물인 원유나 천연가스, 석탄을 분해하든 에너지가 들어가게 된다. 수소를 거저 얻는 게 아니라는 말이다. 그렇게 얻어진 수소를 다시 산소와 반응시켜서 에너지를 얻게 되면 열역학 제1법칙에 의해 수소를 분해하는 데 들어간 에너지보다 더 작게 된다. 즉 에너지 측면에서만 보면 일정한 에너지로 수소를 분해한 다음에 그 수소를 어떤 용도의 에너지원으로 사용하는 것보다는 그 에너지를 그 용도로 직접 사용하는 게 더 효율적이라는 얘기다.

물론 이런 의문은 제기할 수 있다. 물이 아니라 원유나 천연가스, 석탄에서 수소를 분리하는 경우에는 수소를 얻는 데 들어간 에너지보다는 그 얻어진 수소로 얻을 수 있는 에너지가 더 클 수 있지 않느냐고 말이다. 맞는 말이다. 하지만 이 경우에도 원유나 석탄이 물보다 더 높은 에너지를 이미 가지고 있었기 때문에 수소를 얻는 데 들어간 에너지가 그 얻어진 수소로 얻을 수 있는 에너지보다 더 큰 것이다. 다시 말해 이 경우에도 원유나 석탄을 수소로 분해하지 말고 바로 원래의 에너지 용도로 쓰는 게 더 효율적이라는 것이다.

그렇다면 수소를 대체에너지로 연구하는 사람들은 어리석은 사람들인가? 그렇지는 않다. 하지만 여기서 수소는 에너지 자체라기보다는 에너지 저장 용도라고 보아야 한다. 즉 원자력발전이나 화력발전을 통해 만들어진 에너지를 수소라는 다른 형태의 에너지로 바꾸어 보관하는 것이라고 보는 게 타당하다는 얘기다. 다시 말해 원자력이나 화력발전을 통해 만들어진 에너지는 바로 써야지 안 쓰면 없어지기 때문에 나중에 이용하기 위해 수소 에너지라는 형태로 바꾸어 보관하는 것이다. 따라서 앞서 언급한 대로 우주에 가장 흔한 원소가 수소이기 때문에 수소 에너지만 상용화되면 에너지 문제가 해결된다는 식의 접근은 잘못된 것이다. 예를 들어 전기가 청정에너지지만, 전기를 연구한다고 해서 에너지 문제가 해결되지 않는 것과 마찬가지 이치다. 즉 전기는 발생된 에너지의 형태로 사용하기에 편리하다는 점을 우리가 이용하는 것이지 그 자체가 에너지원이 아니듯이 수소도 에너지를 축적하는 한 형태로 보는 것이 타당하다. 왜냐하면 전기를 발생시키기 위해서는 원자력이 됐든, 태양 에너지가 됐든 어떤 형태의 에너지원이 필요하듯이 수소를 발생시키기 위해서도 별도의 에너지원이 필요하기 때문이다. 다시 말해 수소는 원자력이나 태양열, 풍력 등 순간적으로 에너지를 발생시키는 에너지원으로부터 에너지를 받아 보관하는 방식이라고 이해하면 더 좋을 것이다. 마치 축전지가 전기 에너지를 보관하고 있다가 나중에 사용할 수 있도록 해주듯이 말이다. 따라서 수소는 원자력, 태양 에너지 등 에너지원과 경쟁하는 관계가 아니라, 축전지, 석유 내연기관 등 에너지를 보관하거나 이용하는 방법들과 경쟁한다고 보아야 한다.

그렇다면 수소 에너지의 앞날은 어떤가? 필자는 사업적인 면에서 보면 수소 에너지의 앞날은 그리 밝지 않다고 생각한다. 왜냐하면 수소 에너지를 상용화하기 위해서는 풀어야 할 숙제가 너무 많은 데 비해 다른 에너지 활용 방안, 예를 들어 전기에 비해 경쟁력이 떨어지기 때문이다. 자동차에 수소 에너지를 사용하는 경우를 생각해보자. 수소는 기체 상태이기 때문에 그대로는 자동차에 사용할 수 없다. 따라서 자동차에 사용하기 위해서는 극저온에서 압축해서 특수 탱크에 넣어야 하는데, 그 장치 자체가 만만치가 않다. 또한 충돌사고가 났을 때 반응성이 높은 수소 가스는 치명적으로 위험할 수 있다. 그런 기술적 문제를 해결하더라도 다음 단계인 현재의 주유소와 같은 수소 가스 충전소를 전부 설치해야 하는 문제가 생긴다. 반면에 전기 에너지는 가정이나 우리 주위에 이미 시설이 되어 있어 약간의 설비 보완만 하면 바로 충전할 수 있다. 더구나 충돌사고가 나는 경우에도 전기 에너지 저장 장치는 그리 위험하지 않다. 현재 전기 에너지를 활용한 자동차는 이미 하이브리드 카 형태로 현실화되고 있는데, 수소 에너지를 활용한 자동차는 기술적 난제들을 해결하기도 힘들 뿐만 아니라, 어느 정도 해결하더라도 전기 에너지 자동차에 비해 경쟁력이 떨어질 것으로 생각된다.

수소 에너지를 효율적으로 이용하기 위해서는 주로 연료전지가 사용된다. 즉 수소와 산소를 가스 형태로 직접 반응시키는 게 아니라, 전해질을 통해서 수소와 산소를 이온 형태로 반응시켜서 화학 에너지를 전기 에너지로 바꾸는 방법을 쓰고 있다. 하지만 이 경우에도 앞에서 지적한 바와 마찬가지로 수소를 별도의 에너지를 써서 만들어야 하는 문제점은 그대로 가지고 있다. 즉 수소 연료전지는 만들어진 수소 에너지를 어떤 형태로 사용할 것이냐의 문제이지, 수소 에너지를 공짜로 얻을 수 있는 방법은 아닌 것이다. 수소 에너지의 이런 불편함 때문에 요즘은 수소를 이용한 연료전지의 대안으로 수소 대신에 메탄올, 메테인, 탄화수소, 일산화탄소 등을 이용한 연료전지가 많이 연구되고 있다. 하지만 이 경우에는 메탄올을 비롯한 화합물이 가진 화학 에너지를 이용한다는 면에서 기존의 에너지 이용 형태와 크게 다를 바가 없다는 점에 주의할 필요가 있다. 즉 메탄올 등을 연소시켜 낼 수 있는 에너지를 연료전지라는 형태를 통해 사용하기 편리하게 만드는 것에 불과하다는 것이다.

공학적인 관점의 사례 2
생분해성 비닐

몇 년 전에 지인이 아주 유망한 사업 아이템을 잡았다고 자랑을 했다. 내용을 들어보니 누군가 '생분해성 비닐 소재' 기술을 개발했는데, 그 사업에 투자를 했다는 것이었다. 그러면서 앞으로는 모든 쓰레기봉투뿐만 아니라 포장용 비닐도 모두 생분해성 소재를 사용할 것이기에 사업 전망이 아주 밝다고 자랑을 하는 것이었다. 그러면서 필자가 화학공학 박사니까 잘 알 거라며 설명을 하는 것이었다. 물론 그 지인이 기술자가 아니어서 기술 자체에 대해서는 자세히 설명하지도 않았지만, 기술 설명서와 원료 등에 대해 듣고 나니 대충 어떤 소재인지 짐작이 갔다.

비닐은 생활에 아주 유용한 재료지만 화학결합이 너무 강해 일반적인 조건에서는 분해되지 않는다는 단점이 있다. 비닐을 사용할 때는 바로 그 강한 화학적 결합이 장점이 되지만, 다 쓰고 나서는 분해가 되지 않아 장점이 곧 반환경적(?)이라는 단점이 되는 것이다. 비닐은 태우거나 특별한 화학 반응을 일으키지 않고 그냥 땅속에 묻는다든지 해서는 분해가 되지 않는다. 이처럼 비닐이나 플라스틱 등 폴리머 재료는 분해가 쉽지 않아 환경오염의 주범이 되기 때문에 사용이 끝나고 나서 어떻게 빨리 분해되도록 할까에 대해 많은 연구가 있어 왔다.

아무튼 비닐을 친환경적으로 빨리 분해하는 방법은 크게 두 가지로 나눌 수 있다. 첫째는 비닐 성분 자체를 분해가 쉽도록 하는 방법이다. 이것이 가장 궁극적인 방법이고, 누구나 그런 방법을 찾길 원하지만 아직까지는 만족할 만한 결과를 얻지 못하고 있다. 그 이유는 분해되는 비닐을 만들면 사용하는 도중에 분해가 일어나는 경우가 생겨 현재 비닐이 가지고 있는 편리성을 확보할 수 없다는 문제점이 있기 때문이다. 즉 분해가 쉽게 되는 비닐은 사용 도중 또는 유통 도중에 분해가 일어날 수 있어 지금과 같은 비닐의 장점을 살릴 수가 없고, 반면 사용 편리성을 살리려면 분해가 쉽게 일어나게 하기가 힘들다는 것이다. 즉 지금처럼 사용하기도 편하면서 나중에 쉽게 분해가 되는 비닐을 만드는 것은 현재까지의 기술로는 거의 불가능하다. 또한, 설사 그런 기술이 개발된다 하더라도 경제성 측면에서 지금 사용하고 있는 비닐과 경쟁하기 힘들다.

그래서 대안으로 나온 두 번째 방법이 비닐에 전분 등 분해가 쉽게 일어나는 성분을 일정 비율로 섞어 성형하는 방법이다. 이 경우에는 비닐 성분과 전분 성분이 화학적으로 결합하는 게 아니라, 작은 비닐 조각들과 전분 성분이 섞여 있는 상태가 된다. 이렇게 전분이 섞인 비닐이 매립되면 전분 성분이 분해되면서 전체적인 비닐 형태가 작은 조각으로 분해된다.

앞에 언급한 '생분해성 비닐 소재'에 투자했다는 지인의 경우는 바로 후자, 즉 비닐에 전분을 섞어 만든 기술에 투자한 것이다. 이 경우에도 전분과 비닐을 잘 섞는 기술이 필요하고, 또 전분의 비율이 늘어나면 비닐 성형이 어려워지는 문제점을 해결해야 한다. 따라서 기술 자체로서는 가치가 있을지 모르지만, 사업적으로는 문제가 많은 기술이다. 왜냐하면 이 방법은 실제적으로 비닐이 분해되어 자연으로 돌아가는 게 아니기 때문이다. 전분이 분해되면 비닐은 작은 조각으로 땅속에 남게 되고, 그 작은 비닐 조각은 어차피 분해가 되지 않아 애초에 의도했던 환경보호라는 목적은 달성되지 못한다. 오히려 전분이 섞이지 않은 비닐은 수거하기 편리해서 별도로 재활용을 하든가, 아니면 소각하는 방법으로 처리할 수 있지만, 작은 비닐 조각 형태로 땅속에 묻힌 비닐은 분해되지도 않고 수거도 할 수 없어 오히려 환경에 악영향을 끼치게 된다. 전분을 섞은 생분해성 비닐은 그야말로 '눈 가리고 아웅' 하는 식의 기술인 것이다.

당연히 그 '전분을 섞은 생분해성 비닐'은 사업화가 되지 못했고 그 지인은 투자비만 날린 셈이 됐다. 어찌 보면 당연한 귀결이다. 아마도 그 지인이 조금만 공학적인 상식이 있거나, 공학적으로 따져보고자 하는 마음만 있었다면 투자비를 날리는 어리석은 판단은 하지 않았을 것이다. 비유하자면, 두꺼운 커튼으로 창을 가린 방 안에서 움직이려면 이것저것에 걸려서 넘어지는 경우가 많지만 커튼을 조금만 열어서 아주 작은 빛이라도 들어오면 적어도 걸려서 넘어지는 일은 방지할 수 있는 것과 같다. 마치 비공학도인 경영자가 공학을 아주 조금만 이해를 해도 그 사업이 투자비를 날릴 사업인지 아닌지는 판단할 수 있는 것처럼 말이다.

여기서 관점을 약간 바꿔 생각해보자. 비닐이나 플라스틱을 꼭 자연에서 분해시켜야 하는가? 물론 과학적으로는 그게 맞는 해결책일 수 있다. 하지만 공학적으로는 비닐이나 플라스틱을 다른 형태로 재활용하는 것이 더 효과적이다. 왜냐하면 비닐이나 플라스틱 폐기물도 에너지를 지닌 화합물이기 때문이다. 즉 비닐이나 플라스틱을 재사용하면 가장 효율적이겠지만, 그렇지 못한 경우에는 비닐이나 플라스틱 성분을 적절히 활용해서 더 낮은 등급의 제품을 만드는 것이 경제적이다. 예를 들어 포장 재료를 만들면 어떻겠는가? 최악의 경우 원료로 재활용할 수 없는 경우에는 비닐이나 플라스틱이 가진 에너지를 회수하는 수단으로 소각을 통해 에너지를 얻는 것도 그리 나쁘지는 않다. 에너지를 가진 채로 비닐이나 플라스틱을 자연으로 돌려보내서 자연분해를 시키는 것이 꼭 친환경적인 방법은 아니라는 말이다. 문제는 비닐이나 플라스틱이 분리수거를 통해 재활용되지 못하고 매립되거나 유통 중에 자연에 버려지는 경우인데, 그 비율이 낮다면 구태여 생분해되는 비닐이나 플라스틱이 필요할까에 대해 한번 생각해볼 필요가 있다. 물론 경제성도 갖추면서 사용에 불편을 느끼지 않을 정도의 생분해성 비닐이나 플라스틱이 개발된다면 더 좋겠지만 말이다.

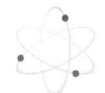

미래의 기술 개발 방향

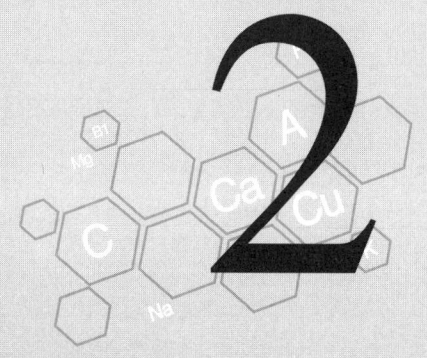

인류 역사의 발전사는 곧 도구의 발전, 즉 기술의 발전사라고 볼 수 있다. 불의 발견을 통해 인류는 다른 동물들과 구별되어 원시 수렵채취 사회를 이루게 됐고, 농기구의 발명에 의해 농사를 지으면서 한 곳에 정착해 공동체를 이루는 농경사회를 형성할 수 있게 됐다. 그 후 18세기 말 인류는 동력 기관의 발명으로 산업혁명을 이루면서 대량생산과 대량유통을 기반으로 한 산업사회를 이루게 됐다. 최근에는 컴퓨터, 인터넷 등 IT 산업혁명을 통해 지식정보화 사회를 맞게 됐다.

과거의 이러한 기술 발전은 인류사적인 면에서는 큰 변화의 물결일 수 있었지만, 개인적으로 보면 일생에 한 번도 경험하기 힘든 드문 일이었다. 불의 발견에 의해 원시 수렵채취 사회로 가는 사건은 수만 년 내지 수십만 년에 걸쳐 일어난 사건이었다. 농기구의 발명에 의해 이룩된 농경사회도 수천 년의 역사를 갖는다. 최근의 산업사회만 하더라도 몇백 년의 역사를 가지고 있다. 개인의 수명이 수십 년에 불과한 것을 감안하면 이런 도구의 발명은 개인의 역사 속에서는 거의 일어날 확률이 없었다. 운이 좋다면(?) 그 과정의 극히 일부에 포함될 수 있었지만 말이다.

하지만 지금은 어떤가? 우리 주위에서 일어나는 기술의 발전은 그야말로 우리를 정신 차릴 수 없을 정도로 만들고 있다. 개인용 컴퓨터PC는 세상에 그 모습을 드러낸 지 불과 30여 년 만에 이제 우리와 떼어질 수 없는 필수품이 되고 말았다. 필자가 회사에 처음 입사했던 1980년 초만 해도 개인용 컴퓨터는 극히 한정된 사람들만 사용했지만, 이제는 회사 업무용뿐만 아니라 개인의 생활에서도 없어서는 안 되는 존재가 되고 말았다. 그 보다 더 나중에 나온 휴대폰은 어떤가? 단순한 통신기기의 범주를 넘어 개인의 분신 같은 역할을 하고 있다. 이렇게 IT 분야에서 비롯된 기술의 일상화는 앞으로 점점 더 가속화될 것으로 전망되고 있다.

미래학자들은 앞으로 수십 년 내에 일어날 기술 발전이 지난 수천 년간의 기술 발전보다 우리에게 주는 충격이 더 클 것으로 예측하고 있다. 기술의 발전 속도가 엄청나게 빨라질 뿐만 아니라, 그 기술이 일상생활에 미치는 충격도 점점 더 커질 것이다. 따라서 이제 기술에 대한 예측력 없이는 일상적인 생활뿐만 아니라 사업도 제대로 영위하기 힘든 상황이 되고 있다. 미래에 어떤 기술이 개발될 것이고, 그 기술이 우리 생활에 어떤 영향을 미칠 것인가를 정확히 예측하는 것이 개인의 성공뿐 아니라 사업의 성공도 좌지우지하고 있는 것이다.

이 장에서는 전자 기술, 바이오 기술, 환경 기술 등 이 시대의 발전 원동력이 될 미래 기술들에 대해서 살펴보고, 다음 장에서는 디지털 컨버전스 기술을 중심으로 여러 분야의 기술들이 서로 융합되면서 개발되고 있는 미래 기술들에 대해 살펴보겠다. 이런 미래 기술들에 대한 소개에 앞서 우선 미래 기술 예측이 왜 중요한지에 대해 기업의 사례를 중심으로 살펴보고, 세계 각국의 미래 연구기관들이 예측하고 있는 미래 기술들에 대해 기술하도록 하겠다. 물론 미래 기술에 대한 예측은 상당히 어려운 작업이고, 국가별로 또 각 기업별로 큰 관심을 가지고 연구가 진행되는 주제이다. 따라서 여기서는 필자의 독자적인 전망보다는 여러 국가들과 기업들의 연구 결과를 소개하는 정도로 범위를 한정하려고 한다.

세계경제의 순환 주기도 기술에 좌우된다?

어느 미래학자의 강연회에 갔더니 "최근의 경제 불황도 미래학에서는 이미 예언한 것이다. 세계경제 순환 주기에 의하면 2010년 세계경제는 하강 곡선을 그릴 것으로 예측되고 있는데, 그 주기가 좀 앞당겨진 것뿐이다"라는 주장을 했다. 물론 아전인수 격으로 해석한 면이 없진 않지만, 그 미래학자가 이런 주장을 한 근거가 되는 것이 콘트라디에프의 경제순환 주기설이다.

콘트라디에프의 경제순환 주기설에 따르면 세계경제는 새로운 기술의 발명에 의해 상승 곡선을 긋지만, 어느 정도 시일이 흐르면 정점에 이르게 되고 다시 하강 곡선을 그리게 된다는 것이다. 이제까지의 세계경제의 순환 주기를 역사적으로 살펴보면 경제가 하강할 때 새로운 기술이 발명되어 다시 상승 곡선으로 나아가는 주기가 반복됐다는 것이다. 그 주기는 대략 30~60년이라는 게 콘트라디에프의 주장이다. 콘트라디에프의 경제순환 주기 곡선을 그림으로 나타낸 것이 그림 2-1이다.

그림 2-1 콘트라디에프의 경제순환 주기 곡선

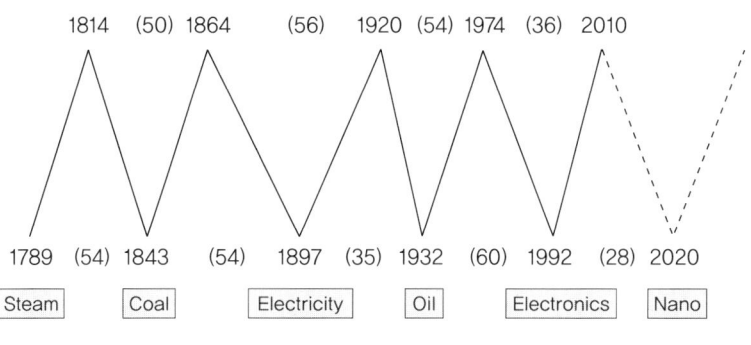

(박영숙, 유엔미래포럼 강연, 2009)

콘트라디에프의 경제순환 주기설에 따르면 18세기 후반 증기기관의 발명에 의한 대량생산에 의해 세계경제는 성장기에 접어들게 됐다. 하지만 19세기 초반에는 그 동력이 떨어지면서 세계경제는 하강 곡선을 그리게 됐다. 바닥으로 떨어진 세계경제는 19세기 중반에 석탄 이용 기술의 발명으로 다시 상승 곡선을 타게 됐다. 이런 식으로 19세기 말에는 전기, 1930년대 세계경제 불황에는 원유Oil 이용 기술의 발명, 20세기 말에는 전자 혁명으로 세계경제가 다시 상승 국면으로 전환하게 됐다. 이런 주기가 대략 30~60년 주기로 반복된다는 것이다. 요즘 우리가 느끼고 있는 IT 기술 전성시대도 이런 맥락에서 이해할 수 있다.

콘트라디에프의 경제순환 주기설을 주장하는 미래학자들이 2010년을 세계경제의 정점으로 잡고 2008년의 세계경제 불황을 이에 맞추어 해석하려는 시도는 다소 무리가 있어 보인다. 기술이 세계경제에 미치는 영향이 큰 것은 사실이지만 과거와 같이 세계경제를 온통 좌우할 정도는 아니기 때문이다. 물론 기술의 영향이 과거에 비해 그 절대적인 크기가 커진 게 사실이지만, 한편으로는 금융, 인구, 사회적 제도 등 다른 요인들의 영향이 상대적으로 커진 것 또한 사실이다. 따라서 세계경제의 모든 현상을 기술의 입장에서만 해석하려는 시도는 타당하지 못하다. 실제로 현재 세계경제의 위기는 기술적인 면보다는 금융 등 다른 요인에 의해 초래됐다고 보는 게 타당하다. 하지만 콘트라디에프의 경제순환 주기설은 장기적 전망의 틀에서는 아직 그 효용성이 있다고 생각된다.

그렇다면 콘트라디에프의 경제순환 주기설에 따라 세계경제는 앞으로 2020년까지 불황을 겪을 수밖에 없을 것인가? 필자는 그렇게 비관적으로 보지는 않는다. 왜냐하면 나노 기술이 경제성장의 새로운 동력으로 등장할 것으로 예측되는 2020년 이전에도 바이오 기술BT, 환경 기술ET 등과 이런 기술들을 융합한 기술들이 지속적으로 개발되면서 세계경제 발전을 견인하리라 생각하기 때문이다. 특히 당분간 전성기를 구가할 전자 기술IT을 기반으로 한 디지털 컨버전스(convergence, 융합) 기술은 우리 일상생활을 획기적으로 바꿀 것으로 예측되고 있다.

사실 미래 기술에 대한 예측은 그 범위가 너무 광범위하고, 그 변화 속도가 빠르기 때문에 일개 개인이 예측하기는 힘든 면이 있다. 다행히 최근 들어 각 국가들과 기업들이 미래의 생존을 위한 미래 기술 예측의 중요성을 인식하고 연구에 많은 노력을 기울이고 있다. 따라서 각 국가들과 기업들의 연구 결과를 종합해보는 것이 미래 기술의 방향을 아는

데 도움이 되리라 생각된다. 그리고 이어서 전자 기술, 바이오 기술, 환경 기술 등 경제 발전을 견인할 각 분야별 첨단 기술들을 사업적 측면에서 살펴보도록 하겠다.

기업의 운명을 좌우하는 미래 기술 예측

　미래 기술 예측을 잘못하여 사라진 대표적 기업으로 아그파포토를 꼽을 수 있다. 1867년 설립 이후 1889년에 흑백필름을 생산하고 1898년에는 세계 최초로 엑스레이 필름을 출시하고 1936년에는 세계 최초로 컬러 필름, 1956년에는 세계 최초로 자동 노출 카메라를 출시하면서 세계 필름 시장을 코닥과 더불어 양분하던 아그파포토가 2005년 140년의 역사를 뒤로 하고 파산을 선언했다. 아그파의 가장 큰 몰락 원인은 뭐니 뭐니 해도 디지털 카메라의 출현이었다. 디지털 카메라가 빠르게 보급되면서 기존의 아날로그 카메라 필름 시장이 급속히 줄어들었고, 이에 미처 대처하지 못하고 파산의 길을 걷게 된 것이다.

　아그파와 달리 코닥의 경우에는 디지털 카메라의 출현을 예측하기는 했다고 한다. 그러나 이에 적절히 대처하지 못해, 아그파와 같은 파산에 이르지는 않았지만, 쇠락의 길로 접어들었다. 코닥의 경우는 디지털 카메라 시대가 올 것을 예상하고 이에 대한 연구 개발을 하고 있었다고 한다. 실제로 코닥은 디지털 카메라에 대한 특허를 상당히 많이 보유하고 있다. 그런데 문제는 기존의 카메라 필름 사업이 승승장구하고 있었기 때문에 사업 패러다임 전환을 재빨리 하지 못한 것이었다. 기존의 필름형 카메라에서 디지털 카메라로의 전환이 10년 정도의 충분한 시간을 두고 진행되리라고 예상하고 있었는데, 단 몇 년 사이에 일어나서 미처 사업 전환을 하지 못한 것이 코닥 쇠락의 가장 큰 요인이었다. 사실 코닥은 상당히 유망한 기업이었다. 필자도 미국에서 학위를 마칠 무렵 코닥에 입사하려고 문을 두드린 적이 있다. 화학 분야에서는 유망한 기업으로 손꼽히고 있었기에 지원한 것이었다. 1992년이었는데, 1992년 당시만 해도 코닥이 그렇게 쇠락의 길로 접어들지는 아무도 생각하지 않았다. 필자도 전혀 그런 예상을 하지 않았다.

만약 코닥이 디지털 카메라로의 전환이 그렇게 빨리 일어나리라는 사실을 심각하게 고려했더라면 아마 운명이 달라졌을 것이다. 사실 코닥의 필름 기술은 상당한 경쟁력을 가지고 있었다. 따라서 다른 분야로 필름 제조 기술 역량을 전환했더라면 충분히 생존했을 것이다. 물론 개발 중이던 디지털 카메라 사업이 어느 정도 궤도에 오른 다음 디지털 카메라로의 전환이 일어났어도 무너지지 않기 위해 허덕이는 사태까지는 가지 않았을 것이다. 기술과 자본이 모두 있는 상황에서 미래 기술 예측을 잘못해서 일어난 일이기 때문에 더욱 안타까운 마음이 든다. 기업의 생존 문제는 다른 어떤 요인보다도 얼마나 위기의식을 느끼느냐에 달려 있는 것이다. 현재의 안락함과 안정을 버리고 새로운 길로 들어설 용기는 위기의식이 없는 상황에서는 가질 수 없다. 코닥의 경우에서 보듯이 미래 예측 자체도 중요하지만, 그보다 더 중요한 것은 미래 예측에 따라 확실한 의사 결정을 내리고 과감히 실행하는 것이 중요하다는 점이다.

미래 기술 예측을 잘해서 변신에 성공한 기업의 대표적인 예로는 핀란드의 기업 노키아를 꼽을 수 있다. 1865년 설립된 노키아는 원래 고무장화 제조업체였다. 그 후 핀란드의 대표 산업인 제지와 펄프에 투자하면서 사세를 확장했다. 1920년대에는 케이블과 고무 분야로 사업을 확장했고, 1950년대에는 전자제품 분야로 사업을 확장했다. 그런데 1980년대 들어서 노키아의 최대 고객인 소련이 붕괴되는 사태를 맞게 됐다. 당시 노키아의 CEO인 조르마 올릴라Jorma Ollila는 미래 기술 예측을 통해 디지털 시대가 올 것을 확신하고, 기존의 사업 분야를 모두 매각하고 휴대폰 사업에 전념하기로 결정했다. 이 결정으로 인해 노키아는 1992년 최초로 GSM 기반의 휴대폰을 생산하기 시작했고, 유럽에서 60퍼센트 이상의 점유율을 가지면서 세계 최고의 기업으로 성장했다.

현재 노키아는 핀란드 최대의 기업으로 매출은 핀란드 국내총생산 GDP의 4분의 1 정도를 차지하고 있으며, 2006년 매출은 411억2100만 유로로 핀란드 정부 예산인 404억8200만 유로를 넘어섰다. 핀란드 전체 수출액 중 노키아가 차지하는 비중은 20퍼센트 정도에 달하고 있다. 관련 하청업체 직원까지 포함하면 노키아는 핀란드 전체 고용 인력의 10퍼센트 정도를 차지하고 있다. 노키아의 세계적인 기업으로의 성장에 힘입어 핀란드 경제의 경쟁력 자체가 획기적으로 높아졌다. 이러한 노키아의 성공은 정확한 미래 기술 예측과 더불어 확신에 찬 결단에 힘입은 것이다. 노키아가 휴대폰 사업에 전념하기로 결정한 당시인 1992년에는 휴대폰이 이제 막 보급되기 시작한 초기였기 때문에 수익 사업으로의 성장을 확신하기가 쉽지 않은 단계였다. 하지만 노키아는 당시 일부 계층만 사용하던 휴대폰이 일반인들에게도 확산될 것으로 전망했다. 이와 같은 미래 기술 예측과 고객에 맞춘 기술 개발에 힘입어 세계 제1의 휴대폰 회사로 거듭나게 된 것이다.

현재 미래 기술 예측에 기반하여 기업 변신을 시도하고 있는 기업의 예로 듀폰을 들 수 있다. 듀폰은 나일론 등 기존 사업 분야를 정리하고 새로운 분야로의 진출을 시도하고 있다. 1997년 49세의 나이로 듀폰의 CEO로 발탁된 채드 홀리데이 회장은 2004년 섬유 사업을 매각하고 옥수수 밭을 구매하기로 결정했다. 홀리데이 회장이 이런 결정을 내리게 된 배경에는 석유파동을 거치면서 매출이 30퍼센트 감소하고, 중국 등 개발도상국들이 섬유 산업 분야의 강자로 떠오름에 따라 섬유 사업의 장래가 없다고 판단했기 때문이다. 듀폰은 21세기 유망 사업 분야로 농산 식품 산업을 꼽고 이에 투자하기로 결정한 것이다. 물론 이 결정이 옳은 것인지는 좀 더 두고 볼 일이다. 하지만 미래 기술 예측을 통해 기존의 사업을 과감히 정리하고 새로운 유망 분야로 변신하기로 한 것은 바람직한 방향으로 보인다.

앞으로 어떤 미래 기술들을 개발한 기업들이 유망할 것인가 하는 문제는 상당히 흥미로운 주제다. 이와 관련하여 피터 슈워츠의 『미래를 읽는 기술』(비즈니스북스, 2004)에 기술된 2054년 세계 10대 기업 전망은 어느 정도 방향을 제시하는 것으로 보인다.

여기서 1위로 선정된 아마존베이는 아마존과 이베이, 애스크지브스(검색 엔진)가 합병된 회사로 은행, 신용카드, 보험, 가상 쇼핑센터 등 종합 서비스를 제공하면서 매출 10조 달러를 돌파할 것으로 전망됐다.

표 2-1 2054년 세계 10대 기업 전망

순위	1955년	2004년	국가	2054년	국가
1	제너럴모터스	월마트	미국	아마존베이	미국
2	스탠더드오일	BP	영국	도요타	일본
3	U.S. 스틸	엑손모빌	미국	시노가존	중국
4	제너럴일렉트릭	로얄더치셸	영 - 네	시노바이오코프	중국
5	스위프트	제너럴모터스	미국	인도소프트	인도
6	크라이슬러	포드	미국	IBM	미국
7	아모어	다임러크라이슬러	독일	파텔코	인도
8	걸프오일	도요타	일본	네슬레	스위스
9	소코니 - 배큠 오일	제너럴일렉트릭	미국	나노보틱스	미국
10	듀폰	토털	프랑스	뉴스코프	미국

(피터 슈워츠, 『미래를 읽는 기술』에서 인용)

2위인 도요타는 자동항법장치 장착 등을 통한 새로운 개념의 자동차를 내놓아 세계 시장을 석권할 것으로 전망됐고, 3위인 시노가존은 엑손과 가즈프롬(러시아 가스 생산업체) 그리고 시노가즈(중국 가스 배급업체)가 합병해 탄생한 회사로 에너지 분야가 유망 사업이 될 것이라는 예측을 내포하고 있다. 4위인 시노바이오코프는 중국이 국가 주도로 세운 바이오 벤처기업으로 노화 방지 등 유전공학 분야의 사업으로 성장할 것으로 예측됐다. 5위인 인도소프트는 마이크로소프트와 오라클이 합병해 인도로 이전한 소프트웨어, 특히 인공지능 사업을 기반으로 하는 기업이다. 6위에 올라 있는 IBM은 인텔과 HP를 합병해 음성으로 인식되는 양자 컴퓨터를 생산할 것으로 전망됐다. 양자 컴퓨터는 메모리 용량을 엄청나게 늘리는 한편, 여러 개의 데이터를 동시에 처리해서 기상 예측과 군사 분야 등에 활용되면서 또 한 번의 IT 혁명을 일으킬 것이라고 한다. 7위의 파텔코는 인도의 소프트웨어 회사인 파텔코가 AT&T의 잔여 회사를 사들여 전화, TV, 인터넷, 무선전화 기능을 합친 '텔레프레즌스telepresence' 서비스를 선보일 것으로 예측됐다. 8위인 네슬레는 줄기세포를 이용한 기억력 촉진 초콜릿과, 콜레스테롤과 지방을 분해하는 식품 사업을 통해 비약적인 발전을 이룰 것이라고 예측됐다. 9위인 나노보틱스는 21세기의 새로운 기술인 나노 기술을 통해 부상할 기업이다. 10위인 뉴스코프는 가상 세계에서 스포츠 스타나 배우로 활약하도록 만들어주는 사업을 한다. 이 회사에서 제공하는 서비스를 통하면 사후에도 활약할 수 있다.

피터 슈워츠의 2054년 세계 10대 기업 전망은 현재 시각으로 보면 황당한 이야기일 수 있다. 하지만 그의 예측에서 우리가 눈여겨볼 것은 어떤 사업들이 앞으로 부상할 것인가에 대한 그의 혜안이다. 위에 열거한 회사들이 2054년에 실제로 나타날 것이라고 생각하는 사람은 없을 것이다. 여기서는 회사의 이름이 중요한 게 아니라 어떤 미래 기술들이 유망한 것인가에 대한 전망이다. 피터 슈워츠가 미래에 부상할 것이라고 전망한 기술들을 보면 정보IT, 나노NT, 환경과 에너지ET, 유전공학BT인 것을 알 수 있다. 물론 이런 기술들이 개별적으로 사업화되기도 하지만 서로 융합되어 새로운 기술로 탄생되기도 할 것임을 보여주고 있다.

미래 기술 예측 1
민간 차원

BT_{British Telecom}는 1869년 설립된 영국 우정성으로부터 출발했으며, 1981년 통신 업무가 분할되어 탄생한 기업이다. BT는 유선전화 서비스를 독점적으로 제공하는 사업을 해왔기 때문에 비록 이동통신 자회사인 BT Cellnet을 설립하여 운영했으나, 유선통신 위주의 사업에서 벗어나지 못하는 한계를 가졌다. 그 결과 경영 악화로 2001년 BT Cellnet도 매각하는 수모를 겪게 됐다. 그 후 BT는 미래 기술의 중요성을 깨닫고 미래기술예측연구소를 만들어 운영하고 있다. BT의 미래기술예측연구소에서 최근 발표한 미래 기술들(이자희, 미래학 강의, 삼성경제연구소)은 주로 IT와 관련된 기술들로, 꿈을 꾸게 하는 제품, 사랑과 분노 등의 감정을 전달하는 이메일, 인공지능, 치약에 사용되는 나노 로봇, 전자두뇌의 임플란트, 외부 칩 주입을 통한 인간 지능 용량 증대, 텔레파시를 통한 생각의 전달, 개인의 두뇌를 타인과 연결하는 기술, 3D 프린터를 통한 소모품의 유통, 홀로그램 TV, 로봇 군인과 나노 입자를 이용한 스마트 폭탄 제조 등이다.

미래학을 전문으로 다루는 《퓨처리스트》 잡지는 10대 미래 기술로 다음의 10가지를 꼽고 있다.

1. 라이프로그

2. 바이오 폭력/나노 폭탄

3. 자동차 소멸 : 가상현실, 소형 비행기

4. 신 전공/직종 : 인지공학, 디지털 범죄수사, 만화 예술과

5. 세계법/세계법 네트워크

6. 평생교육 : 사라지는 전문 지식

7. 의학 및 생명공학, 유전자공학 전쟁

8. 도시화 : 환경, 에너지, 전염병

9. 종교와 정치 : 이라크 vs 중국

10. 전기 사용 확대 : 40%(1970), 83%(2030)

(KISTEP, 「미래 예측과 우리의 대응」)

1번의 라이프로그는 글자 그대로 우리의 일상생활life을 기록log하는 것을 의미한다. 앞으로 기억장치인 칩의 용량이 커지고, 크기가 작아지게 되면 그 칩을 팔찌처럼 차고 다니거나, 몸에 이식함으로써 우리의 일상생활을 평생에 걸쳐 기록할 수 있게 된다는 것이다. 물론 기술적으로는 실현 가능할지 모르겠지만, 실제로 적용하려면 사생활 보호 등의 문제가 있을 수 있어 실현 여부는 불투명할 것으로 생각된다. 그림 2-2는 라이프로그의 한 예이다. 2번의 바이오 폭력은 2장의 뒷부분에서 다룰 유전자 변형이나 나노 로봇 등이 파괴적인 목적으로 사용되는 경우를 말하며, 나노 입자를 사람들에게 유해한 폭탄의 용도로 사용할 수 있다

그림 2-2 라이프로그의 형태

(KISTEP, 「미래 예측과 우리의 대응」)

는 의미다. 3번의 경우는 가상현실이 실용화되면 이동의 필요성이 줄어든다는 점과, 활주로가 필요 없이 이착륙이 가능한 소형 비행기가 출현하게 되면서 자동차가 소멸될 것이라고 전망하고 있는 것이다. 6번의 경우는 기술 발전의 속도가 점점 빨라짐에 따라 전문 지식이 소멸되는 주기가 빨라지기 때문에 평생교육을 받아야만 하는 시대가 된다는 것이다. 8번의 경우는 앞으로 도시화가 진전됨에 따라 환경, 에너지, 전염병 문제가 대두될 것이라는 것이다. 9번 항목은 앞으로 군사력보다는 종교와 정치가 비중이 커지고 그 예로 이라크 문제와 중국의 문제를 들 수 있다는 것이다.

미국 MIT에서 2008년 발표한 10대 유망 기술을 보면 다음과 같다.

1. 미래 상황 예측 모델링Surprise Modeling
2. 확률론적 칩Probabilistic Chips
3. 나노 라디오Nano Radio
4. 무선 전력 전송Wireless Power
5. 원자 자력계Atomic Magnetometers
6. 인터넷 관련 기술Offline Web Applications
7. 그라핀 트랜지스터Graphene Transistors
8. 뉴런 연결체학Connectomics
9. 현실 마이닝Reality Mining

10. 셀룰로이스 분해효소Cellulolytic Enzymes

　위 기술들은 IT 분야의 기술들을 중심으로 나노, 생명공학 기술이 일부 포함되어 있다. 미래 상황 예측 모델링은 생활 속 각종 데이터를 과학적 방법으로 분석, 모델화함으로써 향후 일어날 수 있는 돌발 상황을 예측하고 대처하도록 하는 기술이다. 확률론적 칩은 마이크로 칩 디자인 기술을 써서 칩의 정확도를 미세하게 조정해 에너지 절감 효과를 얻도록 하는 기술이다. 나노 라디오는 탄소 나노 튜브를 써서 수신이 가능한 라디오를 만들 수 있는 기술로, 앞으로 인체 안의 극소형 기기 사이의 통신 등 초소형 전자·전기 통신기기와 미래 의학 분야에서의 제품화 가능성을 엿보게 해준다. 무선 전력 전송은 무선으로 전기기기에 전원을 공급하는 기술이고, 원자 자력계는 미약한 자기장 탐지가 가능하게 고안된 쌀알 크기의 초소형 저전력 탐지기 기술이다.

　오프라인 웹 어플리케이션은 웹과 데스크톱의 장점을 결합해 전통적인 데스크톱 응용 프로그램의 특징과 기능을 가지는 웹 응용 프로그램이다. 그라핀 트랜지스터는 뛰어난 전기적 속성의 탄소 재료로 초고속 통신용 칩, 이미징 장비용 컴퓨터 프로세서를 제품화하는 데 활용될 수 있다. 뉴런 연결체학은 포유류 뇌신경세포들의 연결 상태를 지도화함으로써 신경 회로가 수집, 처리, 저장한 정보를 파악하는 기술로 자폐증, 정신분열증 등의 원인을 규명하고, 학습활동, 기타 인지 활동 연구에 적용할 수 있다. 현실 마이닝은 휴대전화 센서를 통해 통화 등 각종 정보 내용을 분석해 인간관계와 행동 양태 등을 추론하는 기술로, 자동 보안 시스템과 건강 모니터링 단말기 등과 같은 제품 개발에 원용될 수 있다.

셀룰로이스 분해효소 기술은 섬유질 분해 등을 통해 효소를 바이오 연료화하는 것으로 바이오 에너지 생산에 다양한 루트를 제공할 수 있다.

미국 공학한림원NAE은 다음과 같은 14개 기술을 21세기 인간의 삶을 획기적으로 향상시킬 수 있는 미래 기술로 선정해 발표했다.

1. 태양열 에너지 경제성 확보
2. 핵융합 에너지 개발
3. 탄소 격리 기술
4. 질소 순환 사이클 관리
5. 깨끗한 물에 대한 접근성 강화
6. 도시 기반시설 복구 및 개선
7. 의료 정보과학의 진전
8. 더 나은 신약 개발
9. 뇌 분해를 통한 작동 방식 모사
10. 핵 테러 방지를 위한 획기적 기술
11. 사이버 보안 강화
12. 가상현실 관련 기술 제고
13. 맞춤형 교육 촉진
14. 과학적 발견을 위한 연구 장비 개발

미국 공학한림원이 선정한 기술들은 앞의 MIT에서 선정한 기술들에 비해 포괄적인 기술들인 것이 특색이다. 상위에 위치한 기술들은 대부분 대체에너지와 환경보전에 관련된 기술이다. 뒤를 이어 건강 관련 기술들이 많이 열거되어 있다. 일반적인 용어로 기술되어 있기 때문에 상세한 설명은 필요 없으리라 생각된다.

이 밖에도 많은 미래학자들이 앞으로 어떤 기술들이 개발되어 세상을 바꿀 것인가에 대해 예측을 했다. 그런 미래 기술들을 모두 소개할 수는 없는 일이기에 여기에서는 이자희(미래학 강의, 삼성경제연구소)가 여러 미래학자들의 발표 내용을 요약한 미래 기술 연표를 소개하는 것으로 대신할까 한다.

- 2012년 수십 미터 거리에서 볼 수 없는 박막형 투명 전투복 실용화 (일본)
- 2015년 유명 인사의 25퍼센트를 인조인간이 차지하게 됨(영국 BT)
- 2015년 사이버나우 안경 컴퓨터의 착용으로 24시간 지식 세계 연결(유엔미래포럼)
- 2020년 인공지능을 가진 기계가 노벨상을 수상(영국 BT)
- 2020년 생각하는 것만으로도 의사소통이 이루어짐(호세 코르데이로)
- 2020년 인공 자궁의 개발로 태아가 어머니 몸 밖에서 발육 가능(유엔미래포럼)
- 2030년 로봇이 사람의 수보다 많아짐(유엔미래포럼)
- 2030년 미국인의 45퍼센트가 인터넷을 통해 DNA를 거래하게 됨 (제임스 캔턴)
- 2030년 인체에 생물학적 부분보다 비생물학적 부분이 더 많아짐 (레이커즈 와일)

- 2035년 인간의 두뇌 자체를 교체 가능하게 됨(윌리엄 하랄)
- 2040년 인체의 총체적 개량 가능(레이커즈 와일)
- 2050년 인간과 기계가 합쳐져서 영생이 가능해짐(이안 피어슨)
- 2050년 국가 경쟁력 상실로 민영화를 통해 하이퍼 제국 탄생(자크 아탈리)

CEO 공학의 숲에서 경영을 논하다

미래 기술 예측 2
국가 차원

미래 기술에 대해서는 기업이나 개인도 관심이 많지만, 최근에는 많은 국가들이 점차 관심을 기울이고 있다. 앞에서 아그파, 코닥, 노키아, 듀폰의 사례를 들었지만, 미래의 기술을 제대로 예측하고 대응하지 않으면 기업과 국가의 앞날은 어두울 수밖에 없다. 문제는 이런 미래 예측을 일개 개인이나 기업의 차원에서 진행하기에는 그 범위가 너무 넓고 비용이 과다하게 든다는 점이다. 따라서 개인이나 기업도 미래 기술 예측에 관심을 가져야 하겠지만, 국가적인 차원에서 인력 자원과 비용을 투자하는 것이 바람직하다. 미래는 정책적 의지나 사회적 공감에 의해 크게 변화될 소지가 있다는 것을 감안한다면 더더욱 그렇다. 개인이나 기업이 아무리 바람직한 미래를 위해 노력한다 하더라도 국가의 정책적 지원이나 사회적 공감대가 형성되지 않으면 성과를 거두기 힘들기 때문이다.

그런 의미에서 미국, 일본, 영국, 독일과 더불어 한국의 미래 기술 예측에 대해서 살펴보는 것도 참고가 될 것이다. 개인이나 기업 입장에서 국가가 어떤 미래 기술이 부상할 것이라고 예측하고 있고, 어떤 미래 기술에 투자할 것인지를 알게 되면 미래 기술 개발 방향을 잡는 데 도움을 받을 수 있을 것이다. 또한 한정된 자원을 미래 기술 예측에 투자하기보다는, 국가 차원의 미래 기술 예측을 참고해 실제 기술 개발과 사업화에 집중할 수 있는 효과를 가질 수 있을 것이다. 그림 2-3(미국), 그림 2-4(일본), 그림 2-5(영국), 그림 2-6(독일) 등에 나타난 각 국가별 미래 기술 예측은 한국과학기획기술평가원KISTEP에서 발표한 「미래 예측과 우리의 대응」에 수록된 자료를 참조했다.

그림 2-3 미국 미래연구소(IFTF) 예측 미래 기술(2006년)

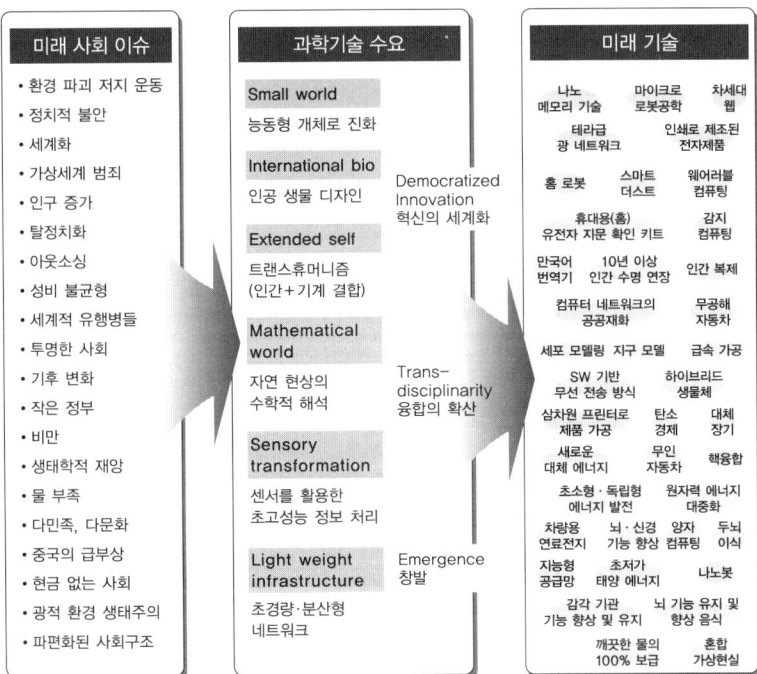

그림 2-4 일본 Innovation 25(2007년)

건강의 시대	• 건강진단 캡슐, 재생의료, 암/심근경색/뇌졸중 진단·치료 등
뇌 과학의 발전에 따른 생활 지원	• 인체 이해 기술, 뇌 질환의 예방·치료, 로봇 기술 등
활달한 인생	• 고령자 치매 경감, 장애인 커뮤니케이션 등
생활 인프라 정보 환경	• 자동 번역 기술, 접이식 디스플레이, 전자화폐, 제조용 두뇌 로봇 등
안전하게 지속되는 도시	• 저환경 교통 시스템, 분산 에너지 시스템, 재해 경감 시스템 등
지구 환경 대응 세계의 공동 생존	• 환경 무해 자동차, 탈화석 연료, 환경 정보 가시화, 사막 녹화

그림 2-5 영국 델타 & 시그마 스캔(2009년)

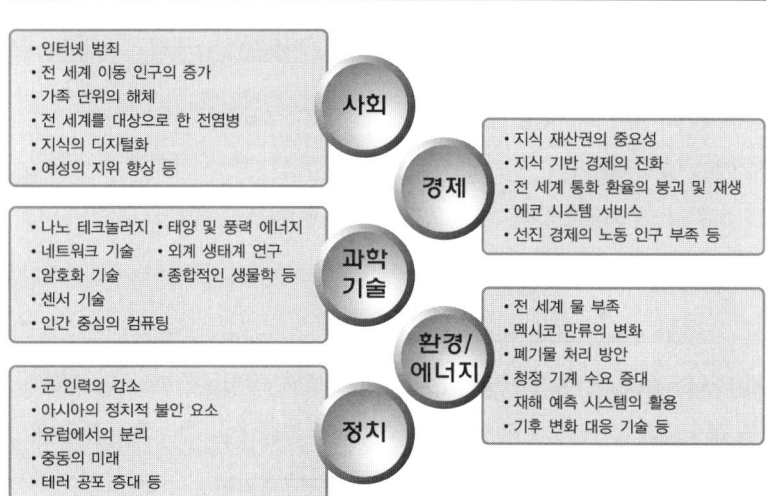

- 인터넷 범죄
- 전 세계 이동 인구의 증가
- 가족 단위의 해체
- 전 세계를 대상으로 한 전염병
- 지식의 디지털화
- 여성의 지위 향상 등

사회

경제
- 지식 재산권의 중요성
- 지식 기반 경제의 진화
- 전 세계 통화 환율의 붕괴 및 재생
- 에코 시스템 서비스
- 선진 경제의 노동 인구 부족 등

- 나노 테크놀러지 • 태양 및 풍력 에너지
- 네트워크 기술 • 외계 생태계 연구
- 암호화 기술 • 종합적인 생물학 등
- 센서 기술
- 인간 중심의 컴퓨팅

과학기술

환경/에너지
- 전 세계 물 부족
- 멕시코 만류의 변화
- 폐기물 처리 방안
- 청정 기계 수요 증대
- 재해 예측 시스템의 활용
- 기후 변화 대응 기술 등

- 군 인력의 감소
- 아시아의 정치적 불안 요소
- 유럽에서의 분리
- 중동의 미래
- 테러 공포 증대 등

정치

그림 2-6 독일 Z_punkt의 20대 메가 트렌드와 미래 기술(2009년)

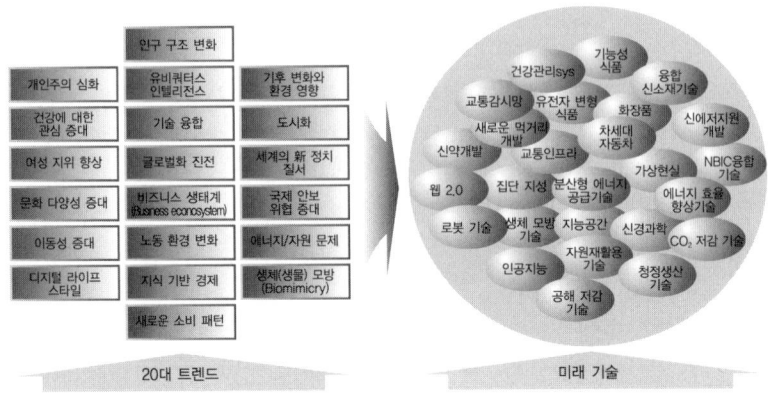

한국도 미래 기술의 중요성을 인식하고 2009년 11월에 「과학 기술 미래 비전」이라는 제목으로 교육과학기술부를 중심으로 25개의 미래 기술 과제를 발표했다. 이 미래 기술 과제들은 다음과 같다.

| 자연과 함께 하는 세상 |

(1) 신재생 에너지

(2) 에너지 이용 효율화(분산 에너지 공급 시스템)

(3) 자원 순환 및 신자원

(4) 기후 변화 예측 및 적응

(5) 환경오염 및 생태 위해성 관리

(6) 온실 가스 방지 및 저감

| 풍요로운 세상 |

(7) 지식 서비스

(8) 로봇

(9) 녹색혁명(농업)

(10) 신소재 나노

(11) 생산 시스템 스마트화

(12) 첨단 물류 및 운송

| 건강한 세상 |

(13) 뇌 인지 과학

(14) 생명공학

(15) 새로운 질병

(16) 실버 의료

(17) 생활 안전 및 테러 대응

(18) 위해성 평가 및 관리

(19) 새로운 형태의 전쟁

| 편리한 세상 |

(20) 유비쿼터스 컴퓨팅

(21) 통신 미디어 체계 및 새로운 미디어

(22) 가상현실의 보편화

(23) 로봇

(24) 새로운 물류 및 수송 수단의 등장

(25) 도시 형태의 변화

이 미래 기술 분야들은 네 개의 큰 범주로 나누어 구별하다 보니, 각 범주별로 중복되는 기술도 있어 실제로는 23개로 볼 수 있다. (8)과 (23)이 중복되고, (12)와 (24)가 중복되고 있다. 이 25개의 미래 기술 과제와 비슷하지만, 한국의 대표적인 민간 연구기관인 삼성경제연구소와 LG경제연구원에서 제시한 한국의 미래 기술 예측도 참고하는 게 도움이 될 것으로 보여 여기 소개한다.

그림 2-7 삼성경제연구소의 국가 주도 미래 기술(2008년)

반도체	바이오 제약	항공 우주	나노 소재
• 나노 테크놀러지 • 네트워크 기술 • 암호화 기술	• 유전체 및 단백체 응용 ⊙바이오 치료 ⊙생명정보학 등	• 차세대 항공기 • 위성 발사체 ⊙무인 항공기 등	⊙친환경 나노 소재 ⊙탄소 나노 소재 ⊙지능형 나노 소재 등

통신/네트워크	바이오 농업	차세대 열차	서비스 로봇
• 차세대 네트워크 • 휴대 인터넷 • 4G 이동통신 등	• 농축산물 자원 개발 • 동식물 병충해 예방 등	• 첨단 경전철 • 도시형 자기부상 열차 기술 등	• 의료 로봇, 가정용 로봇 ⊙군사용 로봇, 인간형 로봇 등

디스플레이	자동차	환경	인지과학
• 유기 EL • 3D 디스플레이 등	• 지능형 자동차 • 친환경 자동차 ⊙무인 차량 등	• 대기오염 저감 • 환경 보전/복원 • 수질 관리 등	⊙뇌과학 ⊙인공지능 ⊙뇌 질환 치료 등

지능형 인프라	선박/해양	에너지	
⊙지능형 전략 시스템 ⊙지능형 교통 시스템 등	• 차세대 선박 • 해양/항만 구조물 등	⊙원자력 ⊙태양, 풍력 ⊙핵융합, 수소 에너지 등	⊙국가가 주도해야 할 기술

각 기업들과 국가들이 예측한 미래 기술들을 묶어서 요약하기는 상당히 힘들다. 하지만 기술의 범위를 넓게 잡느냐 특정 기술을 지칭하느냐에 따라 다르겠지만, 미래 기술들은 IT(정보통신 기술), BT(생명공학), ET(환경과 에너지 기술), NT(나노 기술) 등 네 가지 기술들과 그 기술들의 융합(컨버전스) 형태 기술들로 대별할 수 있다. 따라서 분야별로 기술들을 살펴볼 경우 위에 예측된 기술들을 개별적으로 살펴보기보다

그림 2-8 LG경제연구원의 10대 미래 유망 기술 키워드(2009년)

글로벌화	이동성	▶위그 선박, 고속 주행 자기부상 열차, 원격 화상진료, 텔레프레즌스 등
	세계-지역성	▶저원가 설계, 글로벌 플랫폼, 신흥국 니즈 대응 등
인구 구조 변화	휴먼 케어	▶안티에이징, 성인병 치료, 예방 의료 등
	거대 도시	▶초대형 건설, 지능형 대중교통, 무선 네트워크, 청정 에너지, 수 처리 등
환경/자원	친환경 기술	▶열병합 발전, 그린 홈, 이산화탄소 격리 저장, 저전력 반도체, 그린 IT 솔루션 등
	대체 기술	▶대체 에너지, 바이오 플라스틱, 화합물계 반도체, 염료 감응형 신소재 등
IT 기술	감성	▶오감 센싱, 무선화, 인터페이스 디자인, BMI, 감성적 상호작용 등
	창조	▶서비스 사이언스 IT, 개발/저작 도구 소프트웨어, 가상현실, 증강 현실 등
규제 변화	규제 준수	▶청정 생산 공정, RFID/USN 기술 등을 활용한 보안 기술 등
	윤리	▶과학기술 윤리성은 논쟁의 대상(나노 화장품, 유도만능 줄기세포, 로봇 등)

는 네 가지 기술들을 중심으로 개괄적으로 살펴보는 게 도움이 될 것이다. 기술의 융합에 대해서는 다음 장에서 좀 더 자세히 살펴보겠다.

정보통신 기술IT의 미래

18세기 말 증기기관의 발명 이후 20세기 초반까지를 기계 기술의 시대라고 한다면, 20세기 중반 이후는 확실히 IT(Information Technology, 정보통신 기술)의 시대라고 부를 수 있다. 기계 기술의 시대에는 기술이 공장이라는 별도의 공간에서 구현됐기 때문에 우리 생활과는 간접적으로 연결되어 있었다. 하지만 IT는 우리 생활 깊숙이 자리 잡으면서 우리 일상과도 떼려야 뗄 수 없는 긴밀한 관계를 맺고 있다. 어느 분야나 마찬가지겠지만, IT 분야는 그 범위가 워낙 넓기 때문에 이 짧은 지면에서 IT 전반에 대해 자세히 다루는 것은 불가능하다. 따라서 여기서는 IT 분야 중에서 우리 일상생활과 사업 분야에 영향을 줄 수 있는 반도체, 컴퓨터, 휴대폰, 가상현실에 대해서 간단히 살펴보려 한다. 현재 IT는 다른 기술과의 융합convergence 형태로 생활 전반에 걸쳐 퍼져 있는데, 이에 대해서는 제3장에서 다시 다루기로 하겠다.

IT는 반도체, 컴퓨터, 휴대폰 등 하드웨어적인 분야와 인터넷, 가상현실 등 소프트웨어적인 분야로 나눌 수 있다. 이들 IT 분야들의 가장 기본이 되는 기술이 바로 반도체 기술이다. 전자기기의 발달은 진공관의 발명에 의해 촉발됐지만, 트랜지스터를 거쳐 반도체의 발명에 의해 크기가 작아지고, 기억 용량이 획기적으로 커지면서 가속화되고 있다. 반도체 집적도가 매우 빠른 속도로 진행됨으로써 IT 산업 분야의 기술 발전도 급속하게 빨라지고 있다. 반도체 집적도는 '1.5년마다 반도체 집적도가 두 배씩 증가한다'는 '무어의 법칙'을 넘어 현재는 '1년마다 반도체 집적도가 두 배씩 증가한다'는 '황의 법칙'이 적용될 정도로 엄청나게 빠른 속도로 증가하고 있다.

특히 '황의 법칙'은 삼성전자의 황창규 사장이 2002년 2월 미국 샌프란시스코에서 열린 국제반도체회로학술회의ISSCC 총회 기조연설에서 '반도체 집적도는 1년에 두 배씩 증가하며 그 성장을 주도하는 것은 모바일 기기와 디지털 가전 등 이른바 비非 PC'라고 주장한 후 기존 '무어의 법칙'을 대체하는 반도체업계의 정설로 자리를 굳혔다. 삼성전자는 1999년 256메가비트(Mb, M=10^6)에서 2000년 512메가, 2001년 1기가 (Gb, G=10^9), 2002년 2기가, 2003년 4기가, 2004년 8기가, 2005년 16기가에 이어 2006년에는 32기가 개발에 성공함으로써 황의 법칙을 7년째 입증해보였다.

그렇다면 '황의 법칙'에 의해 앞으로도 계속 반도체의 집적도가 1년에 두 배씩 증가할 수 있을까? 그렇지 않다는 게 일반적인 의견이다. 그 이유로는 현재의 반도체 기술로는 더 이상 집적도를 높일 수 없는 한계에 도달했기 때문이다. 삼성전자에서 최근 개발한 32기가비트 낸드플래시 메모리는 40나노미터(nm, n=10^{-9})급이다. 다시 말하자면 반도체

소자에 기록되는 선의 폭이 40나노미터라는 얘기다. 반도체가 용량을 증대하기 위해서는 더 가는 폭으로, 선 사이를 좁게 새기는 것이 관건이다. 그런데 선 사이의 간격이 30나노미터가 되면 너무 좁아서 전자가 흐름을 조절하는 장벽을 곧바로 관통할 것이기 때문에 더 이상 작게 만들 수 없는 것이다.

그렇다면 반도체 집적도의 발전은 더 이상 기대할 수 없는 것일까? 그렇지는 않다. 과학자들과 기술자들은 진공관에서 트랜지스터로 발전된 것과 같은 획기적으로 새로운 기술의 출현이 가능하다고 확신하고 있다. 그 후보 대상이 되는 기술로는 광컴퓨터optical computer와 바이오컴퓨터bio-computer를 들 수 있다. 이 새로운 기술들에 대해 자세히 설명하면 공학 전문가 아닌 경우 상당히 알아듣기가 버거울 것이기 때문에 여기서는 그 원리와 앞으로의 개발 전망에 대해서만 간략하게 소개하기로 하겠다.

광컴퓨터optical computer가 기존의 디지털 컴퓨터digital computer와 기본적으로 다른 점은 전자 대신에 빛(광)을 사용한다는 점이다. 기존의 디지털 컴퓨터에서는 연산을 위해 전자를 사용하고, '0'과 '1'의 디지털 기호를 사용하는 데 비해, 광컴퓨터에서는 빛(광섬유)과 광집적회로optical IC를 이용한다. 물론 여기서 사용하는 빛은 우리가 보는 일반적인 빛인 가시광선이 아니고, 특수하게 처리된 레이저다. 전자 대신 빛을 사용해 유리한 점은 우선 빛이 전자보다 빠르다는 사실이다. 빛은 전기보다 10배이상 빠르다. 빛은 1초에 지구를 일곱 바퀴 반이나 돌 수 있지만 전기는 채 한 바퀴도 못 돈다. 따라서 같은 크기라면 연산 속도는 10배 이상 빠르게 된다.

　또한 빛은 전자와 달리 간섭 현상이 없다. 텔레비전 옆에서 컴퓨터를 사용할 때 지지직거리는 현상을 볼 수 있는 것은 바로 이런 전자의 간섭 현상 때문이다. 이와 같은 전자의 간섭 현상 때문에 컴퓨터에서는 직렬 연산 방법을 쓸 수밖에 없다. 하지만 빛은 간섭 현상이 없기 때문에 병렬 처리가 가능하다. 따라서 한 번 계산이 끝나고 다음 계산을 하는 직렬 계산 대신 여러 계산을 한꺼번에 처리하는 병렬 계산을 하게 되면 처리 속도는 엄청나게 빨라지게 된다. 요즘 주로 사용하는 광케이블의 속도가 빠른 이유도 바로 이런 병렬 처리가 가능하기 때문이다.

　하지만 간섭 현상이 없다는 장점은 다른 면으로는 광컴퓨터의 실용화를 막는 가장 큰 단점 중의 하나로 작용하고 있다. 다시 말해 전자는 간섭을 받기 때문에 방향, 세기 등을 조정할 수 있지만, 빛은 간섭을 받지 않기 때문에 조정할 수 있는 방법을 찾기가 힘들다. 즉 빛은 빠르기는 한데 마음대로 조절할 수 없기 때문에 정보를 원하는 대로 실어 보내고 받을 수가 없다는 것이다. 현재 입력이나 출력, 저장 장치 등 부분적인 기능에 빛을 이용하는 장치는 이미 폭넓게 사용되고 있다. 하지만 컴퓨터의 중앙처리장치에는 아직까지 빛을 이용하는 방법이 완전히 개발되지 않은 상태이기 때문에 실용화되지 못하고 있다.

　하지만 현재까지 연구되고 있는 다른 종류의 미래 컴퓨터인 바이오컴퓨터나 뉴로컴퓨터neuro-computer에 비한다면 광컴퓨터는 상당히 연구가 진전되었다고 판단된다. 미래학자들은 광컴퓨터가 2014년이면 실용화될 것으로 예측하고 있다(박영숙, 『당신의 성공을 위한 미래 뉴스』). 참고로 바이오컴퓨터는 생체를 구성하는 단백질을 사용, 바이오 소자를 만들어 조립한 컴퓨터를 일컫는다. 뉴로컴퓨터는 인간 두뇌의 기본 요소인 뉴런neuron이라는 세포의 정보처리 방식을 컴퓨터의 처리 방식에 응용한 차세대 컴퓨터를 말한다. 기존의 디지털 컴퓨터가 논리적 정보처리, 직렬적 연산 등에 기초를 둔 것에 비해 뉴로컴퓨터는 패턴 중심적 정보처리, 병렬적 연산 등에 기초를 두고 있다. 따라서 뉴로컴퓨터는 논리적 연산만으로는 해결할 수 없는 형태 인식, 조합 최적화 문제 해결, 인공지능 등에 주로 사용될 것으로 보인다.

앞으로 광컴퓨터에 사용되는 광 연산소자나 바이오컴퓨터에 사용되는 바이오칩이 개발되면 메모리 칩 크기는 엄청나게 작아지게 될 것이다. 이렇게 작아진 메모리 칩은 우리 책상 위에 놓이거나 기기에 장착됐던 컴퓨터를 농산물, 가전기기, 일상용품 등 주변의 모든 물건에 들어갈 수 있게 만들 것이다. 이렇게 우리 주변 곳곳에 컴퓨터가 설치되어 물건들끼리 또는 물건과 사람이 신호를 주고받을 수 있게 되는 상태를 유비쿼터스 컴퓨팅ubiquitous computing, 줄여서 유비컴이라 부른다. 유비컴 기술이 실현되면 우리 주위의 모든 물건이 지능을 갖는다고 보면 된다.

현재도 유비컴에 필요한 기술은 이미 개발되어 있는 상태다. 하이패스로 대변되는 고속도로의 요금 지불 방식이나 지하철이나 버스의 교통카드 등에 의한 요금 지급 방식도 유비컴의 초기 단계라고 볼 수 있다. 아직 유비컴이 일상화되지 못한 것은 경제적인 이유 때문이다. 유비컴이 일상화되기 위해서는 물건 속에 들어가는 메모리 칩의 가격이 충분히 낮아서 일회용으로 쓰고 버려도 별 문제가 되지 않을 수준이라야 한다. 즉 농산물, 배송 중인 물건 등에 부착된 메모리 칩이 그 물건이 소비된 후에는 버려져도 상관없을 정도로 낮은 가격이라야 한다는 것이다. 현재는 메모리 칩의 가격이 비싸기 때문에 여러 번 사용할 수 있는 교통카드, 하이패스 등에만 사용되고 있는 것이다.

유비컴의 가장 진화된 단계는 유엔미래포럼의 제롬 글렌 회장이 2015년이면 실현될 것이라고 예측한 사이버나우Cyber-Now다. 옷과 안경 형태의 입는 컴퓨터인 사이버나우를 통해 사람들은 주위에 있는 물건들과 정보를 주고받을 수 있고, 가상현실과도 수시로 접속할 수 있게 된다. 사이버나우는 우리 신체의 상태를 담당 의사에게 알리기도 하고, 악수하는 상대에게 나의 정보를 전달하기도 하고, 상대의 정보를 전달받기도 할 것이다. 이렇게 되면 가장 큰 문제가 사생활 보호 문제다. 미래학자들은 2020년이 되기 전에 보호받을 만한 사생활은 조금도 남아 있지 않을 것으로 전망하고 있다. 산업사회에서는 어느 정도의 익명성이 보장됐다. 그러나 앞으로는 사생활이 여지없이 노출될 것이다. 더군다나 사람의 생각과 감정까지 전달하는 기술도 개발된다고 하니 사생활 보호는 더욱 문제가 될 수 있다. 앞으로는 컴퓨터에 방호막을 치듯이 인간의 생각에도 방호막을 치는 기술 개발이 필요하게 되지 않을까?

IT 분야에서 앞으로 급속도로 발전이 예상되는 분야로 '가상현실virtual reality'을 들 수 있다. 가상현실 기술은 컴퓨터가 만들어내는 사이버 스페이스cyber space를 통해 실현된다. 사이버 스페이스는 1984년 미국의 윌리엄 깁슨이 소설 『뉴로맨서Neuromancer』에서 처음 사용한 말이다. 센서가 내장된 옷이나 컴퓨터 화면을 보기 위한 안경을 착용하면 컴퓨터가 만들어낸 사이버 세상에 들어가 있는 듯한 환상을 경험하게 되는 것이다. 가상현실은 디자인과 게임 등 엔터테인먼트 산업을 중심으로 발돋움하고 있고, 교육 분야에도 엄청난 파장을 불러올 것으로 예측되고 있다. 예를 들어 과학 실험의 경우 현재와 같이 실험실 공간에서 직접 실험하지 않고 사이버 공간에서 쉽게 실험해볼 수 있을 것이다. 또한 역사 교육의 경우에도 단순히 교과서에서 글이나 그림을 통해 배우는 것이 아니라 사이버 공간에서 직접 칭기즈칸도 만나고 시저도 만날 수 있게 된다면 얼마나 효율적이겠는가. 또한 사이버 강의를 하게 되면 전 세계 어디에서나 수시로 강의를 들을 수 있기 때문에 지금의 오프라인 위주의 대학 강의는 설자리가 없게 될 수도 있다.

IT 분야를 언급하면서 빼놓을 수 없는 기술이 휴대폰이다. 많은 IT 기기들 중에서 왜 하필 휴대폰에 대해서 언급하는가 하고 궁금해 할 수 있다. 우선 휴대폰은 제3장에서 언급할 디지털 융합, 특히 모바일 환경에서의 디지털 융합의 중심에 위치한 아주 중요한 기기이기 때문이다. 사이버나우가 등장해서 안경 등으로 컴퓨터가 들어오기 전까지는 휴대폰이 디지털 융합된 신호를 받아들이는 기지 역할을 하게 될 것이다. 따라서 디지털 융합과 관련된 기술을 개발할 경우에는 휴대폰을 염두에 두고 개발하는 게 바람직하다. 자동차와 같은 별도의 공간에서는 텔레매틱스telematics를 위한 휴대폰 이외의 송수신기기를 설치할 수 있겠지만, 사람이 움직이면서 서비스를 받기 위해서는 휴대폰 이외에 다른 기기를 가지고 다니기가 불편하기 때문에 가능하면 휴대폰을 이용해서 디지털 융합을 하는 게 편리하다.

IT 사업에 있어서 휴대폰을 중요하게 생각해야 하는 또 하나의 이유는 젊은이들에게 휴대폰은 단순한 기기가 아니라 자신을 나타내는 분신과 같기 때문이다. 필자와 같이 나이가 든 사람들에게 휴대폰은 그야말로 통신기기 이상도 이하도 아니다. 필자는 아직도 2G 휴대폰을 사용한다. 통화를 하거나 문자를 보내는 등 통신에는 아무 지장이 없기 때문이다. 하지만 젊은이들에게 휴대폰은 자신을 표현하는 수단이다. 젊은이들의 휴대폰을 보면 무언가 장식이 주렁주렁 매달려 있다. 새로운 휴대폰만 나오면 바로 바꾸고, 자신이 좋아하는 연예인이 선전하는 휴대폰은 바로 산다. 왜냐하면 젊은이들에게 휴대폰은 다른 젊은이들과 소통하는 중요한 수단이기도 하고, 다른 젊은이들과 동질감을 느끼는 통로이기도 하기 때문이다. 이런 현상은 비단 한국에서뿐만 아니라 중국과 동남아의 젊은이들에게도 나타나는 현상이다. 자신이 좋아하는 휴대폰을 사기 위해 수개월치 월급을 털어 넣는 것을 필자 같은 기성세대들은 이해할 수 없는 것이다.

거의 1인 1휴대폰 시대가 되었지만 아직도 우리나라에서 휴대폰이 팔리는 이유는 바로 새로운 휴대폰에 대한 수요가 있기 때문이다. 새로운 휴대폰에 대한 수요가 일어나는 이유는 첫째로는 앞에서 언급한 바와 같이 젊은이들이 휴대폰을 자신을 표현하는 수단으로 여겨 새로운 휴대폰을 소지함으로써 시대를 리드한다는 생각을 갖거나 다른 젊은이들과 동질감을 느끼기 때문이다. 두 번째로는 새로운 서비스를 받으려면 새로운 휴대폰이 필요하기 때문이다. 예를 들어 최근 소셜 네트워크 서비스sns 이용자들을 겨냥한 특화폰이 잇달아 선보이고 있다. 애플의 아이폰이 공전의 히트를 친 이후에 트위터를 비롯한 네트워크 서비스를 이용하는 신세대 소비자들을 겨냥해 LG전자는 GT500, 삼성전자는 코비Corby(모델명 S3650), 모토로라는 클릭Cliq, 노키아는 N97미니Mini를 출시했다. 따라서 디지털 컨버전스와 관련된 새로운 서비스를 제공하려면 현재 휴대폰을 그대로 활용할 수 있는지, 아니면 새로운 형태의 휴대폰을 보급해야 하는지에 따라 시장에 진입하는 전략이 달라질 수 있다. 최근 넥센, NHN 등의 온라인 게임이 유럽에서 선풍적 인기를 끌 수 있었던 것은 초고속 인터넷 망이 설치되고, 스마트폰 등이 보급됐기 때문이다.

생명공학BT의 미래

20세기가 물리학의 시대였다면 21세기는 생물학과 나노 기술의 시대가 될 것으로 보여진다. 현재 전성기에 들어선 IT 기술은 물리학의 산물이라고 볼 수 있는데, IT 기술이 앞으로 개발될 생물학 및 나노 기술과 결합하게 되면 기술 발전은 새로운 전기를 맞게 될 것이다. 나노 기술에 대해서는 나중에 다시 다루고 여기서는 생명공학, 즉 BT Bio Technology의 기술 현황과 앞으로의 발전 방향에 대해 간단히 살펴보겠다.

생명공학은 인간의 생명 내지 생물체의 생명 현상을 다루는 것이기 때문에 기계, IT 등의 기술보다는 인간에게 미치는 영향이 직접적일 수밖에 없다. 또한 무생물인 기계나 재료를 다루는 것보다는 생명 현상을 다루기가 훨씬 복잡하다. 따라서 생명공학은 발전 속도도 느리고 연구나 실용화에 대한 규제도 심하다. 예를 들어 황우석 박사가 연구하던 줄기세포 분야만 해도 인간의 난자를 실험에 사용하는 문제와 난자 핵을 제거한 후에 체세포를 집어넣는 행위가 윤리적으로 용납되는가 하는 것이 문제가 되어 미국에서는 최근까지만 해도 줄기세포 관련 연구를 할 수 없었다.

현재 생명공학은 어느 수준까지 발전되어 있는가? 아마도 최근 생명 공학에서 가장 획기적인 발전은 인간 게놈 프로젝트의 완성일 것이다. 2004년 10월, 당초 계획을 앞당겨 인간 유전자 지도를 완성함으로써 의학의 패러다임이 치료 중심에서 예방 중심으로 바뀔 것으로 기대되고 있다. 그러나 인간 게놈 프로젝트는 몇 가지 면에서 기대와 다른 실망을 안겨주었다. 첫 번째는 인간의 유전자 수가 예상했던 것보다는 훨씬 적다는 사실이다. 프로젝트가 완성되기 전에는 인간의 유전자 수가 최소 3만 개 이상은 될 것으로 예상했으나, 실제로는 2만여 개에 불과하여 초파리(12,600개)나 예쁜꼬마선충(19,500개) 따위의 벌레와 별 차이가 없는 것으로 밝혀졌다. 인간의 자존심(?)이 여지없이 구겨지는 상황이 발생한 것이다.

두 번째는 인간 유전자 지도 자체는 유전자 치료 등 의료 분야에 직접적으로 응용할 수 없다는 점이다. 인간 유전자의 염기서열에 대한 정보는 그 자체로는 별다른 의미가 없다. 더 중요한 것은 그 염기가 어떠한 역할을 하는가인데, 이에 대한 연구는 아직도 진행 중이다. 유전자의 염기 역할을 규명하기가 어려운 이유는 어떤 특정한 염기가 한 가지 기능만을 하는 게 아니라, 여러 염기들이 상호 작용을 통해 특정 작용을 나타내기 때문이다. 따라서 어떤 특정 유전병을 치료하기 위해 어떤 특정 부위의 염기 하나만 변경 내지 치환하는 것만으로 충분할 것이라는 당초 기대가 어긋난 것이다. 물론 인간 유전자 지도 작성 자체가 생명공학의 발전에 큰 진전임에는 틀림이 없으나, 이제 그 서막이 올랐다고 보는 게 옳다는 지적이다.

　하지만 언젠가는 인간 유전자 염기들의 역할이 규명되고, 유전자 조작을 통해 치료를 할 수 있는 시대가 올 것이라는 사실은 확실하다. 이미 유전자 치료와 관련된 임상실험이 실시되고 있지만 그 결과는 만족스럽지 않은 상태다. 가장 큰 문제는 치료 유전자에 적합한 운반 차량, 이른바 벡터를 찾아내지 못하고 있다는 데 있다. 현재는 바이러스를 벡터로 사용하고 있으나 그 유해성에 대한 검증이 문제가 되고 있다. 하지만 한편으로 미래학자들은 2020년경이면 설계대로 만들어지는 주문형 아기가 가능할 것으로 보고 있다. 또한 2020년경에는 인공 자궁이 개발되어 태아를 완전히 어머니의 몸 밖에서 발육시킬 수 있을 것으로 전망하고 있다. 의학용으로 완전한 기능을 가진 피부는 2010년 전후로 개발되고, 심장은 2015년경에, 간은 2030년까지 개발될 것으로 예측하고 있다. 따라서 2030년이 되면 팔다리를 포함해서 인체의 기관과 조직의 95퍼센트가 네오 기관으로 교체 가능하게 될 것이다(이인식, 『지식의 대융합』 참조).

　현재 인간 유전자 지도를 활용하는 분야로는 범죄 감식 등에 활용되는 '유전자 지문'이나 한참 동안 관심을 끌었던 '친자 확인' 정도를 들 수 있을 뿐이다. 물론 일부 회사에서는 개인의 유전자 지도를 작성해주는 서비스도 실시하고 있다. 분석에 드는 비용도 획기적으로 낮아지면서 많은 사람들이 유전자 분석을 받고 있다고 한다. 분석 비용을 보면, 인간 유전자 지도가 처음 작성된 2003년에는 수억 달러를 호가했지만, 최근에는 5천 달러 수준에서도 분석 서비스를 제공하는 회사들이 등장했다. 하지만 문제는 그 분석된 유전자 지도가 아직은 큰 의미를 가질 수 없다는 데 있다.

인간과 관련된 생명공학은 아직 실용화가 멀었다고 보이지만, 동물 관련 생명공학은 이미 실용화 단계에 들어선 분야가 많다. 1991년에 네덜란드의 생명공학 업체인 파밍이 탄생시킨 형질전환 젖소의 젖에는 락토페린 등 사람의 모유에 들어 있는 각종 유용 단백질이 포함되어 있다. 1998년 한국과학기술원 의과학센터에서도 백혈구 생성인자 G-CSF를 함유한 젖을 가진 흑염소 메디를 탄생시켰다. 이러한 형질전환 동물 복제 기술은 앞으로 산업 분야에 미치는 영향이 엄청날 것으로 예측되고 있다. 물론 동물 복제에도 문제가 없는 것은 아니다. 1997년 최초로 복제된 양인 '돌리'도 양의 평균수명인 12.5년을 채우지 못하고 6년 반 만에 죽었다. 돌리를 복제한 영국 로슬린연구소의 윌머트 박사는 돌리를 포함한 세 마리의 복제 양을 조사한 결과 텔로미어(염색체 말단에 붙어 있으며 세포 분열에 의해 조금씩 짧아지다가 다 없어지면 죽음)의 길이가 3~4킬로바이트 정도 정상 양보다 짧다는 사실을 발표했다. 인간도 복제할 경우에 복제한 사람의 잔여 수명밖에 살 수 없다는 문제점이 있는 것이다.

식물의 경우에는 이미 유전자 변형 농산물GMO, Genetically Modified Organism들이 재배되어 유통되고 있다. 유전자 변형 농산물은 한 종의 특정 유전자를 다른 종에 인위적으로 삽입하는 유전자 조작을 통해 원하는 특성을 갖도록 만들어낸 농산물을 말한다. 유전자 조작을 통해 얻고자 하는 특성으로는 주로 생산량의 증대, 또는 유통이나 가공의 편의 등을 들 수 있다. 예를 들어 농약과 병충해에 끄떡없는 콩, 오래 저장해도 무르지 않는 토마토 등을 만들 수 있다. 전통적인 품종 개량법은 수정이 가능한 같은 종끼리 교배하여 원하는 형질을 얻고, 자연 속에서 장기간 검증되어온 것인 반면, 유전자 조작 기술은 다른 종의 유전자를 인위적으로 삽입하여 단기간에 새로운 종을 만들어내는 것으로, 예측할 수 없는 갖가지 부작용을 만들어낼 수 있다. 예측되는 대표적인 부작용으로는 유전자 변형 형질이 잡초나 해충에게 전이되어 내성을 갖는 변종이 탄생할 수 있으며, 생태계가 교란될 수 있다는 점이다. 더욱 심각한 문제는 이런 유전자 변형 농산물들을 사람이 먹었을 때의 부작용에 대한 검증은 아직 이루어지지 않았다는 점이다. 유전자 변형 농산물에 대한 동물 실험 결과 체내 면역력 약화와 뇌 위축 현상 등이 관찰됐다는 연구 보고도 있는 상황이라 심각성이 더욱 커지고 있다.

유전자 변형 농산물을 가장 많이 개발하고 실제 시판하고 있는 국가는 미국인데, 지난 10년간 500여 종의 유전자 변형 농산물을 개발했고, 현재 15개 작물 70여 개 품종으로 콩, 옥수수, 감자, 토마토, 호박, 유채 등을 시판하고 있는 상태다. 미국의 농산물 중 70퍼센트가 유전자 변형 농산물인데, 그 대부분을 수출용, 사료용으로 판매하고 있다. 문제는 한국이 미국으로부터 콩과 옥수수를 90퍼센트 이상 수입하고 있다는 사실이다. 물론 한국에서도 벼, 고추, 감자, 배추, 양배추, 토마토, 오이, 들깨 등 17개 작물 40품종의 유전자 변형 농산물이 실험실, 온실, 야외 격리 재배로 시험 중에 있고, 제초제에 강한 유전자 변형 벼와 바이러스에 잘 견디는 유전자 변형 감자의 경우 2000년부터 격리된 채 시험 경작되고 있는 상태다.

비료와 농약이 농산물의 수확을 획기적으로 증가시켜 인류의 식량난 해결에 큰 공헌을 했지만, 환경을 파괴하고 인체에 유해한 부작용을 주었듯이 유전자 변형 기술도 식량 증산이라는 긍정적인 면을 보고 개발되고 있지만 그 부작용에 대한 염려도 큰 상황이다. 유전자 변형 농산물에 대한 거부 운동은 유럽을 중심으로 점차 널리 퍼져 나가는 상황이다. 심지어 식품을 통해 비타민A의 섭취가 곤란한 빈곤국의 어린이들을 위해 개발된 황금쌀Golden rice도 대상 국가들의 유전자 변형 농산물에 대한 거부감으로 소기의 성과를 거두지 못하고 있다. 인류의 건강을 담보로 한 유전자 변형 농산물의 문제는 뜨거운 감자일 수밖에 없는 상황이다.

친환경 기술ET의 미래

요즘 들어 환경에 대한 관심이 부쩍 높아졌다. 물론 생활수준이 올라가면서 환경에 대한 관심이 높아진 것도 이유가 되겠지만, 지구 온난화 문제와 관련된 탄소 배출권 등이 사업에 큰 영향을 미치게 될 것이라고 예상되면서 친환경 기술ET, Environment Technology과 산업에 대한 관심이 커진 게 아닌가 생각된다. '녹색 경영' 또는 '지속 가능한 경영' 등도 더 이상 낯설지 않은 화두가 되어 있다. 환경에 대한 지식이 없으면 기업을 경영하기도 힘든 시대가 된 것이다. 기업이 환경 사업을 대하는 자세 또한 이전과는 달라졌다. 이전에는 주로 기업 활동을 하면서 나오는 환경 오염을 얼마나 줄이느냐 하는 소극적이고 수동적인 데 머물렀다면, 지금은 친환경 기술을 통해 기업의 부를 창출할 수 있는 기회를 찾고자 하는 적극적이고 능동적인 자세로 변했다는 특징이 있다.

특히 원유의 고갈과 원유 가격 상승이 예측되면서 친환경 대체에너지에 대한 관심은 더욱 커지고 있는 상황이다. 친환경 기술 하면, 발생된 이산화탄소(탄산가스)의 저장과 관련한 사후 처리 기술도 있지만, 대체에너지 개발 등 근본적인 사전 대비 기술이 주류를 이루고 있다. 따라서 여기서는 태양열 발전, 풍력발전, 지열발전, 바이오 연료, 핵융합 발전 등의 친환경 대체에너지와 연료전지, 수소 에너지, 하이브리드 카 등 요즘 부상되고 있는 기술들에 대해 간략하게 살펴보고자 한다.

원유, 천연가스 등의 채굴 가능 기간이 얼마나 남았느냐에 대해서는 정확히 답하기가 힘들다. 몇십 년 전부터 원유 고갈에 대한 예측이 수도 없이 나왔지만, 아직도 원유가 그때 예측했던 기간만큼이나 남아 있다는 사실이 이런 예측을 무색하게 만들고 있다. 원유 고갈 시기가 자꾸 뒤로 미루어지는 이유는 (1) 새로운 유전의 발견, (2) 채굴 기술의 발전으로 기존 유전의 채굴량 증가, (3) 기술의 발전으로 에너지 효율, 특히 자동차 연비의 향상으로 에너지 소비 증가세 감소, (4) 대체에너지의 사용 등을 들 수 있다. 하지만 굳이 에너지 자원의 채굴 가능 기간을 예측해야 한다면, 에너지 소비가 현재 수준일 때 석탄 230년, 천연가스 70년, 원유는 50년 정도다. 물론 대체에너지의 개발 등에 의해 석탄, 천연가스, 원유 등의 소비가 줄어들게 되면 그 수명은 더 길어질 수도 있다.

친환경 대체에너지에 대해서는 기술적으로 심도 있게 다루는 것보다 사업과 관련하여 조망해보는 것이 독자들에게 더 도움이 될 것으로 판단된다. 따라서 투자 관점에서 친환경 대체에너지에 대해 기술한 글로벌 투자은행 모건스탠리Morgan Stanley의 데이비드 에드워즈David Edwards 북아메리카 리서치 이사의 보고서 「대체에너지, 지속 가능한 기회Clean Energy, Sustainable Opportunities」를 기준으로 사업적인 관점에서 살펴보고자 한다(《조선일보》 2007. 11. 23. 기사 참조).

이 보고서에 따르면 기후 변화에 대한 우려와 유가 급등으로 대체에너지 산업은 최고의 투자 기회를 제공하고 있다. 풍력·태양광·지열발전을 통한 전기 생산은 현재 1.3퍼센트에 불과하지만, 2030년에는 전체 전기 생산의 29.9퍼센트에 달할 것으로 예상된다. 전체 대체에너지 시장 규모는 2020년 5000억 달러, 2030년에는 1조 달러에 달할 것으로 전망된다. 그러나 대체에너지 산업은 기술적으로나 규모 면에서 아직 걸음마 단계에 있다. 또한 대체에너지 기업의 성공 여부는 첨단 기술 개발보다는 기존 기술의 효과적 활용에 달려 있다. 최근 등장하는 많은 신기술들은 1970년대에 개발된 기술을 상용화한 것이다. 대체에너지 산업의 또 다른 문제는 석유는 물론 다른 대체에너지와도 가격 전쟁을 치러야 한다는 사실이다. 즉 기술 자체보다는 다른 대체에너지에 비해 얼마나 경제성을 가지느냐가 사업 성패의 관건이 된다는 것이다.

데이비드 에드워즈의 보고서에 의하면 대체에너지 산업에는 장기적으로 '4단계 물결'이 일어날 것이라고 한다. 첫 번째 물결은 풍력이다. 풍력 산업은 10년 전부터 탄탄한 성장세를 보이고 있고, 중국과 인도 등 신흥 시장에서도 수요가 꾸준히 늘 것으로 보인다. 두 번째는 막 시작된 1세대 바이오 연료와 태양에너지의 물결이다. 1세대 바이오 연료는 옥수수 등 식물에서 추출한 에탄올로, 브라질 등 일부 국가에서 상용화되었지만 아직 확실한 경쟁력을 갖추지 못하고 있는 단계다. 세 번째 물결은 향후 1~3년에 걸쳐 기술이 개발되고 3~5년에 걸쳐 시장 규모를 확장할 2세대 바이오 연료와 2세대 태양광 에너지다. 2세대 바이오 연료는 옥수수 대신 조류藻類 등을 이용한다. 2세대 태양광 에너지는 에너지를 흡수하는 얇은 특수 화학물질 막을 건물 외벽과 지붕에 도배하는 빌딩 통합 태양에너지 발전BIPV으로 구성된다. 이러한 2세대 기술은 1세대에 비해 높은 기술 수준과 효율을 갖게 될 것이다. 네 번째 물결을 일으킬 기술은 5~10년 내로 등장할 것으로 예상되고 있다.

우선 첫 번째 물결로 거론된 풍력부터 살펴보자. 풍력은 현재까지는 가장 경제적인 대체에너지로 꼽히고 있다. 외국의 경우 가장 좋은 조건에서 풍력발전의 발전 단가가 4~5센트/킬로와트시kWh에 불과해 원자력발전의 단가와 비슷한 수준이다. 이런 이유로 각국에서 풍력발전에 투자하는 바람에 현재 전 세계적으로 풍력발전기 부품의 공급 부족 현상이 초래되고 있는데, 이런 부품 부족 현상은 당분간 계속될 것으로 보인다. 이에 따라 풍력발전기 가격도 단기적으로 4~6퍼센트 상승할 것으로 전망되고 있다.

풍력발전 산업에서는 현재 덴마크가 세계 최고의 경쟁력을 갖추고 있는 것으로 나타나고 있다. 덴마크는 1970년대 오일쇼크 이후 '화석에너지에 더 이상 국가의 운명을 맡겨서는 안 된다'는 판단에 따라 1979년 첫 풍력발전기를 개발한 뒤로 현재 5,500여 기를 운영하고 있다. 발전 용량만 해도 3,100메가와트MW로 덴마크 전체 소비 전력의 20퍼센트를 차지하고 있다. 덴마크는 풍력발전 용량에서만 앞서 나가는 것이 아니라 세계 최대 풍력터빈 제조업체인 '베스타스'도 보유하고 있다. 그 외 현재 유럽과 미국, 아시아 등에 총 11만 메가와트 용량 정도의 풍력발전기가 설치되어 있다. 특히 유럽에서는 '2030 비전'을 통해 오는 2030년까지 유럽 전력의 28퍼센트를 풍력발전으로 생산하려는 노력이 진행되고 있다. 그중 풍력에 대한 연구와 개발이 특히 활발한 국가는 독일이다. 미국은 '20 percent Wind Energy by 2030'이라는 캐치프레이즈를 내걸고 2030년까지 미국 전력 생산의 20퍼센트를 풍력이 담당하도록 하는 사업계획을 추진하고 있다.

이러한 세계 각국의 관심에 힘입어 세계 풍력 산업은 2007년 25퍼센트 성장할 것으로 예상됐다. 이런 발전 추세가 계속된다면 전 세계적으로 2012년에는 약 29만 메가와트, 2017년에는 69만 메가와트를 생산해낼 것으로 예상되고 있다. 한국의 경우 현재 보급된 풍력 설비의 총 규모는 2008년 9월 말 기준 약 280메가와트에 불과한 실정이다. 하지만 투자를 통해 2012년에는 약 2,200메가와트를 생산해낼 계획이다. 특히 한국은 세계적인 중공업과 조선, 해양 건설 등의 기술을 보유하고 있어 이러한 기반 기술을 통해 도전한다면 현재 독일, 덴마크, 스페인 등 10개국 정도가 85퍼센트를 과점하고 있는 세계 풍력발전 설비 시장에서 성공할 가능성이 큰 것으로 보인다.

풍력발전의 가장 큰 걸림돌은 바람이 항상 불지는 않는다는 점, 소음과 조망권 침해에 따른 지역 주민들의 반발 등을 들 수 있다. 이런 문제를 해결하기 위해서 여러 가지 방안들이 제시되고 있는데, 그중 한 가지가 해상에 풍력발전 설비를 설치하는 것이다. 해상에 풍력발전 설비를 설치하면 난류가 적고 풍속이 육상보다 빨라 발전량이 늘고 피로하중을 줄일 수 있는 장점을 갖게 된다. 유사 조건의 육상 풍력발전과 비교해 1.5배의 발전량을 얻을 수 있다. 덴마크는 이미 세계 최대 발전 용량을 자랑하는 니스테드 해상 풍력단지를 조성해 운영하고 있다. 이 단지에는 풍력 터빈 72기가 연간 60만 메가와트의 전력을 생산해내고 있다.

노르웨이도 해상 풍력발전에 적극적이다. 노르웨이의 에너지 기업 스탯 오일하이드로는 해안에서 10킬로미터나 떨어진 먼 바다에 풍력발전기를 설치하는 프로젝트를 진행하고 있다. 이 경우 대형 터빈과 송전탑 건설을 위해 산이나 해안의 자연을 훼손하지 않아도 돼 지역 주민이나 환경단체의 반발도 잠재울 수 있다. 이를 위해 스탯오일하이드로는 부표처럼 물 위에 띄울 수 있는 부유浮游형 풍력발전기를 개발하는 중이다.

초고층 건물에 풍력발전기를 설치해 건물 유지에 필요한 전력을 공급하는 시도를 하는 곳도 있다. 바레인의 수도 마나마 중심부에 들어선 50층 높이의 쌍둥이 건물 '바레인 세계무역센터BWTC'는 풍력터빈 3기를 설치하는 혁신적인 시도를 했다. 지름 29미터짜리 풍력 터빈 1기가 생산하는 전력은 연간 400메가와트로 BWTC 전체 전력 사용량의 15퍼센트를 충당할 수 있다. 이런 시도는 풍력발전에 의한 전력비 절감이라는 이익도 얻을 수 있지만 특이한 볼거리를 제공한다는 면에서도 성공을 거두고 있다.

높은 상공에 풍력발전기를 설치하려는 시도도 진행되고 있다. 한국의 에너게일은 공중 풍력발전 설비를 캐나다의 마겐파워에 이어 세계에서 두 번째로 개발해 상용 설비를 설치 중에 있다. 지상 300미터 상공에서는 초속 15미터 이상의 바람이 안정적으로 분다는 점을 이용한 설비로, 발전 장치를 장착한 비행선을 헬륨 가스를 이용해 띄운 후 공중에서 발전하고 지상으로 송전하는 시스템이다. 이 경우 가동 효율이 50퍼센트 이상으로 기존 육상의 타워형(20퍼센트대)보다 높고 발전 원가를 최대

절반 수준으로 낮출 수 있어 미 항공우주국NASA 등 각국의 기관에서 개발에 나서고 있다.

다음으로는 태양광 발전과 바이오 연료에 대해 살펴보기로 하겠다. 우선 태양광 에너지 산업은 장기적으로는 전망이 밝지만 단기적으로는 조정 국면을 거칠 것으로 판단된다. 그 첫 번째 이유는 현재 태양광 에너지 생산에 대한 정부 보조금 지급이 대폭적으로 줄어들었기 때문이다. 정부에서는 태양광 에너지의 장기 전망이 밝기 때문에 높은 태양광 에너지 생산 비용을 보상하기 위해 보조금을 지급해왔으나 2009년 4월부터 50메가와트 이상의 태양광 발전 시스템에 대해서는 정부 보조금을 없애도록 결정했다. 이 경우 태양광 에너지 생산 비용이 올라가기 때문에 경제성이 없어질 가능성이 있다. 두 번째 이유는 패널 가격 상승이다. 현재 태양광 발전에 쓰이고 있는 1세대 패널은 반도체에 사용되는 결정 실리콘으로, 반도체 산업이 활성화되면 패널 가격이 오를 수 있다. 현재도 반도체 패널은 공급이 부족한 형편이다.

하지만 태양광 에너지 산업의 장기 전망은 밝은 편이다. 관련 산업은 2002년 이래 연평균 42퍼센트 성장세를 보이고 있다. 2006년 한 해 전 세계가 소비한 전기 중 태양광 발전이 0.01퍼센트에 불과한 점을 감안하면 앞으로 많은 확장의 기회가 열려 있다고 보여진다. 또 다른 긍정적인 측면으로는, 약 5년쯤 후에 특수 화학물질을 얇은 막으로 만들어 건물 외벽과 지붕에 도배하는 빌딩 통합 태양 에너지 발전BIPV이 개발되면 생산 비용이 절반으로 줄어 보조금 없이도 경쟁력이 있을 것이라는 점이다. 대체에너지 분야는 전 세계 에너지 점유율에서 2010년 22퍼센트,

2020년 34퍼센트 그리고 2040년에는 82퍼센트로 확대될 전망이다. 이 가운데 태양광 발전은 2040년에는 전체 36,000테라와트시(TWh, 테라= 1,000기가=1,000,000메가) 규모의 대체에너지 중 점유율 31퍼센트를 차지할 것으로 예상되고 있다.

　태양광 발전에 있어서 가장 큰 걸림돌은 비싼 패널 단가와 더불어 태양이 가려지면 발전을 할 수 없다는 점이다. 즉 밤에 발전을 할 수 없음은 물론이고 구름이 끼는 날에도 발전을 할 수 없다. 이런 단점을 극복하기 위해 우주에서 태양광 발전을 한 다음 지구로 송전하는 기술이 개발되고 있다. 우주 공간에는 대기가 존재하지 않아 태양광의 손실이 없고, 날씨에 관계없이 하루 24시간, 1년 내내 태양광 활용이 가능하기 때문이다. 이 계획에 가장 적극적인 국가는 일본이다. 최근 일본우주항공연구개발기구JAXA는 2030년까지 우주 공간에 태양광 발전용 인공위성을 띄울 계획이라고 밝혔다. '우주 태양 발전 시스템SSPS 프로젝트'로 명명된 이번 계획의 핵심은 적도 36,000킬로미터 상공의 정지궤도에 태양광 발전이 가능한 위성을 쏘아 올리는 것이다. 여기서 생산된 전기 에너지는 극초단파를 이용해 지상의 수신기지에 보내지게 된다. 이 경우 수신기지 한 곳에서만 약 50만 가구가 충분히 사용할 수 있는 1기가와트 (GW, 1기가와트=1,000메가와트)의 전력을 생산할 수 있다. 물론 단기적으로는 비싼 위성 가격으로 인해 경제성을 갖추기 힘들지만, 2030년경이 되면 위성의 가격은 낮아지고 원유 가격은 올라서 충분히 경제성이 있을 것으로 내다보고 있다.

　1세대 바이오 연료는 옥수수, 콩, 유채 등 식용작물을 이용해 생산한 에탄올이다. 예를 들어 옥수수를 원료로 이용한 에탄올은 생산 단가의 50퍼센트가 원료인 옥수수 가격이다. 나머지는 에스테르화 반응을 일으키는 등의 처리 공정 비용이다. 따라서 바이오 연료 가격은 곡물 가격과 밀접한 연관성을 갖는다. 즉 바이오 연료의 수요가 많아지면 곡물 가격이 오르게 되고, 이 경우 바이오 연료는 경쟁력을 잃을 뿐 아니라 빈곤한 국가의 서민들에게 또 다른 재앙을 초래한다. 다시 말해 식용작물을 이용한 바이오 연료는 실용화에 한계가 있기 때문에 극히 제한적으로만 사용될 수밖에 없는 것이다.

바이오 연료가 활성화되기 위해서는 식물 구성 성분인 셀룰로오스cellulose와 조류藻類를 활용한 2세대 기술이 개발되어야만 한다. 억새, 수수 등 식물에서 쉽게 구할 수 있는 기본 물질인 셀룰로오스를 이용해 만드는 에탄올이 대표적인 2세대 바이오 연료다. 셀룰로오스를 활용한 에탄올 생산 기술은 앞으로 1~2년 동안 계속 선을 보이고, 3~4년 내에 검증 과정을 거친 후, 지금부터 5년 뒤에는 완전한 생산체제를 갖출 것으로 예상된다. 조류를 이용한 연료 기술도 기대된다. 조류는 짧은 시간 내에 급속히 증식하기 때문에 에너지의 원료로서 강력한 잠재력을 갖고 있다. 조류 관련 기술은 향후 5~10년 안에 개발이 가시화될 것으로 보인다. 이미 이탈리아의 엔알그사社는 조류로 만든 바이오디젤로 전력을 생산하는 설비를 베니스 시에 준공하고 시험 가동 중에 있다. 2011년 상용화에 들어갈 예정인 이 설비는 40메가와트의 전력을 생산하게 된다. 아직까지는 경제성에 문제가 있지만, 기술이 개선되고 유가가 오르게 되면 충분히 경쟁력이 생길 것으로 기대된다.

바이오 연료는 현재 가장 많이 쓰이고 있는 디젤 등의 석유 제품과 유사한 특성을 가지고 있고, 자동차에도 별도의 설비 개조 없이 적용할 수 있다는 장점이 있다. 또한 가난한 나라들이 위치한 적도 부근에서 효율적으로 생산될 수 있어서 부의 배분에도 좋은 기회를 제공한다는 부수적인 장점도 있다. 하지만 어차피 작물 재배를 통해 연료가 생산되는 것이기 때문에 대체에너지의 주류를 차지하기는 어렵다고 판단된다. 예를 들어 독일의 경작지 전체에서 바이오 연료용 식물을 재배한다 할지라도 거기에서 얻은 연료로는 독일의 모든 자동차의 5분의 1을 감당할 수 있을 뿐이라는 계산이 나온다.

앞에 언급한 풍력과 더불어 현 시점에서 가장 경쟁력 있는 대체에너지로는 지열을 들 수 있다. 지열발전은 지표면의 낮은 온도와 깊은 땅속의 높은 온도 차이를 이용해서 발전하는 시스템이다. 현재도 지열발전은 일부 빌딩에 적용되고 있는데, 요즘은 시추 기술이 발달되어 대체에너지 중 경쟁력이 있는 기술로 평가받고 있다. 생산비는 최신 설비의 경우 킬로와트시당 약 4센트 정도지만 지역이나 설비 기술에 따라 편차가 심하다. 앞으로 생산 단가는 최적의 조건에서 킬로와트시당 1센트에서 2센트로 내려갈 수 있을 것으로 추정된다. 지열을 이용한 전력 생산은 1975년부터 1995년까지 연간 9퍼센트씩 증가해 1998년 전 세계적으로 45테라와트시에 달했다. 앞으로 2020년까지 연간 9퍼센트씩 확대된다면 2010년에는 130테라와트시, 2020년에는 310테라와트시에 달할 것으로 예측된다.

최근에는 지열을 효과적으로 이용하는 최신 기술들이 계속 개발되고 있다. 그중 한 가지가 강화 지열 시스템EGS인데 석유·가스 탐사 기술을 활용해 지표면 밑 3,000~10,000미터를 파고 들어가 얻은 지열을 에너지로 전환하는 기술이다. MIT(메사추세츠 공대)의 연구 결과에 따르면 EGS는 10년 안에 경쟁력을 갖추고, 킬로와트시당 5~7센트의 가격으로 20년 동안 생산 가능하게 된다. EGS가 성공하면 2030년에는 지열 에너지가 전 세계 전력 공급량의 10퍼센트를 차지할 것으로 전망된다.

또 다른 기술은 아이슬란드에서 개발 중인 초임계수supercritical water를 이용한 지열발전이다. 아이슬란드는 지하 4킬로미터에 있는 초임계수를 활용, 소형 원자로에 버금가는 지열발전소를 건설하고 있다. 이 기술은 마그마가 위치한 지하 4킬로미터까지 파 내려가면서 온도가 600도에 이르는 초임계수를 이용하는 것이 핵심이다. 이 정도의 깊이에서 물은 마그마의 온도와 암반층 사이의 압력이 더해져 기체도 액체도 아닌 초임계 상태가 되는데 이 같은 고온·고압의 초임계수는 에너지 효율성이 탁월해 일반 지열발전소의 10배 수준인 500메가와트의 전력 생산이 가능하다. 더구나 이 초임계수는 지구의 핵이 식지 않는 한 영원히 공급되는 무한 에너지원이다. 물론 이 기술은 화산 지대가 많은 아이슬란드에서나 적용 가능한 기술이지만, 만약 이 기술이 성공한다면 더 깊이 파서라도 이 기술을 적용하려는 시도가 가능하다.

앞에서 언급한 풍력, 태양광, 바이오 연료 등은 다름 아닌 태양 에너지의 여러 다른 형태라고 볼 수 있다. 태양은 자기 스스로 수소핵융합을 함으로써 초당 3.83×10^{26}와트라는, 실로 상상을 초월하는 에너지를 만들어내고 있다. 이 에너지 중 174,000테라와트(1테라와트=1×10^{12}와트)

정도가 지구에 도달한다. 지구의 대기층과 지표면에서 손실되는 양을 제외하면 지구에 공급되는 양은 약 12만 테라와트이다. 이것은 인류가 사용하는 에너지 총량(12~14테라와트)의 1만 배에 해당한다. 이렇게 지구에 이른 태양광은 풍력의 형태로 바뀌기도 하고, 식물의 광합성을 통해 바이오 연료로 바뀌기도 하는 것이다.

그렇다면 태양이 에너지를 만들어내는 원리인 핵융합을 통해서 지구에 필요한 에너지를 공급하면 어떨까? 현재의 핵붕괴에 의한 핵 발전은 방사능 물질을 이용해야 하기 때문에 핵폭탄 제조 우려와 더불어 방사능 폐기물이라는 매우 골치 아픈 문제를 야기한다. 이와 달리 핵융합은 두 개의 수소가 핵융합을 통해 헬륨을 생성하는 반응이기 때문에 그야말로 청정에너지를 생성하게 된다. 또한 중수소 1그램을 핵융합시키면 휘발유 1만 리터에 달하는 막대한 에너지가 발생하기 때문에 인류가 필요한 에너지는 충분히 얻을 수 있게 된다. 더구나 핵융합에 사용되는 중수소와 삼중수소는 바닷물에 충분하게 들어 있어 자원에 대해서 걱정하지 않아도 된다. 다시 말해 핵융합 에너지는 성공한다면 대체에너지의 모든 문제를 해결하는 '꿈의 에너지'가 될 것이라는 기대를 갖게 한다.

'핵융합 에너지'는 그 중요성과 더불어 여러 기술적인 문제가 있기 때문에 미국, 유럽연합, 일본, 중국, 러시아, 인도, 한국 등 7개국이 본격적 개발을 위한 공동개발 사업으로 '국제 핵융합 실험로International Thermonuclear Experimental Reactor, ITER'를 착수해 2007년 건설이 시작됐고 2015년 완공될 예정이다. 현재 ITER은 프랑스 해안 도시 마르세유에서 자동차로 40분가량 들어간 작은 소도시 카다라슈에 설치되고 있다. 예정대로 2016년부터 가동이 순조롭게 이뤄진다면 인류는 20~30년 이내에 핵융합에 의한 대규모 전기 생산을 보게 될 전망이다.

물론 핵융합 기술 개발에는 여러 가지 장애 요인들이 있다. 우선 핵융합이 일어나는 조건이 상당히 극한 조건이라는 점이다. 핵융합이 일어나기 위해서는 1억℃의 고온이 필요한데, 플라즈마를 이용해 1억℃를 얻을 수는 있지만 이런 고온을 견딜 수 있는 용기(반응로)가 없다는 게 문제다. 1억℃를 견디는 재질은 없지만 토카막tokamak 장치를 이용해 1억℃의 플라즈마를 가두는 방법이 가장 가능성 있는 방법으로 제시되고 있다. 실제로 1991년 유럽연합이 JET라는 토카막 장치를 제작해 1.7메가와트의 전력을 얻는 데 성공했고, 미국의 프린스턴연구소, 일본 원자력연구소 등이 비슷한 연구 성과를 얻었는데, 이는 ITER 프로젝트의 성공 가능성을 보여주는 반가운 소식이 아닐 수 없다. 더구나 이 프로젝트에 참여하고 있는 한국은 핵융합 연구장치인 KSTARKorea Superconducting Tokamak Advanced Research를 2009년 9월 본격 가동한 이후 플라즈마 전류 320kA, 플라즈마 유지 시간 3.6초를 달성함으로써 핵융합 기술 개발에서 앞서가는 성과를 거두었다.

다음으로는 자동차용 대체에너지에 대해서 간략하게 살펴보자. 전 세계에서 생산되는 원유의 7~8퍼센트만이 화학 원료로 이용되며 나머지는 가솔린, 디젤유, 난방유 형태로 직접 연소된다. 즉 원유 고갈에 대비하고 친환경 조건을 만들기 위해서는 가솔린, 디젤유를 가장 많이 소비하는 자동차의 에너지를 대체해야만 한다는 결론이 나온다. 이런 필요성 때문에 세계 각국이 자동차용 대체에너지 개발에 심혈을 기울이고 있고, 미국 등 선진국을 중심으로는 친환경 자동차 개발을 촉진하기 위한 환경 규제도 점점 심해지는 추세다.

자동차용 대체에너지로는 앞에서 열거한 여러 대체에너지 기술들 중 바이오 연료가 브라질 등 일부 국가에서 사용되고 있는 것을 제외하고는 별로 적용되지 못하고 있다. 바이오 연료는 기존의 휘발유, 디젤 등에 혼합하거나 또는 대체해 사용할 수 있지만, 다른 대체에너지들은 별도의 장치를 필요로 하기 때문이다. 자동차의 대체에너지로 사용되기 위해서는 경제성도 있어야 하지만, 무엇보다도 대체에너지를 사용하기 위한 장치가 자동차라는 좁은 공간에 실을 수 있을 정도로 작고 가벼워야 한다. 이 제약점이 자동차용 대체에너지 기술 개발에 가장 큰 장애 요인이다.

이런 제약 조건에 맞춰서 현재 개발되고 있는 대체에너지 기술로는 전기 자동차와 연료전지 자동차를 들 수 있다. 전기 자동차는 축전지를 탑재한 다음 이를 전기모터를 통해 구동하는 시스템이다. 연료전지도 비슷한데 축전지 대신 연료를 사용해서 전기를 생산해낼 수 있도록 하는 방법을 사용한다. 실용화에 가장 가까운 전기 자동차의 경우에도 풀어야 할 숙제가 많다. 우선 가솔린이나 디젤차 정도의 주행거리를 가지려면 현재의 기술로는 축전지의 부피가 너무 크고 중량도 너무 무거워진다. 또한 전기 자동차는 가솔린 자동차에 비해 가속이 느리고, 전기를 충전하는 시간이 오래 걸린다는 단점도 있다. 물론 전기가 우리 일상생활에 친숙한 에너지지만, 주유소만큼 전기 자동차를 충전하는 시스템을 갖추는 것도 큰 과제다. 따라서 이에 대한 대안으로 가솔린과 전기 에너지를 동시에 사용할 수 있는 하이브리드 자동차가 개발되어 실용화되고 있다. 일본의 도요타를 선두로 이미 시판되고 있는 하이브리드 자동차는 한국 등에서도 본격적으로 개발해 시판 경쟁에 뛰어들고 있다. 하이브리드 자동차는 가속할 때는 가솔린을 사용하다가 어느 정도 속도가 올라간 다음에는 전기를 사용해 자동차를 구동하게 된다. 이 경우 탑재하는 축전지 수를 줄일 수 있고, 가속과 정속에서 에너지 효율을 극대화할 수 있는 장점이 있다. 더구나 가솔린 자동차는 감속을 하기 위해 브레이크를 밟으면 마찰 에너지가 고스란히 열에너지로 소모되지만, 하이브리드 자동차는 전기모터를 통해 감속을 하면서 다시 충전되기 때문에 시내 주행에서도 에너지 효율을 높일 수 있는 장점이 있다. 실제로 하이브리드 자동차의 에너지 효율은 기존의 휘발유 자동차의 두 배 이상이 되는 것으로 나타나고 있다. 미국 아르곤연구소가 조사한 결과에 따르면 연료 종류별 에너지 효율은 휘발유 12.9, 경유 18.9, CNG 12.3, 하이브리드 29.9, 연료전지 25.9로 나타났다(KBS 과학 다큐멘터리 〈과학 카페 vol. 2〉에서 재인용).

자동차의 친환경 에너지로 개발되고 있는 또 다른 기술이 연료전지다. 연료전지는 단어가 의미하는바 그대로 연료를 이용해 전기를 발생하는 전지다. 일반 전지가 외부에서 생산된 전기를 저장했다가 그대로 소모하는 것이라면 연료전지는 에너지를 가진 연료를 이용해서 자체적으로 전기를 발생시켜 이용하는 것이다. 따라서 전기 자동차보다는 연료전지 자동차가 진정한 의미에서의 친환경 에너지 기술이라고 볼 수 있다. 다시 말해 기존의 자동차가 연료를 자동차의 엔진을 통해 연소시키면서 에너지를 확보하던 것이라면, 전기 자동차는 외부 발전 설비를 통해 전기를 생산한 다음 이를 축전했다가 사용하는 것에 불과하다. 즉 석유 연료를 자동차 엔진에서 태우느냐 발전소에서 태우느냐의 차이가 있을 뿐이라는 얘기다. 물론 태양광, 풍력, 지열 등 친환경 대체에너지를 통해 전기를 생산한다면 간접적으로는 친환경 대체에너지를 사용하는 게 되겠지만, 전기 자동차 자체가 친환경 기술은 아니라는 것이다.

초기에는 수소를 연료로 이용하는 연료전지가 주로 개발됐다. 수소 자체는 연료로서의 특성이 우수하다. 수소는 산소와의 화학반응을 통해 물만 생성하고 환경오염 물질은 전혀 생산하지 않기 때문에 친환경 에너지로 각광을 받았다. 하지만 수소를 생산하기 위해서는 물을 전기분해하거나 천연가스, 납사, 석탄 등의 화석연료를 원료로 수증기 개질, 열분해, 가스화 등의 방법을 써야 한다. 물론 장기적으로는 풍력, 태양광 등 대체에너지를 이용하는 전기분해 수소 제조법, 광화학적 또는 광생물학적 수소 제조법, 제4세대 초고온 원자로를 이용한 열화학적·고온 전기분해에 의한 수소 제조법 등이 개발될 것으로 전망된다. 하지만 이렇게 제조된 수소를 연료전지로 이용하려면 수송과 저장에 어려움이 있다. 특히 자동차에 사용하기 위해서는 별도의 냉각장치를 갖춘 액화탱크를 설치해야 하는 문제가 있어 실용화에 어려움이 있다. 또한 수소 충전을 위한 별도의 저장 시설을 갖춰야 하는 것도 실용화를 가로막는 큰 요인으로 작용하고 있다.

수소를 이용한 연료전지의 대안으로 메탄올 연료전지와 용융탄산염 연료전지가 연구되고 있다. 그중에서 용융탄산염 연료전지가 기술적으로나 경제적으로 가장 상용화에 근접해 있는 상황이다. 연료전지 자동차의 경우 가장 큰 장점은 에너지 효율이 상당히 높다는 것이다. 가솔린 자동차의 경우 약 14퍼센트의 에너지 효율을 나타내는 데 비해 현재 시제품이 나와 있는 연료전지 자동차는 약 36퍼센트의 효율을 나타내며, 향후 약 42퍼센트의 에너지 효율을 달성할 수 있을 것으로 예측되고 있다.

대체에너지를 이용한 발전이나 친환경 자동차를 개발하는 노력을 넘어 아예 도시 자체를 친환경적으로 개발하려는 움직임도 활발하게 일어나고 있다. '탄소 제로 도시'로 명명된 이런 프로젝트로는 아랍에미리트UAE의 마스다르Masdar 프로젝트, 캐나다의 도크사이드그린Dockside Green 프로젝트, 중국의 동탄東灘 프로젝트 등을 대표적 사례로 들 수 있다. '탄소 제로 도시'란 글자 그대로 이산화탄소 순배출량이 제로(0)인 도시를 말한다. 탄소 제로 도시를 만들기 위해서는 위에 열거한 대체에너지 기술을 적극적으로 적용하고, 자동차 운행을 금지하거나 최소화하고 전철 등의 대중 교통수단을 이용하도록 하며, 물을 포함한 발생하는 폐기물을 재사용, 재활용하도록 하는 방법 등을 동원하고 있다. 건축물에 단열 장치와 옥상 녹화를 설치하고, LED 조명, 고에너지 효율의 가전제품을 사용하도록 해서 에너지 효율을 높이는 노력도 하고 있다.

하지만 친환경 기술 분야를 생각하면서 꼭 명심해야 할 사항이 있다. 이산화탄소에 의한 지구 온난화 문제는 좀 과장된 면이 있다는 일부 과학자들의 의견도 고려하라는 것이다. 선진국에서 자신들이 갖고 있던 제조업을 개발도상국으로 넘기면서 이산화탄소까지 같이 묶어서 팔려는 속셈에 의해 지구 온난화 문제가 과장됐다는 의견에도 귀를 기울일 필요가 있다. 사실 공기 중에는 습기가 많고, 훨씬 강력하게 온실효과를 일으키는 이 수증기에 의해 복사선의 통과 여부가 결정되기 때문에 이산화탄소의 양은 그다지 중요하지 않다는 게 과학의 정설이다. 지금의 지구 온난화 문제는 지구의 역사에서 온도가 올라가는 시점에 있기 때문이 아닐까 하는 게 일부 과학자들의 주장이다. 약 6,000년 전에는 오늘날 침엽수가 자라고 있는 북유럽에 낙엽수 숲이 있었다고 한다. 또 오늘날 작아지고 있는 빙하가 6,000년 전에는 지금보다 훨씬 더 작았다고 한다.

이런 관점에서 이산화탄소를 줄이기 위한 기술 개발에 쓰이는 돈을 가난과 질병, 공교육, 공중 보건, 바다와 육지 생명체의 보존과 같이 더 긴급하고 더 중요한 곳에 써야 한다는 목소리가 커지고 있다. 비외른 롬보르는 그의 저서 『회의적 환경주의자』에서 '선진국들이 개발도상국들의 목을 조르기 위한 수단으로 지구 온난화 문제를 악용하고 있다'고 비난했다. 또한 그는 '교토 의정서를 실행에 옮기는 비용은 매년 1500억 달러로 추정되는 데 반해, 유니세프의 추정에 의하면 1년에 700억~800억 달러만 있으면 제3세계의 모든 국민들에게 보건, 교육, 식수, 하수시설 등을 제공할 수 있기 때문에, 그 돈을 거기에 투입하는 게 합리적이다'라는 주장을 하고 있다.

나노 기술NT의 미래

21세기에 가장 주목받을 기술 분야로는 '나노 기술NT, Nano Technology'을 꼽을 수 있다. 현재까지는 정보통신 기술IT이나 생명공학BT이 우리 일상 생활에 크게 영향을 미쳐 왔다. 그러나 나노 기술이 상용화될 것으로 예상되는 20~30년 후 나노 기술이 우리 생활에 미칠 영향은 정보통신 기술이나 생명공학에 비할 바가 아니게 될 것이다. 왜냐하면, 정보통신 기술은 기술 그 자체로는 우리 인간과 떨어져 외부에 존재하는 기술이고, 생명공학은 우리 인체에 직접 영향을 미치나 그 기술을 우리에게 적용할지 말지를 우리가 선택하고 조정할 수 있지만, 나노 기술은 우리가 모르는 사이에도 우리에게 직접적으로 영향을 끼칠 수 있을 뿐 아니라, 이제까지의 물질에 대한 개념을 완전히 바꿀 수 있는 기술이기 때문이다.

나노는 10억분의 1을 의미하며, 1나노미터는 10억분의 1미터로 특수한 전자현미경(STM, Scanning Tunneling Microscope, 전자가 입자인 동시에 파동성을 갖는 이중성을 활용해 물체의 표면을 볼 수 있는 전자현미경)으로만 볼 수 있는 크기다. 1나노미터는 머리카락 굵기의 약 8만~10만분의

1 정도이며, 수소원자 10개를 나란히 늘어놓은 정도의 크기에 불과하다. 한마디로 나노 기술은 극미세 기술이다. 원자나 분자 수준에서 물질을 합성, 조립, 제어하며 그 성질을 측정하고 규명하는 기술로 기존 물질의 특성 개선 및 신물질 창출에 매우 적합하다. 나노 크기의 수준에서는 물질이 전혀 다른 성질을 나타내기 때문에 전혀 새로운 성질과 기능을 가진 물질을 구현할 수 있다. 이 점이 나노 기술이 중요한 이유이다.

지름 20나노미터 입자의 경우 대략 10퍼센트가 표면 원자인 반면, 1 나노미터 입자는 99퍼센트가 표면원자로 구성되게 된다. 나노 기술은 이처럼 물질이 작아졌을 때의 성질을 파악하고 이용하는 기술이다. 물질은 나노 수준으로 쪼개지면 원래 성질과 전혀 다른 성질을 나타낸다. 금의 경우 수십 나노미터 크기로 작아지면 붉은색으로 바뀌며, 이후 푸른색으로 변하기도 한다. 나노 금 입자와 은 입자는 독특한 성질을 가지기 때문에 화학반응을 일으키는 촉매로 사용된다. 예를 들어 '은 나노' 입자가 뛰어난 살균력을 나타내는 것도 은 나노 입자가 탁월한 촉매이기 때문이다. 또 다른 예로 탄소는 자연계 상태에서 숯, 흑연, 다이아몬드 형태로만 존재하지만, 나노 기술을 이용해 탄소의 분자 구조를 나노 튜브 형태로 바꿀 경우, 흑연이나 다이아몬드와는 전혀 다른 물성이 나타나게 할 수 있다. 이렇게 만든 탄소 나노 튜브는 강철보다 100배 강한 인장강도, 구리보다 높은 전도성, 다이아몬드보다 높은 열전도도 등을 가져 각종 복합 소재나 장치 제조에서 급진적 혁신을 가져올 수 있다. 또한 탄소 나노 튜브의 구조를 어떻게 바꾸느냐에 따라 도체, 반도체, 부도체의 특성을 자유자재로 조절할 수 있어 기존 물질의 한계를 뛰어넘을 수 있다.

하지만 현재까지 적용된 나노 기술은 매우 초기 단계로 기존 제품의 성능이나 부가가치 향상 수준에 머물렀고, 산업의 패러다임을 바꿀 혁신적인 나노 기술 개발은 이제부터가 시작이라고 할 수 있다. 예를 들어 반도체에서는 이미 초고집적도를 달성하기 위해 수십 나노미터 급의 공정을 개발, 사용하고 있으며, 다양한 나노 소재를 각종 전자제품이나 생활용품 등에 활용하고 있다. 여기에서 더 나아가 나노 기술을 통해 먼지보다 작은 첩보 로봇, 머리카락 굵기에 백과사전을 저장하는 초미니 반도체, 100만 배 빠른 컴퓨터 등이 현실화되면 인류의 문명은 한 단계 도약할 수 있을 것이다. 완벽한 보안성을 가진 초고속 양자 컴퓨터, 암세포만을 추적해서 치료하는 나노 로봇, 외부 환경에 능동적으로 반응하는 건물 등 나노 기술은 우리 사회의 전반적인 모습을 지금과는 전혀 다른 차원으로 변화시킬 것이다.

나노 기술은 물리, 화학에서부터 전자, 정보통신, 생명공학, 에너지, 의학, 환경에 이르기까지 광범위하게 적용될 것이다. 하지만 나노 기술의 진가는 나노 어셈블러Assembler를 통해 구현될 것이라는 게 미래학자들의 예측이다. 나노 어셈블러는 나노 기술에 관한 최초의 저서로 평가되는 에릭 드렉슬러의 『창조의 엔진Engines of Creation』에 처음 소개된 나노 기계로 분자나 원자 수준에서 물질을 제조해내는 장치다. 특히 나노 어셈블러는 자기 재생산이 가능하기 때문에, 생물과 무생물의 정의 자체에 혼란을 일으키면서 제조업 분야에 획기적인 변화를 불러일으킬 수 있는 엄청난 위력을 지니고 있다. 즉 이제까지 제조의 개념은 화합물의 단위에서 어떤 반응 조건을 주느냐에 따라 원하는 다른 화합물을 만들어내는 과정이었다. 하지만 나노 어셈블러는 분자나 원자 단위에서 원하는 물질을 바로 조립해내고, 그 조립된 물질이 스스로 자신과 같은 물질을 재생산해낼 수 있게 하는 것이다. 즉 나노 어셈블러는 물질의 설계도인 결합 구조에 맞춰 원자들을 기계적으로 적절히 결합시킴으로써 원자들로부터 그 무엇이든 필요한 물질을 제조하는 것이다.

나노 어셈블러가 실용화되면 바이오 연료전지를 이용하여 잠수함처럼 혈류를 따라 항해하다 암세포 등 특정 목표물을 정확히 인식하여 목표물에 착륙한 후 내장된 약물을 침식시키는 바이오 나노 로봇 치료 소자를 만들 수 있게 된다. 바이오 나노 로봇은 자연계에 존재하는 바이러스를 본떠서 만드는 것이라고 볼 수 있다. 즉 바이오 나노 로봇은 이미 자연계에 존재하기 때문에 그 실현성에 있어서는 문제가 없다. 다만 우리가 원하는 목적, 예를 들어 목표 암세포만을 공격하도록 어떻게 프로그래밍하여 나노 로봇을 제조할 수 있느냐의 문제일 뿐이라는 얘기다. 실제로 바이러스는 '목표 인식−착륙−유전자 침식' 기능을 정교하게 수행하는 자연산 나노 기계라고 볼 수 있다. 바이오 나노 로봇은 1950년대에 이미 미국의 저명한 물리학자인 리처드 파인만이 "오래지 않아 인류는 분자 수준에서 특정 임무를 수행하는 매우 작은 구조물을 만들 수 있을 것이다"라는 말을 하면서 예측된 기술이다. 만약 이 기술이 실현되면 1987년 개봉한 영화 〈이너 스페이스〉에서처럼 사람이 탑승한 잠수정을 한꺼번에 축소해서 인체에 주입하고 인체를 탐험하는 것과 비슷한 효과를 볼 수 있는 것이다. 따라서 바이오 나노 로봇을 이용하면 이론적으로는 사람이 가진 어떤 질병도 치료할 수 있게 된다.

하지만 나노 기술의 이런 장밋빛 전망에 못지않게 부작용에 대해 우려하는 목소리가 커지고 있다. 나노 기술을 적용함으로써 제품의 크기가 작아지고 정밀해지기 때문에 거기서 발생하는 오작동 가능성이 커진다는 정도의 작은 문제부터 인류 생존을 위협할 정도의 큰 부작용도 있을 수 있다. 실제로 컴퓨터의 하드디스크 드라이브, DVD, 시디롬CD ROM 등과 같은 정보 저장기기는 물론 고선명 TV인 HD TV, 휴대전화 단말기, PDA 등에 나노 기술이 적용되면서 나노 입자 때문에 예기치 않은 오작동이 발생하는 사례가 빈번해지고 있다. 회로 사이나 기기 사이의 간격이 나노미터 단위로 작아지게 되면서 나노 입자가 그 사이에 끼게 되어 오작동이 일어나는 경우가 빈번해지고 있는 것이다.

그런데 더욱 심각한 문제는 나노 입자가 인체에 심각한 위해를 가할 수 있다는 점이다. 몇 년 전 영국의 찰스 황태자가 나서서 나노 기술의 위험성에 대해 강력하게 경고했듯이, 영국의 왕립학회Royal Society는 나노 기술에 대해 단호히 반대한다는 입장을 밝히고 있다. 그만큼 나노 입자가 인체와 환경에 미치는 영향이 돌이킬 수 없을 정도의 재앙을 일으킬 수도 있다고 보는 것이다. 20세기 과학 발전의 원동력인 상대성이론이 핵무기 개발에 이용돼 인류의 멸망을 가져올 수 있었듯이, 나노 기술이 인류 불행의 씨앗이 될 가능성도 충분히 있다.

나노 기술의 위험성은 우선 나노 입자의 성질에서 찾아볼 수 있다. 과거 석면에 노출된 사람들이 석면 입자의 인체 침투로 진폐증이라는 악성 질환에 걸린 경우에서 보듯이, 이보다 크기가 훨씬 작고 활동량이 큰은 나노 입자, 탄소 나노 튜브 등이 인체에 침투할 경우 훨씬 위험한 상황이 초래될 수 있다는 우려가 꾸준히 제기되고 있다. 인체의 세포는 대략 수십 나노미터로 그보다 큰 세포들은 인체에 흡수되지 않기 때문에 대부분의 해로운 물질들로부터 인체를 보호할 수 있는 것이다. 먹은 음식물을 소화시키는 과정도 인체에 흡수될 수 있을 정도로 잘게 쪼개는 과정이라고 보면 된다. 그런데 나노 입자의 경우에는 인체의 이러한 보호 작용을 뚫고 곧바로 인체에 흡수될 수 있기 때문에 위험한 것이다. 더구나 축구공처럼 생긴 나노 입자 '풀러렌fullerene'은 빛을 쬐면 활성산소란 유독물질을 만든다는 연구 결과도 나와 있다. 활성산소는 DNA를 손상시켜 암과 같은 난치병을 일으키고 노화를 촉진하는 물질이다. 또 이산화티타늄, 탄소 분말, 디젤 입자 등 몇몇 물질들은 나노 단위로 크기가 줄어들면 독성이 강해진다.

나노 입자의 부작용에 대해 아직 모르는 게 많다는 점도 나노 기술의 앞날을 가로막는 장애 요인들 중 하나다. 예를 들어 철 나노 입자를 오염된 토양에 투입하면 유기질소 성분이나 염소화탄화수소 물질들을 분해시켜 토양을 정화시킬 수 있다. 토양에 가장 오래 남는 골치 아픈 환경 물질들을 분해시켜 정화할 수 있는 것이다. 그런데 이렇게 투입된 철은 토양 내 생물체에 산화 스트레스를 일으킴으로써 커다란 폐해를 가져올 수도 있다. 일부에서는 철 나노 입자를 바다에 뿌려 플랑크톤의 생육을 촉진함으로써 이산화탄소를 줄이는 방법을 시도하고 있다. 어떤 경우든 철 나노 입자가 생태계에 미치는 영향이 아직 규명되지 않은 상태에서 응용 기술이 앞서 가고 있는 상황이다. 그런데 정보통신 기술이나 생명공학은 문제가 생겼을 때 그 시점에서 하던 작업을 종결하면 문제 확산을 막을 수 있지만, 나노 기술은 임의적으로 통제가 어렵다는 데 심각성이 있다. 다시 말해 나중에 철 나노 입자가 해양 생태계에 문제를 일으킨다고 했을 때 그걸 회수할 방법이 별로 없다는 것이다. 더구나 대기 중에 배출된 나노 입자는 회수가 거의 불가능하다.

더 나아가 나노 로봇을 개발했을 경우에, 이 나노 로봇이 원래의 기능에 상관없이 인체의 다른 기관을 공격하게 되면 문제는 심각해진다. 하물며 누군가가 의도적으로 나노 물질을 이용한 무기를 개발했을 경우 그 심각성은 인류의 생존을 위협할 수 있을 정도로 심각해진다. 눈에 보이지 않는 나노 무기가 자기 복제를 하면서 온 세상에 퍼져 나간다고 한번 생각해보라. 끔찍하지 않은가? 영화 〈지구가 멈추는 날〉과 〈지아이 조G. I. Joe 전쟁의 서막〉에 나오는 나노 무기가 현실화되지 말란 법이 없다는 것이다. 〈지아이 조〉에서 나노마이트nanomite는 암 치료용으로 개발된 나노 입자 크기의 로봇을 전쟁 무기용으로 개조한 것으로 일단 가동되면 생물체건 무생물이건 가리지 않고 주변의 모든 물체를 분해시켜 버린다. 그런 무서운 무기가 우리 눈에 보이지도 않는 상태로 자기증식을 하면서 대기 중에 떠돌아다닌다면 인류의 생존이 문제가 되지 않겠는가?

나노 기술의 심각한 부작용을 줄이기 위해서 기업이나 과학자들은 나노 입자가 퍼져 나가지 못하도록 하는 기술을 개발하고 있다. 하지만 흡착, 포집을 통해 나노 입자를 제거하는 기술은 한계가 있을 뿐만 아니라 최종적인 해결책이 될 수 없다. 보다 근본적으로 나노 기술의 안정 장치를 마련하기 위해서는 나노 입자를 감별하고 측정하는 기술 표준은 물론, 나노 입자의 오염 및 배출에 관한 규제 지침도 개발돼야 한다. 이러한 기술 표준이나 규제는 기업들이 자율적으로 하기에는 문제의 심각성이 너무 크기 때문에 각 국가별로 이에 대한 대책 마련을 서두르고 있다. 미국은 나노기술개발전략기구NNI, 미국 과학재단NSF, 국방부 등을 중심으로 나노 물질의 위험 평가, 환경 평가, 독성 연구 등에 많은 투자를 하고 있다. 영국은 최근 과학기술안전위원회의 사전 승인 없이는 나노 연구를 마음대로 할 수 없도록 보다 엄격한 규제 장치를 마련했다. 대만 정부는 2004년부터 나노 소재를 사용한 제품에 대해 안전성을 보증하는 인증 제도를 세계 최초로 도입해 좋은 성과를 거두고 있다고 한다. 한국도 오는 2014년까지 100억 원을 투입해 나노 제품의 잠재적 위험성을 평가할 측정 및 분석 방법 개발에 나선다. 2009년부터 2011년까지 3년간 은 나노, 다중벽 탄소 나노 튜브, 이산화티타늄 소재 및 관련 제품에 대한 '위해성 관리 플랫폼 기술'과 '성능 향상 플랫폼 기술'을 개발하고, 2013년까지 15개 수요 기업을 대상으로 시범 사업을 실시한 후 2014년에는 확립된 평가 기술을 보급, 확산시킨다는 계획이다.

나노 기술은 21세기 기술의 주역으로 자리 잡을 전망이지만 아직까지는 초기 단계에 있다. 한국의 경우는 나노 기술의 선두 주자인 미국과 일본에 비해 한참 뒤져 있으나 지금부터 노력하면 기회는 얼마든지 있다. 더구나 나노 기술의 최대 문제인 안전성 문제를 같이 고려해서 개발한다면 제2의 경제 도약을 이룰 발판을 마련할 수 있을 것이다.

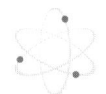

기술 융합이 대세다

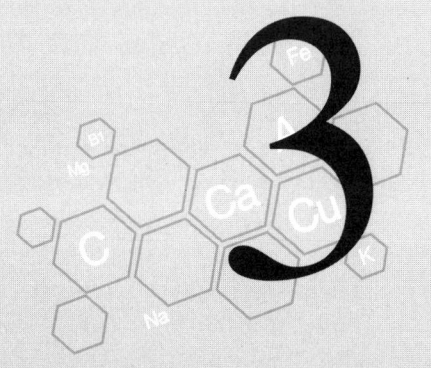

2009년 6월 22일, 미국 기업들의 2009년 상반기 실적을 주시하던 투자자들은 애플의 실적을 보고 탄성을 질렀다. 2009년 2사분기 애플의 아이폰 판매량은 2008년 동기 대비 7배, 이익은 4배 증가했기 때문이다. 반면 전통적인 휴대폰 강자였던 노키아는 매출이 20퍼센트, 모토로라는 30퍼센트 이상 줄어든 것으로 나타났다. 아이포드로 화려하게 부활한 애플이 기술 융합 제품인 아이폰을 통해 또 한 번의 도약을 이룬 것이다. 핸드폰 시장에 처음 등장한 애플이 전통적 선두주자인 노키아와 모토로라를 제치고 강호로 등장한 것은 순전히 소비자들의 니즈needs를 꿰뚫어 본 기술 융합 전략 덕분이라고 할 수 있다. 2009년 연말 애플 아이폰이 상륙한 한국에서도 휴대폰 시장을 석권하고 있는 삼성전자와 LG전자, SK텔레콤 등이 긴장하고 있는 것도 이러한 이유 때문이다.

소비자들이 스마트폰에 열광하는 이유는 거의 모든 IT 관련 서비스, 즉 통화, 문자, 영상, 이메일 등이 하나의 휴대폰에 융합되어 있기 때문이다. 우리가 기술 융합 트렌드에 관심을 가져야 하는 이유는 그 성과가 특정 제품의 서비스 기능을 향상시키는 데 그치지 않고 창의적 가치를 만들어 완전히 새로운 산업을 창출해내기 때문이다. 기술 융합이 21세기 키워드로 부상하는 이유는 원천기술 확보 없이도 기존 기술을 접목시켜 전혀 새로운 고부가가치를 창출할 수 있기 때문이다. 애플이 기술 융합 제품인 아이폰을 통해 휴대폰 시장의 강자로 떠오른 것은 애플이 휴대폰 제조 기술을 개발했기 때문이 아니었다. 애플의 아이폰은 운영체제os만 애플의 시스템을 채용하고 반도체는 삼성 제품, 케이스는 중국제를 쓰며 조립은 대만에서 하고 있다. 기술 융합에 있어서는 콘텐츠가 중요하지, 기술 자체가 중요하지 않다는 의미로 해석할 수 있다.

애플이 노키아와 모토로라라는 강자가 버티고 있는 휴대폰 시장에 뛰어들어 성공을 거두듯이, 기술 융합은 단순히 기술들 간의 접목을 넘어서 기존 산업 간 경계를 허물며 새로운 유형의 산업을 창출할 원동력을 만들어낼 것으로 기대되고 있다. 더구나 원천기술 개발에는 시간과 비용이 많이 들지만 기술 융합은 기존에 있는 기술들을 조합해 새로운 분야를 만들어내는 것이기 때문에 기업의 신성장 동력으로 자리 잡을 것이 확실하다. 그야말로 기술 융합은 '21세기 최고의 화두'라고 할 수 있다.

융합은 영어 '컨버전스Convergence'의 번역어로 사전적 정의는 상이한 아이디어와 그룹들, 사회들이 서로의 차이점을 서서히 줄여가며 유사하게 바뀌는 과정을 의미한다. 컨버전스는 주로 융합으로 번역되고 있지만 통섭, 융복합 등으로 번역되기도 한다. 융합 제품의 예로는 카메라나 mp3 기능을 갖춘 핸드폰, 캠코더 기능을 갖춘 디지털 카메라 등을 들 수 있다. 이런 융합 제품들은 불과 수년 전에 우리 일상 속에 들어오기 시작했는데, 이제는 새로운 디지털 제품에는 대부분 융합의 개념이 적용되고 있다. 그렇다면 왜 융합이 최근에 이토록 중요한 개념으로 자리 잡은 것일까?

왜 기술 융합인가?

기술 융합이 이처럼 강력한 힘을 발휘하는 이유는 크게 보아 두 가지 요인이 만나서 상승효과를 나타내기 때문이라고 볼 수 있다. 첫째는 공급자 위주에서 소비자 위주로 산업 구조가 개편됐기 때문이다. 과거 산업사회에서는 기업이 제품을 개발해서 일방적으로 소비자에게 공급했다. 그런데 지식사회가 되면서 소비자들이 정보를 공유하게 됐고, 그 결과 소비자들이 제품에 대한 선택권을 갖게 되면서 어떤 기술이든 상관없이 자신들의 요구를 충족시켜줄 서비스를 선호하게 됐다는 것이다. 둘째는 이제 어떤 제품을 생산하기 위해 필요한 대부분의 기술들이 충분히 개발됐거나, 필요시 얼마든지 개발될 수 있기 때문에 새로운 기술 개발보다는 기존 기술들을 활용해 소비자들에게 필요한 새로운 가치를 창출해내는 것이 더 중요하게 됐다는 것이다. 이 두 가지 요인을 합쳐서 생각해보면 새로운 시대에 가장 중요한 기업의 성공 요건은 새로운 기술을 개발하든, 기존의 기술들을 융합하든 소비자들이 원하는 가치를 창조해내는 것이라고 볼 수 있다. 그런데 문제는 새로운 기술을 개발하는 것은 어려울 뿐 아니라, 소비자들이 원하는 가치와 연결시키기가 기술 융합의 경우보다 어렵다는 점이다. 더구나 새로운 기술 개발에는 시간이 걸리기 때문에, 인내심이 부족한 소비자들을 짜증나게 할 수 있다. 따라서 기술 융합을 통해 소비자들이 원하는 가치를 창출해내는 것이 가장 효과적인 수단이 되는 것이다.

기술 융합은 시대적 요청이라고 볼 수도 있다. 르네상스 이전 사실상 하나였던 지식과 학문은 산업혁명 이후 세분화·전문화됐다. 산업혁명 이후의 요소 환원주의는 과학과 기술 발전에 지대한 공헌을 한 것이 사실이지만, 그에 못지않게 한계를 드러냈다. 예를 들어 생명 현상을 규명하기 위해 세포 단위의 연구를 했지만, 각 세포가 합쳐졌다고 해서 생명체가 탄생하는 것은 아니라는 사실이다. 즉 우리에게 정작 필요한 것은 전체적인 관점에서의 이해인데, 세분화된 부분의 연구는 어떤 현상을 이해하는 데는 기여했지만, 그런 부분적인 이해를 합쳐도 전체를 완전히 이해할 수는 없다는 것이다. 따라서 이제는 부분적인 것들을 모아서 전체를 이해하는 통합, 즉 융합이 필요하게 된 것이다.

환원주의의 기본적인 철학은 $1+1=2$라는 생각이다. 즉 전체는 부분의 합이라는 생각이다. 하지만 위에 예를 들었듯이 여러 신체 기관들의 합인 생명체를 놓고 볼 때도 각 기관들을 합치면 전체적인 신체 모양은 나올지 모르지만, 생명이라는 부가적인(?) 현상을 얻을 수는 없다. 즉 기술의 융합이 추구하고자 하는 것은 $1+1$이 2보다 클 수 있다는 가능성인 것이다. 다시 말해 두 개 이상의 기술을 융합해서 어떤 새로운 가치를 만들어내는 것이다. 그 가치란 주로 한 가지 기술만으로는 만족시킬 수 없는 고객들의 니즈라고 보면 될 것이다.

사실 최근의 디지털 기술 융합이 새로운 기술 발전의 트렌드로 떠오르기 전에도 편의성을 추구하기 위해 아날로그 기술들의 융합은 존재해왔다. 예를 들어 각종 칼과 가위 등이 한 세트에 들어 있는 스위스 나이프, 군대에서 흔히 볼 수 있는 포크 겸용 숟가락, 침대와 소파를 겸할 수 있는 소파 베드 등을 들 수 있다. 서비스가 융합된 경우로는 항공, 숙박, 차 렌트 등이 통합된 여행 패키지, 은행 서비스와 보험 서비스가 결합된 방카슈랑스Bancassurance 등이 있다. 그런데 이러한 종전의 융합은 1＋1이 2보다 작은, 즉 기존 서비스를 보완하는 정도의 융합 효과를 나타내는 정도에 그쳤다. 하지만 최근의 디지털 기술 융합은 융합을 통해 새로운 가치를 창출해내는 역할을 하고 있다. 예를 들어 자동차에 IT 기술을 융합한 텔레매틱스telematics의 경우 단순히 자동차 기능에 IT 기술이 더해져 편의성만 제공하는 것이 아니라, 주변 위험 환경 감지를 통한 안전성 확보와 최적의 주행 조건 감지를 통한 경제성 확보 등의 부가가치를 창출해내고 있는 것이다. 이런 텔레매틱스를 통해 자동차는 단순한 이동 수단이 아니라 사무를 보는 공간으로 진화하는 중이다.

이런 의미에서 보면 기술 융합에서 가장 중요한 것은 융합의 목표와 방향 설정이다. 특히 기존 제품의 단순한 개선보다는 새로운 시장과 부가가치 개척 등 새로운 가치를 창출할 수 있는 목표와 방향의 정립이 중요하다. 아날로그형 융합은 인접 기술 간의 자연발생적인 물리적 혼합과 활용을 통한 개선 위주의 기술 융합이었다. 이제는 이러한 아날로그형 융합이 아닌, 소비자의 니즈를 만족시키기 위한 이종 기술 간의 목표지향적인 화학적 융합으로서의 기술 융합이 필요하다는 얘기다. 바꿔 말하자면 기술 관점에서의 융합보다는 시장, 즉 사용자 관점에서의 융합이 필요하다는 것이다. 더 나아가 시장에서 요구하는 제품이나 서비스를 기술 융합을 통해서 구현할 수 있다면 그 융합 대상 기술을 내가 가지고 있느냐 아니냐 하는 것은 그리 중요하지 않다고 볼 수도 있다. 다시 말해 다른 사람 또는 다른 기업이 가지고 있는 기술이 내가 추구하고자 하는 기술 융합에 도움이 된다면 그 기술을 개발할 게 아니라, 아웃소싱하는 게 훨씬 효율적이다. 이에 대해서는 4장에서 좀 더 자세히 다루도록 하겠다.

이런 융합은 단순히 기술 분야뿐만 아니라 학문 분야에서도 그 위력을 유감없이 발휘하고 있다. 어떤 현상을 관찰하고 해석함에 있어서 이제까지는 개별 학문들이 자기 관점에서만 해석하려 노력을 해왔다. 그런데 실제 현상은 그렇게 단순하지 않고 다양한 요인들이 복합적으로 작용하기 때문에 여러 관점에서 보아야 한다는 점이 뚜렷하게 부각되기 시작했다. 학문 융합의 필요성이 대두하는 요인이다. 예를 들면 경제 현상을 관찰함에 있어서 이제까지는 기본적인 가정, 즉 수요·공급의 법칙이라든가 한계효용체감의 법칙, 또는 경제 주체는 최적의 선택을 한다는 가정 등을 전제해왔다. 그런데 실제 경제 현상은 인간이라는 주체의 불완전한 심리 상태 때문에 엉뚱한 선택이 나타나는 경우가 많다는 것이다. 담배를 피우는 경우를 보면, 담배를 끊는 것이 경제적으로는 옳은 선택이다. 담배를 피우면 비용도 높아지고 건강도 나빠진다. 그런데도 왜 사람들은 담배를 계속 피우는가? 그것은 금연으로 인해 얻는 장기적 이익보다 담배를 피움으로 인해 얻는 심리적 안정이라는 단기적 이익에 더 비중을 두는 인간의 심리 때문이라고 해석할 수 있는 것이다. 이런 해석은 경제학에 심리학을 융합한 행동경제학을 통해서 나올 수 있는 해석이다.

이제 기술 융합, 학문 융합의 중요성은 각국의 기술 개발 정책에도 최우선 순위로 떠오르고 있다. 융합의 중요성을 결정적으로 촉발시킨 것은 2001년 12월 미국과학재단과 상무부가 공동으로 작성한 융합 기술convergent technology에 관한 정책 문서다. 이 문서는 나노 기술NT, 생명공학 기술BT, 정보 기술IT, 인지과학Cognitive Science 등 4대 분야NBIC가 상호 의존적으로 결합되는 것을 융합 기술이라고 정의하고, 기술 융합으로 르네상스 정신에 다시 불을 붙일 때가 됐다고 천명했다. 일본도 2004년부터 '포커스 21Focus 21'이라는 기술 융합 육성 프로젝트를 추진해왔으며, 유럽도 2004년부터 본격적으로 기술 융합 산업의 육성에 돌입했다. 해외 글로벌 기업도 예외는 아니다. HP, IBM 등은 홈·모바일 사업에, 인텔과 모토로라 등은 바이오칩에 뛰어드는 등 융합 시장 선점을 위해 발 빠르게 움직이고 있다. 한국 정부 및 기업도 초기 단계지만 융합에 눈길을 돌리고 있다. 하지만 이제야 기술 융합 정책을 내놓을 준비를 하는 등 선진국에 비해 상당히 늦은 행보를 보이고 있다. 한국 기업들의 경우 아직까지는 기술 개발에 비중을 더 두는 편으로 기술 융합의 필요성에 공감은 하면서도 구체적 실천 방안에는 아직도 약한 편이다《서울경제》 2009.7.27).

기술과 감성의 융합

융합은 다른 기술들 또는 학문 분야들 사이에만 일어나는 게 아니라 전혀 별개의 특성을 갖고 있다고 생각되는 기술과 감성의 융합에 의해서도 일어난다. 사실 기술과 감성의 융합은 이미 우리가 익히 경험하고 있는 것이다. 바로 요즘 마케팅에서 가장 중요한 힘으로 작용하고 있는 디자인이 기술과 감성 융합의 모습이다. 다만 최근 들어 디자인의 중요성이 더욱 커진 것은 기술과 감성 모두 점점 더 중요해지고 있기 때문이다.

최근 들어 기술이 중요해진 이유는 더 설명할 필요도 없을 것이다. 기술 없는 생활은 상상할 수 없다. 물론 과학 문명에 회의를 느끼고 자연주의를 사랑하는 사람들도 늘고 있지만, 일반적으로 보았을 때 자동차가 없는 세상, 전기가 없는 세상, 컴퓨터가 없는 세상은 이제 상상할 수도 없는 정도가 됐다. 아이들은 핸드폰이 손에 없으면 불안 증세를 보이는 정도가 됐다니 기술이 어느 정도 우리 생활에 들어와 있는지 능히 짐작할 수 있다. 하긴 필자와 같은 평범한 사람도 핸드폰을 집에 두고 어딜 가는 날에는 어딘가 불안한 마음이 드는 정도니 핸드폰과 함께 자란 아이들의 경우야 당연한 현상 아니겠는가? 더구나 앞으로 입는 컴퓨터가 나오고, 가상현실이 일상화되면 기술 없는 세상은 더욱 더 상상할 수 없게 될 것이다.

감성이 중요해지고 있는 이유는 시대적인 변화에 의한 패러다임 시프트가 일어나고 있기 때문이다. 시대적인 변화란 우리 사회가 산업사회에서 지식사회를 거쳐 이제 감성사회로 접어들고 있다는 것이다. 감성사회의 특성은 소비자들이 제품이나 서비스를 선택할 때 지식이나 정보를 넘어 감성을 중요시한다는 점이다. 지식사회에서는 제품이나 서비스를 선택할 때 여러 가지 정보를 종합해서 결정했다. 하지만 지식사회가 성숙기에 접어들면서 제품이나 서비스에 대한 지식은 넘쳐나게 됐다. 그런데 인간은 특성상 넷 내지 다섯 가지 이상의 정보가 주어지면 더 이상 정보를 통해 판단하는 게 힘들어지고, 전체를 뭉뚱그린 직감, 즉 감성에 의해 선택을 하게 된다. 그래서 제품이나 서비스에 대한 전체적인 이미지, 즉 브랜드가 선택에 중요한 역할을 하게 되는 것이다. 그래서 요즘 마케팅 이론에서는 소비자들은 대개 감성으로 물건을 사고 나중에 이성으로 이를 합리화한다고 말한다.

제품이나 서비스 선택에 있어서 감성적인 요인, 즉 브랜드가 중요한 역할을 한다는 사실을 가장 극적으로 나타내주는 것이 바로 광고 분야다. 예를 들어 자동차를 광고할 때 과거에는 주된 내용이 '고장이 없다'거나 '연비가 높다'거나 하는 실용적인(?) 정보 전달이었다. 하지만 이제는 그런 내용으로 자동차 광고를 하는 경우는 거의 없다. 요즘은 그 자동차를 타면 사막도 달리고, 거친 파도도 뚫고 나갈 수 있다거나, 자동차에 탄 사람이 멋진 미남이나 예쁜 미녀가 되는 착각을 일으키게 한다. 그리고 실제 자동차를 고르는 기준도 '고장이 없다'거나 '연비가 높다'는 등의 실용적인 정보가 아니라 '뒤태가 잘 빠졌다'거나 '다른 사람들이 알아주는 차'라는 감성적인 요인이 많이 작용하고 있다.

실제로 디지털 카메라의 경우 화소수가 어느 정도 수준을 넘어가면 소비자들의 선택 기준은 화소수보다는 디자인이나 유행 선도 능력 등에 좌우된다고 한다. 기술적인 요인도 중요하지만 감성적인 요인도 중요하다는 의미다. 또 다른 예로, 요즘 가전제품은 성능도 중요하지만 색상이나 다른 가구들과 얼마나 잘 어울리느냐 하는 디자인이 상당히 중요한 요소로 떠오르고 있다. 그래서 백색 가전이라 불릴 정도로 흰색 일변도였던 냉장고, TV 등은 다양한 색깔을 갖기 시작했고, 디자인도 다른 가구들과 어울리는 스타일로 바뀌고 있다. 더구나 와인 냉장고나 화장품용 냉장고의 경우에는 제품에 맞도록 우아하게 디자인되고 있는 추세다. 에어컨의 경우에는 천장에 매립하는 형태의 디자인도 선보이고 있다.

소니의 경우에는 기존의 PC(개인용 컴퓨터) 제품들이 '감성'을 도외시한 제품이란 점에 유의하여 '소유가 즐겁고 사용이 즐거운 PC'라는 콘셉트를 PC에 적용했다. 색상과 로고, 휴대감, 디자인 등이 뛰어난 감성 노트북 PC 'VAIO'는 출시 후 대히트를 쳤다. 이런 사실을 참고할 필요가 있다. 또한 전형적인 기술 위주 제품인 자동차에도 감성이 점차 중요해지고 있다. 2002년에 취임한 아우디자동차의 빈터곤 회장은 '자동차는 느낌'이라는 콘셉트를 내세우면서 감성적인 요소를 자동차에 적용하도록 하고 있다. BMW도 자동차의 냄새를 중화시키는 연구를 하고 그 결과를 신차에 적용하는 노력을 하고 있다.

단순 통화 기능을 넘어 자기표현의 수단으로 진화하고 있는 핸드폰의 경우에는 디자인이 더욱 중요해지고 있다. 초기에는 '초콜릿 폰' 등으로 핸드폰의 색상을 바꾸거나 폴더형, 슬라이드형 등으로 바뀌는 정도였으나 여러 기능들이 추가되면서 그 기능들에 맞게 핸드폰을 디자인하는 추세가 두드러지고 있다. 예를 들어 TV를 보기 위해서는 TV 화면에 맞게 가로의 길이가 길도록 화면을 돌릴 수 있는 기능이 추가되고, 게임에 맞게 자판을 배열 하는 등의 노력은 이제 당연한 게 됐다. 요즘은 모바일 인터넷 기능, SNS Social Network Service 기능 등이 추가되면서 햅틱 기능에 의해 화면상에서 입력이 가능하도록 디자인이 바뀌었다. 앞으로 유비쿼터스가 일반화되면서 핸드폰으로 모든 가전기기를 작동하도록 바뀌게 되면 그에 맞도록 핸드폰도 디자인이 바뀔 것이다.

융합을 이용한 디자인에 의해 이미 레드 오션에 속한 제품들이 다시 블루 오션 제품으로 떠오르는 경우도 있다. 이제 휴대용 저장 장치인 USB 메모리는 너무나 흔한 레드 오션 제품이다. 그런데 이 USB 메모리를 지니고 다니는 것이 여간 성가신 게 아니다. 그냥 주머니에 넣고 다니자니 불안하다는 점에 착안하여 액세서리 내지 쥬얼리 개념을 융합하여 휴대하고 다니는 데 불편함이 없도록 아이디어를 낸 회사가 있다. 국내의 한 회사에서 이런 개념의 제품을 개발하여 판매하고 있는데, 메탈 소재의 본체에 수십 개의 크리스털이 박혀 있어 명품 쥬얼리와 비교해도 손색이 없다. 이 회사에서 출시하고 있는 USB 메모리 제품들은 기본적으로 체인식 휴대폰 고리로 이용할 수 있으며, 소비자의 선택에 따라 목걸이, 귀고리, 팔찌, 가방 액세서리 등 다양한 패션 아이템으로 연출이 가능하다.

디지털 융합

　과거에도 부분적으로 아날로그 기술들 사이에 융합이 있었지만, 최근 들어 기술 융합이 주목받게 된 가장 큰 요인은 바로 '디지털 융합'에 의해 새로운 제품이나 서비스의 탄생이 가능해졌다는 데 있다. 디지털 융합은 디지털 기술 기반의 여러 제품이나 서비스가 융합되어 새로운 형태의 제품이나 서비스로 탄생하는 것을 가리킨다. 즉 디지털 융합은 최근의 IT 제품들이 '0'과 '1'로 상징되는 디지털이라는 기술 기반을 공유하고 있기 때문에 더욱 가속화되고 있는 것이다. 과거 아날로그 기술 기반의 제품이나 서비스가 융합에 한계가 있을 수밖에 없었던 이유는 각 제품이나 서비스에서 발생된 아날로그 신호를 서로 공유하는 데 한계가 있었기 때문이다. 하지만 디지털 기반 제품들은 모든 정보가 디지털 형태로 되어 있기 때문에 다른 제품이나 서비스에서 그 정보를 쉽게 사용할 수 있고, 각 제품이나 서비스에 맞게 변형, 응용이 가능하게 됐다. 과거의 아날로그 제품들은 융합을 하게 되면 전체적인 편의성은 조금 증가하지만, 각각의 제품에서 얻을 수 있는 효용보다는 떨어지는 게 당연했다. 예를 들어 침대와 소파를 겸한 소파 베드의 경우 소파로서의 기능에서도, 침대라는 기능에서도 각각의 제품에 비해 떨어졌다.

하지만 디지털 융합 제품에서는 융합에 의한 성능 저하의 문제가 거의 없다. 그 이유는 디지털 기능들이 컴퓨터 칩에 의해 수행되는데, 칩의 소형화와 메모리 성능의 향상에 의해 여러 기능을 한 개의 칩에서 같이 처리해도 아무 문제가 없기 때문이다. 예를 들어 휴대폰에 카메라 기능과 주소록 기능이 같이 있어도 서로 영향을 주지 않고 작동될 수 있다는 것이다. 물론 한 개 이상의 칩을 사용할 수 있지만, 그 칩끼리도 정보 교환이 가능하기 때문에 하나의 칩처럼 생각해도 아무 지장이 없다. 휴대폰 카메라로 찍은 사진을 전송할 경우에도 데이터를 수정할 필요 없이 바로 전송하면 된다. 아날로그 필름으로 사진을 찍어서 전송하는 경우 팩스 등을 통해 다른 전송 신호로 바꿔서 보내야 했던 것과는 다르다.

디지털 융합은 그 근간이 되는 핵심 칩 분야에서 시작해서, 점차 기기로 확대되고, 궁극적으로는 최종 소비 단계인 서비스 영역으로 확대 발전하는 경향을 보이고 있다. 즉 디지털 융합은 핵심 칩의 융합, 기기의 융합, 그리고 서비스의 융합으로 진전된다고 볼 수 있다. 핵심 칩의 융합은 기존의 실리콘 반도체에 소프트웨어를 통해 다양한 기능을 부가하는 것도 있지만, 최근 나타나고 있는 새로운 추세는 바이오칩과 같이 나노 기술, 바이오 기술 등 타 기술 영역과 결합된 다양한 원칩 소자의 등장이다. 기기의 융합은 스마트폰, 텔레매틱스 단말기, 셋톱 박스, 홈 네트워크 서버 등에 서로 다른 기능들이 합쳐지는 방식으로 주로 이루어지고 있다. 소형화, 휴대화 그리고 이를 지원하는 표준화된 인터페이스 및 소프트웨어가 기기 통합을 촉진하고 있다. 디지털 융합의 최종 완성은 서비스의 융합에 의해 이루어진다고 볼 수 있다. 서비스 융합의 예로는 이동통신 단말에서 TV 방송을 시청할 수 있는 DMBDigital Multimedia Broadcasting 서비스, 이동통신 단말로 각종 금융 거래를 할 수 있는 m-뱅킹 서비스, 그리고 차량으로 이동하는 상황에서 필요한 모든 서비스를 함께 제공하는 텔레매틱스 서비스, 유무선 통신을 에너지 산업과 결합한 스마트 그리드 등의 서비스 창출을 들 수 있다. 서비스 융합은 시장 니즈를 충족시키기 위해 제품과 서비스가 변화되어 제공되는 모습을 말하며, 기기 융합과 칩 융합은 바로 서비스 융합을 가능케 하는 동인enabler이라고 볼 수 있다. 즉 기술 융합(기기 융합과 칩 융합)은 융합 자체가 목적이 아니라 소비자가 원하는 가치, 즉 시장 니즈(서비스 융합)를 충족시키는 하나의 수단일 뿐이라는 것이다.

소비자의 욕구 변화 과정과 기술의 발전 과정은 제품과 서비스라는 매개체를 통해 상호 영향을 주고받으면서 진화하게 된다. 다시 말해 제품과 서비스는 기술을 사용해서 구현한 가시적 실체인데, 소비자는 가시화된 제품과 서비스가 자신의 욕구에 부합되는지 여부를 판단해 구매 여부를 결정하게 된다. 따라서 디지털 융합을 통해 만들어진 제품과 서비스도 소비자로부터 높은 호응을 얻은 경우에만 시장에서 살아남게 된다. 결국 디지털 융합은 시장 니즈, 즉 소비자 욕구를 충족시키기 위한 유용한 수단일 수는 있지만, 그 자체가 시장에서의 생존을 보장해주지는 않는다는 사실을 주지할 필요가 있다. 즉 디지털 융합이 최근 대세를 이루고 있는 이유는 융합이 쉽다는 기술적인 요인보다는 소비자의 욕구를 가장 쉽게 충족시켜줄 수 있다는 시장 친화적인 방법이기 때문이다.

디지털 융합은 디지털 기술에 기반을 둔 다양한 기술과 서비스를 융합하는 것이기 때문에 아주 다양한 조합이 있을 수 있다. 새로 개발되고 있는 디지털 기술들까지 고려한다면 그 조합의 수는 거의 무제한이라고 해도 과언이 아니다. 여기서 그 많은 디지털 융합에 대해 모두 언급하는 것은 불가능하기에 최근 대두되고 있는 대표적인 몇 가지 디지털 융합 분야에 대해 살펴보기로 하겠다. 그 분야로는 방송·통신·인터넷의 융합(IPTV, 모바일 TV, 무선 인터넷 등), 의료 분야u-healthcare, 기계 분야(텔레매틱스, 로봇 등)를 점검해보는 것이 좋을 듯하다.

방송·통신·인터넷의 융합

　IT 분야의 대표 주자인 인터넷과 휴대폰, 그리고 가장 큰 영향력을 가진 미디어인 방송이 만나서 다양한 융합 형태를 이루고 있다. 우선 TV와 인터넷이 만나서 IPTV를 탄생시켰고, 인터넷이 무선 통신인 휴대폰을 만나서 모바일 인터넷mobile internet을 탄생시켰다. 또한 TV와 휴대폰이 만나서 모바일 TV인 DMB가 탄생됐다. 거기에 한 걸음 더 나아가 이런 기능들에 PC 등 최첨단 IT 기능들을 더한 스마트폰이 탄생하면서 융합의 진수를 보여주고 있다.

　2009년 11월 28일, 스마트폰의 대표주자라고 할 수 있는 애플의 아이폰이 마침내 한국에도 출시됐다. 아이폰은 세계적으로 지금까지 3천만 대가 팔릴 정도로 인기를 끌고 있는데, 한국에는 위치 정보 사업자 허가 문제 때문에 다른 나라보다 2년 늦게 상륙하게 된 것이다. 스마트폰은 기존 핸드폰의 무선 통화 기능에 카메라, 오디오mp3, 은행 업무금융 카드, TVDMB폰, 컴퓨터PDA폰 기능이 합쳐진 '손안의 PC' 기능을 갖추면서 융합의 진수를 보여주고 있다. 더구나 정해진 기능만을 사용할 수 있었던 기존 핸드폰의 개념을 넘어서 필요한 애플리케이션 프로그램을 마음껏 설치·삭제할 수 있어 게임을 넣으면 게임기가 되고 음악 프로그램을 깔면 악기가 된다. 더구나 일반 소비자들이 만든 휴대폰용 소프트웨어를 거래하는 온라인 장터인 앱스토어를 통해 다양한 애플리케이션 프로그램들을 구입해서 설치할 수 있기 때문에 아이폰의 기능은 무한대라고 할 수 있다.

아이폰은 이런 다양한 기능 때문에 세계적으로 인기를 끌었는데, 한국에서도 온라인 사전 구매 신청자가 6만 명에 달하고 1,000명 정도가 밤새 줄을 서서 구입할 정도로 선풍적인 인기를 끌었다. 애플리케이션이 다양하고 언제든지 웹에 접속이 가능할 뿐 아니라 반응 속도가 매우 빨라 소비자들의 마음을 사로잡고 있는 것이다. 아이폰의 출시로 이제 형성되기 시작한 한국의 스마트폰 시장은 현재 시장 점유율이 1퍼센트 미만으로 미미하지만, 2012년에는 스마트폰 매출이 노트북 PC를 추월하고, 2015년에는 일반 휴대폰 수요를 앞지를 것으로 예측되고 있다. 세계 시장에서 스마트폰 시장의 비중도 엄청나게 커질 것으로 전망되고 있다. 시장조사 기관인 가트너, 데이터퀘스트 등은 세계 휴대폰 가운데 스마트폰 보급이 지난 2008년 4.7퍼센트 수준인 6000만 대에서 2012년에는 31.5퍼센트인 5억7000만 대에 이를 것으로 전망했다. 연평균 34퍼센트의 엄청난 성장률이다(《서울경제》 2009. 8. 9).

미국의 시장조사 업체인 피라미드리서치는 삼성전자와 LG전자의 미국 휴대폰 시장 점유율이 2009년에는 각각 23퍼센트를 점유하겠지만 오는 2014

년에는 19퍼센트와 18퍼센트로 4~5퍼센트 포인트 떨어질 것으로 전망하고 있다. 반면 아이폰의 애플과 블랙베리로 유명한 리서치인모션RIM 등 스마트폰 업체들의 점유율은 현재의 7퍼센트와 16퍼센트에서 각각 15퍼센트와 22퍼센트까지 치솟을 것으로 예상했다. 무선 인터넷의 시대가 열리면서 스마트폰이 시장의 대세를 장악할 것이고 그 속에서 제대로 적응하지 못하는 업체들은 쇠락의 길을 걸을 것이라는 의미다. 가트너의 조사 결과를 봐도 세계 스마트폰 시장에서 삼성전자의 3사분기 점유율은 지난해 3.0퍼센트에서 3.2퍼센트로 0.2퍼센트 포인트 늘어나는 데 그쳤지만 RIM과 애플은 각각 4.9퍼센트 포인트와 4.2퍼센트 포인트 높아졌고 특히 대만 HTC는 점유율을 4퍼센트대에서 6퍼센트대로 끌어올렸다. 《서울경제》 2009.11.17.

노키아와 모토로라 등 세계적인 휴대폰 업체들을 물리치고 한국 시장을 석권하면서 'IT 코리아'의 기치를 높였던 삼성전자를 비롯한 LG전자 등 국내 휴대폰 제조사들도 스마트폰의 위력을 실감하고 발걸음이 빨라지고 있다. 아이폰의 파트너가 KT로 결정됨으로써 경쟁 업체인 SK텔레콤도 비상이 걸린 상태다. 삼성전자는 구글 운영체제인 안드로이드를 탑재한 스마트폰 '갤럭시' '옴니아 프로 B7610' '옴니아 프로 B7320' 등 다양한 스마트폰 라인업을 갖추었다. 삼성전자는 아이폰과 차별화 전략으로 윈도 모바일, 안드로이드, 심비안 등 모든 스마트폰 운영체제를 지원하는 풀 라인업을 구축하고 스마트폰을 공급할 방침이다. LG전자도 'GM730'을 출시하면서 스마트폰 경쟁 대열에 합류했다. 'GM730'은 스마트폰을 누구나 쉽게 사용할 수 있도록 하는 데 차별화 주안점을 두고 있다. 삼성전자와 LG전자는 한국에서는 SK텔레콤을 통해 스마트폰을 출시하게 됨으로써 당분간은 애플 - KT 대 삼성전자 - LG전자 - SK텔레콤의 양자 대결 구도가 될 것으로 예상된다.

애플·델·에이서·도시바 등 PC 업체들이 스마트폰을 출시하면서 휴대폰 시장 영역을 침범하는 것에 맞서서 노키아 등 기존 휴대폰 강자들도 PC 시장에 뛰어들기 시작했다. 이른바 기술 융합에 따른 영역 파괴가 현실화되고 있는 것이다. 세계 최대 휴대폰 회사인 노키아는 최근 휴대용 넷북 '부클릿Booklet' 출시를 선언하고 PC 시장 공략에 나섰다. 노키아의 이러한 변신은 애플·삼성전자·LG전자의 스마트폰이 인기를 끌면서 기존 휴대폰 시장에서 노키아 등 휴대폰 회사들의 시장 점유율이 하락하고 수익성이 나빠지고 있기 때문이다. 노키아의 입장에서는 휴대폰 시장에서의 우위를 활용해서 전 세계 이동통신 판매망을 통해 PC 시장을 공략할 경우 충분히 승산이 있다고 보고 있다. 최근 가트너에 따르면 지난 2사분기 유럽의 넷북 판매량은 약 260만 대에 달하는 것으로 나타났다. 국내 이통업계의 한 관계자는 "노키아가 PC시장에 진출한 것은 놀랄 만한 것도 아니고 현 추세에서 볼 때 오히려 자연스러운 현상"이라며 "스마트폰과 넷북, 나아가 TV까지 포함하는 모바일 융합 대전이 글로벌 시장의 판도를 바꿀 수 있을 것"으로 내다봤다(《서울경제》 2009.8.25).

휴대폰과 TV가 융합된 모바일 TV, 넓은 의미로는 DMBDigital Multimedia Broadcasting는 현재 한국에서도 성공적으로 사업이 진행되고 있지만, 세계적으로도 휴대폰 시장의 변화를 주도할 중요한 트렌드로 간주되고 있다. 최근 발간된 각종 시장 전망 보고서에 따르면 세계 DMB 시장은 오는 2012년 1033억 달러에 이를 것으로 전망되고 있다. DMB는 지상파와 위성을 이용하여 동영상, 오디오, 데이터 등 다양한 멀티미디어 서비스를 제공하는 새로운 개념의 방송·통신 융합 서비스를 의미한다. 방송위원회는 2003년 2월 발표한 디지털 방송에 관한 종합 계획에서 DMB를 'CD 수준의 음질과 데이터 또는 영상 서비스 등이 가능하고 우수한 고정 및 이동 수신 품질을 제공하는 디지털 방식의 멀티미디어 방송'으로 정의하며 전송 수단에 따라서 지상파 DMB와 위성 DMB로 구분하고 있다. 현재 위성 DMB는 주로 휴대폰 망을 가지고 있는 휴대폰 사업자들이 주로 운영하고 있고, 지상파 DMB는 주로 TV 방송사들이 운영하고 있다.

DMB에 의해 제공되는 멀티미디어 서비스는 이용자가 이동 중에 차량용 전용 단말기, 휴대폰, DMB용 휴대용 전용 단말기, PDA 등으로 수신할 수 있다. 휴대폰에 의한 DMB 서비스는 스마트폰의 일부 기능으로 흡수될 수도 있지만, 차량용 전용 단말기 등을 이용해 좀 더 큰 화면으로 서비스 받을 수 있는 장점도 있어 별도의 분야로 자리 잡을 수도 있을 것으로 보인다. 또 한 가지 DMB가 방송 매체로서 갖게 되는 중요한 특성은 이동성과 더불어 방송 매체의 개인화에 있다. 다시 말해 기존의 TV나 새로운 IPTV의 경우에는 설치 장소가 주로 가족이 모인 열린 공간인 데 비해 DMB는 개인만을 위한 서비스이기 때문에, 개인화를 선호하는 젊은 세대들에게 의외로 어필할 가능성도 있다. 하지만 DMB의 밝은 장래를 위해서는 풀어야 할 과제도 만만치 않다. DMB가 풀어야 할 가장 큰 과제로는 전용 콘텐츠 개발을 들 수 있다. 다채널 다매체 시대에는 차별화되고 경쟁력 있는 콘텐츠를 수용자에게 편리하게 전달하는 것이 매체 성공의 핵심 역량이 될 것이기 때문이다.

"5년 후에는 현재 우리가 TV를 보는 방식을 두고 웃게 될 것이다."
스위스 다보스에서 열린 '2007 세계경제포럼'에서 빌 게이츠가 한 말이
다. 빌 게이츠가 지칭한 새로운 TV는 바로 인터넷과 TV가 융합된
IPTVInternet Protocol TV를 가리킨다. IPTV는 DMB와는 다른 의미에서 새
로운 패러다임의 변화를 주도할 것으로 전망되고 있다. DMB가 기존
TV 서비스를 이동 중에 시청할 수 있도록 한 것이라면, IPTV는 인터넷
의 특성인 정보의 양방향성을 TV에 추가한 것이다. 즉 이제까지의 TV
가 대중을 향해 일방적으로 정보를 제공하는 대중 미디어였다면, IPTV
는 시청자 개개인의 요구를 반영하는 개인 맞춤형 미디어라고 할 수 있
다. 즉 기존의 TV가 'One-Source Multi-Use'를 추구하는 반면, IPTV는
수많은 콘텐츠 중 소비자에게 적합한 것들만 선별하여 맞춤형 콘텐츠로
재구성하는 'Multi-Source Personalized-Use'를 추구한다. 따라서 기존
의 TV가 보는 TV였다면 IPTV는 사용하는 TV로 개념이 바뀌게 되는 것
이다. 또 인터넷의 입장에서 본다면 영상 플랫폼이 PC 중심에서 TV 중
심으로 바뀌게 되는 것이다.

IPTV의 가장 큰 특징인 양방향 방송 서비스는 기존의 TV가 제공하지
못했던 다양한 변화를 가져올 것이다. 우선 방송 프로그램이 진행 중일
때도 방송 내용과 관련된 정보를 시청자들에게 제공하거나 시청자들의
피드백을 프로그램에 반영할 수 있다. 또한 시청자들의 피드백에 의한
정확한 시청률 조사가 실시간으로 가능해 방송의 질을 획기적으로 높일
수 있다. 두 번째 중요한 변화는 광고에서 찾을 수 있다. IPTV에서는 광
고가 원하는 소비자에게 전달됐는지, 원하는 반응을 유도했는지 등의
효과를 측정하기가 용이하기 때문에 광고 효과를 높일 수 있다. IPTV에

의한 양방향 광고의 또 하나의 강력한 장점은 TV가 가진 감성적 접근과 직접적 판매, 물건을 팔고 난 후의 소비자 반응 등이 한자리에서 해결된다는 데 있다. 더 나아가 기존 TV 광고물의 경우 30초 안에서 시청자들에게 감정적 접근을 추구했으나 IPTV에서는 세부 정보를 가지고 이성적인 접근을 할 수 있다. 즉 시청자가 TV에 나타난 제품에 대한 자세한 정보를 요구하면 별도로 이를 제공할 수 있기 때문에 광고의 패러다임 자체가 변화할 수 있다는 것이다.

물론 현재 한국에서는 IPTV를 통한 비디오 중심의 동영상 서비스가 주를 이루기 때문에 이런 장점들을 충분히 살리지 못하고 있다. 프로그램이 생방송을 통해 제공될 때 IPTV의 장점을 충분히 살릴 수 있고, 그에 따라 가입자 수도 늘릴 수 있고, 수익성도 확보할 수 있을 것이다. 어느 매체나 마찬가지지만 4대 성공 조건으로는 풍부한 콘텐츠, 사용이 편리한 기기, 신규 소비 니즈 창출, 수익성 있는 비즈니스 모델 발굴을 들 수 있다. IPTV의 경우에는 제공되는 콘텐츠가 가장 중요한 성공 요인이라고 볼 수 있는데, 지상파 TV 방송 프로그램, 영화 등 시청자들이 일반적으로 요구하는 콘텐츠는 물론 다양한 UCC 제공으로 기존 TV와 차별화할 필요가 있다. 특히 지상파 방송 TV의 콘텐츠 제공 협력이 IPTV 성공의 필수조건이라고 볼 수 있는데, 이는 과거 위성방송과 위성 DMB 부진의 주요인이 지상파 TV 방송의 콘텐츠 제공 거부에 있었다는 데서도 알 수 있다.

2008년 11월 KT가 실시간 지상파 방송을 포함한 완전한 IPTV 서비스를 시작한 이래 KT · SK브로드밴드 · LG텔레콤 등 IPTV 3사의 가입자 수가 2009년 10월 9일에야 100만 명을 넘어섰다. 유럽과 미국의 IPTV 사업자들이 최근 가입자 수와 매출을 두 자릿수 이상 늘리며 급성장하고 있는 반면 우리나라의 IPTV 사업자들은 더딘 성장세를 보이고 있는 것이다. 예를 들어 프랑스텔레콤의 IPTV 및 위성방송 가입자 수는 2008년 6월 153만5000명에서 2009년 267만 명으로 74퍼센트나 급증했다. 또한 미국 버라이즌의 IPTV 가입자 수는 2008년 상반기 140만 명에서 2009년 6월 250만 명으로 거의 두 배로 늘었다. 외국 IPTV의 이러한 성장세는 콘텐츠에 대한 대대적인 투자 때문으로 분석되고 있다. 실제로 프랑스텔레콤은 2사분기 보고서를 통해 "1억5600만 유로(약 2700억 원)에 달하는 콘텐츠 구매가 경기 침체의 영향을 상쇄하는 역할을 했다"며 "특히 2008년 하반기 도입한 오렌지 시네마 시리즈 채널과 TV 스포츠가 큰 역할을 했다"고 분석했다. 따라서 한국에서 IPTV가 성공하기 위해서 가장 먼저 풀어야 할 과제는 지상파 TV와의 조속한 협상 마무리와 케이블 TV에 있는 주요 프로그램 공급업체들의 IPTV로의 전환이다(《서울경제》 2009. 8. 23).

IPTV의 특화된 서비스를 이용하기 위해서는 이미 익숙한 기존 TV 리모컨보다 훨씬 복잡한 기기를 사용해야 한다는 부담도 IPTV의 보급을 막는 큰 요인으로 작용하고 있다. 이는 IPTV가 기존의 TV보다 훨씬 다양한 서비스를 제공할 수 있다는 측면에서는 당연한 일일 수 있지만, IPTV의 필요성을 절감하고 있지 않은 일반 시청자들에게는 큰 부담으로 작용할 수 있다. 실제로 IPTV 이용자들의 불만 사항을 조사한 바에 의하면 첫 번째가 콘텐츠의 부족이고 두 번째가 바로 이용이 어렵다는 점이었다고 한다. 따라서 IPTV 업체들은 셋톱 박스와 TV를 통합한 일체형 TV를 내놓는가 하면, 리모컨을 단순화하는 등 사용자들의 편리성을 높이기 위한 방안을 잇달아 내놓고 있다. 또한 메뉴와 사용법을 대폭 단순화하고, 편리하도록 노력하고 있다. 더 나아가 LG전자는 2010년 4월부터 셋톱 박스가 내장된 '쿡TV 일체형 엑스캔버스' LCD 및 PDP TV를 출시할 계획이다. 일체형 TV는 셋톱 박스를 자체로 탑재하고 있기 때문에 기기 연결을 위해 복잡하게 선을 연결할 필요가 없고, IPTV 고객들이 별도로 지불했던 셋톱 박스 임대료 부담도 줄일 수 있다는 장점이 있다《서울경제》 2010. 1. 17).

신규 소비 니즈 창출과 수익성 있는 비즈니스 모델 발굴도 IPTV 업체들이 풀어야 할 과제다. 사실 IPTV 사업자는 콘텐츠 확보와 망 고도화 비용 때문에 조기 수익 창출이 어려운 상황이다. 기존 케이블 TV의 낮은 요금 체계 때문에 이용료를 올려서 수익성을 확보하는 것에는 한계가 있을 수밖에 없고, 아직은 적은 가입자 수와 IPTV의 양방향 광고 효과에 대한 인지도가 낮기 때문에 광고 수입도 크게 기대할 수 없는 상황이다. 따라서 수익성을 확보하기 위해서는 티 커머스T-Commerce를 통한 제품 판매로 수익성을 확보하는 전략을 택할 필요가 있다고 판단된다. 이는 단순히 PC 중심의 인터넷 쇼핑몰을 TV로 옮겨 놓은 것과 같은 의미의 전자상거래가 아니라, IPTV의 장점을 살리는 방향이라야 할 것이다. 최근 SK브로드밴드에서 사업자들이 누구나 자유롭게 영업할 수 있도록 하는 에코 시스템을 만든 것이 그 좋은 모델이 될 수 있을 것이다.

다음 장에서 좀 더 자세히 논의하겠지만, 새로운 기술이 밝은 장래를 약속하더라도 실제로 시장 확대에 맞춰서 회사의 수익성을 맞춰 가기는 상당히 힘든 경우가 대부분이다. IPTV 시장의 경우에도 현재는 시작 단계이기 때문에 수익성을 내기가 상당히 힘든 상황이지만, 가까운 장래에 새로운 유망 분야로 떠오를 소지는 충분히 있다고 보여진다.

양방향 TV 광고는 전통적 TV가 갖고 있는 한계를 극복함으로써 광고주와 소비자뿐 아니라 미디어 회사나 플랫폼 회사에게도 새로운 기회와 가능성을 가져다줄 것으로 전망되고 있다. 시장조사 전문 기관인 포리스트리서치의 자료에 따르면, IPTV의 전 세계 광고비는 2000년에는 587억 원이었는데, 2001년에는 4109억 원, 그리고 2005년에는 20조 원 규모로 성장했다. 한국의 경우를 보면 2008년 IPTV의 광고 시장이 190억 원에 불과했지만, 매년 두 배씩 증가하여 2015년에는 8531억 원으로 규모가 커져서, 7506억 원이 될 것으로 전망되는 케이블 및 위성 TV 광고 시장을 추월하게 될 것으로 예측되고 있다(KT경영연구소의 「광고, 커머스 시장 전망 및 이슈」 보고서 참조). 또한 IPTV가 일상화되면 e-Learning, 맞춤형 TV 포털 등 다양한 개인 서비스가 제공되면서 수익성이 급속히 올라갈 것으로 예측되고 있다.

기술 융합의 또 다른 방향으로는 하나의 콘텐츠를 사용자가 어떤 단말기를 사용하더라도 쉽게 받아볼 수 있도록 하는 것이다. 사용자의 편의를 극대화하는 방향이라고 볼 수 있다. 즉 기존 미디어의 영역 구분은 전달 매개체인 단말기에 의해 구분됐지만, 이제는 어떤 단말기를 통해서도 모든 서비스가 가능해지는 방향으로 가고 있는 것이다. 이런 융합의 트렌트를 반영하는 서비스 중의 대표적인 예가 3스크린 서비스다. 3스크린 서비스는 하나의 콘텐츠를 TV(IPTV·위성TV·DTV), PC, 휴대폰 등 다양한 유무선 플랫폼을 통해 언제 어디서나 받아볼 수 있는 서비스다. 3스크린 서비스는 미국 이동통신 사업자인 AT&T가 최초로 실시한 것으로, 현재는 국내외 여러 회사들이 3스크린 서비스를 제공하고 있다. 애플은 영화·음악·게임·도서 등의 다양한 콘텐츠를 자사 포털 사이트인 아이튠즈iTunes를 플랫폼으로 삼아 TV·PC·휴대폰으로 유통하는 3스크린 서비스를 제공하고 있다. 삼성전자는 유럽에서 휴대폰이나 PC에서 영화나 TV 드라마 등을 내려 받아 볼 수 있는 '무비 스토어 www.samsungmovies.com' 서비스를 시작했다. SK텔레콤은 기존 이동통신 서비스에 SK브로드밴드의 초고속 인터넷과 IPTV 서비스를 접목시켜 3스크린 서비스 인프라를 갖출 계획을 하고 있다. KT는 PC(쿡 인터넷), TV(쿡 TV), 모바일(SHOW), 차세대 인터넷 전화(SoIP) 채널을 묶는 4스크린 서비스를 준비하고 있다.

3스크린이나 4스크린 서비스가 하드웨어적으로 소비자의 편리를 도모한 접근이라면 소프트웨어적으로 접근한 제품의 대표적인 예로 태블릿 PC를 들 수 있다. 최근(2010년 1월 27일) 발표된 애플의 아이패드로 대표되는 태블릿 PC는 모니터, 본체, 키보드를 하나로 합친 신개념 PC로 스마트폰과 노트북 PC의 중간 형태를 취하면서 그 둘의 장점을 결합하고 있다. 즉 태블릿 PC는 인터넷 검색과 문서 작성 등 PC 기능뿐 아니라 동영상·음악 재생, 전자책 등의 기능을 가지면서도 최근의 트렌드인 모바일 기능을 겸비하고 있다. 더구나 스마트폰의 단점인 작은 화면과 PC의 단점인 휴대하기 힘든 점을 개선한 파격적인 제품으로 평가받고 있다.

태블릿 PC의 등장은 산업 전반에 지각 변동을 몰고 올 것으로 보인다. 태블릿 PC에 쓰이는 낸드플래시, LCD, 배터리의 수요가 크게 늘어나 대표적인 수혜 분야가 될 것으로 보이고, 시장 영역이 다소 겹치는 넷북과 전자책, 휴대용 게임기, 동영상 콘텐츠 제공업체들은 직접적인 타격을 입을 것으로 예상된다. 아이폰의 등장에서 나타났던 현상과 마찬가지로 태블릿 PC는 콘텐츠의 중요성을 한층 더 부각시킬 가능성이 높다. 이미 아이패드의 등장으로 전자책 시장에서 우위에 있던 아마존이 콘텐츠 제공업자인 맥밀란 출판사의 전자책 가격 인상 요구에 밀리면서 주가가 폭락하는 수모를 겪었다. 아마존은 그 동안 전자책 한 권당 '9.99달러' 판매 전략을 고수해왔으나, 애플이 전자책 서점 아이북iBook으로의 참여를 유도하기 위해 출판사 등에 판매 가격을 아마존보다 높은 12.99~14.99달러로 제안하고 판매에 따른 수익의 70퍼센트를 출판사 또는 개인에게 주기로 하면서 아마존이 양보를 할 수밖에 없는 상황으로 내몰리게 된 것이다. (아이패드 등장 이전 전자책 시장의 상황에 관해서는 251~253쪽 참조)

기술 융합의 궁극적인 진화 방향이 소비자의 욕구를 충족시키는 것이라 볼 때, 애플의 다음 작품은 아마도 아이티비iTV가 될 것이라는 게 전문가들의 예측이다. 애플이 앞으로 선보일 iTV는 TV를 아이패드와 아이폰, 맥북 등 기존의 애플 제품과 자유롭게 연결되도록 함으로써 그야말로 언제 어디서나 끊김 없이 콘텐츠를 받을 수 있게 한다. 즉 가정에서는 TV를 통해 콘텐츠를 내려 받고, 이동 중에는 아이폰이나 아이패드를 이용하는 등 애플이 제공하는 아이튠스, 앱스토어, 아이북 등에 있는 모든 콘텐츠를 이용할 수 있게 되는 것이다. 삼성전자, LG전자, 소니 등 기존 TV 업체들이 TV를 하나의 하드웨어로 인식하고 성능 개선에 주력하는 데 비해 애플은 콘텐츠를 즐기기 위한 장치로 TV를 인식하는 점이 iTV를 만들어내는 가장 큰 원동력이라고 볼 수 있다.

기술의 개발이나 기술 융합에 의한 새로운 기술의 탄생은 기존 사업 분야에 막대한 영향을 미치게 된다. 예를 들어 이동통신(휴대폰)의 발전으로 유선전화 사업의 후퇴를 경험한 KT는 통화료가 없거나 저렴한 인터넷 전화의 품질 향상으로 다시 한 번 심대한 타격을 입고 있는 상황이다. 따라서 KT는 KTF와의 합병을 통해 이동통신 사업을 강화하는 한편, 유선전화의 장점을 살리기 위한 다양한 사업 전략을 추진하고 있다. 그 전략의 하나로 유무선 통합의 FMC 기기를 통해 기기 하나로 집에서는 유선전화를, 집 밖에서는 휴대폰 통화를 할 수 있는 원폰 서비스를 제공하고 있다. 특히 기업에서는 아직도 유선전화의 사용이 많은 점을 감안해서 인터넷 전화로의 이탈을 방지하기 위해 기업용 FMC에 가입할 때 일반 전화 요금 대신 인터넷 전화 요금 체계를 적용하는 방안도 강구하고 있다. 더 나아가 비싼 스마트폰 대신 일반 휴대폰으로 무선 랜을 이용할 수 있는 단말기를 공급하고, 와이브로와 무선 랜, 3세대3G 이동통신을 휴대폰 하나로 할 수 있는 통합형 단말기를 출시하는 등 이용자들의 편의성을 최대한 높일 수 있는 방안을 찾고 있다. 이에 맞서 SK텔레콤과 LG텔레콤도 이동통신과 인터넷 전화를 결합한 원폰 서비스를 제공하고 있다. 원폰 서비스는 이용에 불편함이 없으면서 요금이 저렴하기 때문에 많은 호응을 받고 있는 것으로 나타나고 있다.

최근 이동통신 업체들이 무선 인터넷 사용을 억제하려는 움직임을 보이고 있다. 겉으로는 무선 인터넷의 무분별한 사용으로 인한 해킹 등의 부작용을 막겠다는 명분을 내세우고 있지만, 실제로는 무선 인터넷을 이용한 인터넷 전화의 확산을 막겠다는 속셈이라는 게 일반적인 분석이다. 실제로 무선 인터넷을 자유롭게 사용할 수 있게 되면, 통화료가 무료거나 극히 낮은 무선 인터넷 전화의 출현도 가능하게 된다. 유선전화가 유선 인터넷 전화의 출현으로 고전했듯이, 무선 인터넷 전화가 휴대폰 사업을 위협하게 된 것이다. 만약 무선 인터넷 전화가 허용된다면 휴대폰 업체들의 수익성은 심각한 위협을 받게 될 것이다. 현재로는 무선 인터넷 전화의 출현으로 인한 휴대폰 사업의 위기를 원하지 않는 휴대폰 업체와 정부 당국의 이해 덕분에 억제되고 있지만, 기술적으로 가능하고 소비자가 원하는 기술인 무선 인터넷 전화의 출현을 언제까지 막을 수 있을지는 미지수다. 새로운 기술의 출현에 항상 대비해야 하는 이유는 그 새로운 기술로 수익을 창출하기 위함이기도 하지만, 기존 사업에도 위협을 받을 수 있기 때문이다.

유비쿼터스 기술

미래 사회를 그리면 자주 나오는 장면 중의 하나가 밖에서 집 안의 가전기기들을 작동시키는 디지털 홈이다. 디지털 홈이란 가정 내의 모든 가전기기가 유무선 홈 네트워크로 연결되어 상호 또는 외부의 정보기기와 신호를 주고받아 원격 접근 및 제어가 가능하고, 음악·비디오·데이터 등과 같은 콘텐츠를 사용할 수 있도록 양방향 통신 서비스 환경을 구현하는 기술이다. 이러한 디지털 홈 서비스는 카메라·TV·오디오·세탁기·냉장고 같은 일반 가전기기들이 모두 디지털 기술을 기반으로 하기 때문에 가능하다. 아직은 일반화되고 있지 않지만, 많은 기업들이 디지털 홈이 미래 사업 분야로 성장할 것으로 예상하고 이에 대비하고 있다. 예를 들어 일본의 소니는 차세대 홈 네트워킹 시스템인 '코쿤Cocoon, Connected Community on Network'을 개발하고 있는데, 이 시스템은 A/VAudio/Video와 IT의 통합을 통해 모든 가전기기를 하나의 기기처럼 사용하는 것을 목표로 하고 있다. 한국에서도 건설 회사들이 새로운 사업 분야인 U-시티Ubiquitous City에 적용하기 위한 목적으로 디지털 홈에 많은 관심을 가지고 있다.

유비쿼터스ubiquitous는 'everywhere'라는 뜻을 가진 라틴어의 'ubique'에서 유래된 개념으로 1980년대 마크 와이저Mark Weiser가 유비쿼터스 컴퓨팅 개념을 소개하면서 일반화됐다. 유비쿼터스 컴퓨팅은 일상생활 속에 컴퓨터가 서로 연결되어 사람이 컴퓨터를 의식하지 않고 컴퓨팅 기술을 자연스럽게 이용할 수 있는 환경을 의미한다. 유비쿼터스 시스템은 사람과 사람 간 통신 서비스 중심 시스템이 아니고, 사람과 사물, 그리고 사물과 사물 사이의 정보 커뮤니케이션 중심 시스템이다. 유비쿼터스 시스템에서는 센싱, 커뮤니케이션, 지능적 정보 분석, 실행 제어가 결합하여 가치 사슬을 형성한다(디지털융합연구원, 『디지털 컨버전스 전략』). 어떻게 보면 기술 융합을 통해서 탄생하는 스마트폰, DMB, IPTV, 디지털 홈 시스템 등은 유비쿼터스 시스템으로 가는 과도기 기술이라고도 볼 수 있다. 다시 말해 모든 기술 발전의 최종 목표는 '언제, 어디서나, 어떤 미디어를 통해서, 어떠한 단말기로도 편리하고 경제적인 커뮤니케이션'을 가능하게 하는 유비쿼터스 시스템이라고 볼 수 있다. 최근 들어서는 칩 카드 기반의 휴대폰에 신용카드와 교통카드 기능을 추가하여 사용의 편리성을 강조하고, 내장된 대용량의 칩 카드에 개인 정보를 저장하여 기본적인 은행 거래뿐만 아니라 증권과 보험 같은 금융 포털 서비스로 제공 서비스의 범위를 확장할 수 있는 서비스가 제공됨으로써 휴대폰의 역할은 더욱 커지고 있다.

유비쿼터스 시스템이 완성되기 위해서는 센싱, 커뮤니케이션, 지능적 정보 분석, 실행제어가 결합한 가치 사슬을 형성하여야 한다. 즉 무선 자동 인식 시스템RFID, Radio Frequency Identification이 모든 기기 속에 들어가서 기기들끼리 서로 정보를 교환할 수 있어야 한다. 또한 입는 컴퓨터,

안경처럼 쓰는 컴퓨터 등으로 컴퓨터가 진화하고, 홀로그램 디스플레이 기술이 발달하여 안경이나 차 유리창에 데이터를 표시할 수 있는 정도가 되어야 한다. 그런 완벽한 기술이 개발되기 전까지는 휴대폰이 향후 전개될 유비쿼터스 정보 환경 속에서 각종 가전, 통신, 인터넷, 방송 등 제반 유무선 네트워크를 연동시키는 중심 매체로서의 역할을 할 가능성이 클 것으로 예측된다.

기술 융합 더 나아가 유비쿼터스 시스템이 실현되기 위해서는 하드웨어들끼리, 또 소프트웨어의 호환성이 확보되어야 한다. 이를 위해서는 하드웨어와 소프트웨어의 표준화가 선결되어야 한다. 다음 장에서 다루겠지만, 앞으로 새로운 기술의 우위는 기술력보다는 표준화 능력에 달려 있다고 해도 과언이 아니다. 아무리 뛰어난 기술을 가졌다고 해도 그 기술이 표준으로 채택되지 않으면 시장에서 밀려날 수밖에 없는 게 앞으로의 추세가 될 것이다. 이런 면에서 선도 기업의 프리미엄이 커질 것이며, 기업 브랜드와 국가적 뒷받침이 중요한 역할을 하게 될 것이다.

IT와 의료의 융합
u-healthcare

공상과학 소설이나 영화에서 보면 아침에 눈을 뜨는 순간 침대에 장착된 바이오칩 센서가 온몸을 스캐닝하여 혈압과 체온, 바이오리듬을 체크해 알려주는 장면이 나온다. 또 욕실에 들어가 변기에 앉아 용변을 보면 시료를 채취하여 분석하고 당뇨, 신장 기능이 점검된 후 곧바로 담당 병원의 단말기로 전송되어 이상 여부가 실시간으로 판별되고, 그 결과를 알려준다. 'u-헬스케어'는 신체의 건강에 관련된 정보를 각종 센서를 통하여 실시간으로 모니터링하고 그 결과를 각자의 개인 서버를 통해 인터넷으로 전송하여 가족 또는 의사가 관리할 수 있도록 해주는 개인 의료 시스템을 말한다(박영준 외, 『진화하는 테크놀로지』).

u-헬스케어 시스템은 각종 센서를 사용하여 인체의 정보를 수집하는 과정, 수집된 정보를 개인 휴대기기와 인터넷 망을 통해 전송하는 과정, 전송된 정보를 분석하여 필요한 조치를 내릴 수 있도록 해주는 과정의 3단계로 구별할 수 있다. 첫 번째 단계인 인체의 정보 수집을 위해서 개발되고 있는 기술로는 바이오센서와 휴대용 진단기기를 들 수 있다. 휴

대용 바이오센서는 기존의 진단 시스템을 소형화하여 작은 반도체 칩으로 만들어 휴대할 수 있도록 한 랩온어칩Lab-On-a-Chip 형태의 진단기기다. 바이오센서는 전문적인 연구실에서만 가능했던 진단 작업을 개인이 손쉽게 수행할 수 있도록 해준다. 최초의 바이오센서로는 1994년 미국 어피메트릭스Affymetrics사가 개발한 유전자 칩을 들 수 있다. u-헬스케어 시스템의 성공 여부는 효율적이고 경제적인 바이오센서의 개발 여부에 달려 있다고 봐도 과언이 아니다.

바이오센서 정도로 극히 작은 진단기기는 아니지만, 가정에서 값싸고 손쉽게 사용할 수 있도록 하거나 의사가 직접 환자를 진단할 수 있도록 하는 휴대용 진단기기도 u-헬스케어 시스템 정착을 위해 필요한 기술이다. 영국의 토마즈테크놀로지Toumaz Technology사는 이미 디지털 패치와 무선 신체 모니터링 기술을 사용하여 센시움Sensium이라는 헬스케어용 장비를 상용화시켜서 양질의 의료 서비스를 제공하고 있다(박영준 외, 『진화하는 테크놀로지』). 아무튼 바이오센서가 됐든, 휴대용 진단기기가 됐든, u-헬스케어는 기본적으로 진단기기들의 디지털화에 의해 촉발되고 있다. 과거에는 X선 촬영기, 위 내시경과 같은 진단기기들이 아날로그 형태의 진단 결과를 알려주면 의사가 눈으로 보고 이상 유무를 판별했다. 아날로그형 진단기기가 사용되던 시절에는 각 진단기기들 사이 또는 진단기기들과 컴퓨터 사이에 정보의 교환이 불가능했기 때문에 오프라인에서만 진단이 가능했다. 하지만 MRI, CT와 같은 최근의 진단기기들은 진단 결과를 디지털 형태의 데이터로 내놓기 때문에 컴퓨터로 데이터 전송과 처리가 가능하게 됐다

u-헬스케어의 두 번째 단계인 인체 정보 관련 데이터의 전송은 현재의 IT 기술로도 충분히 가능한 기술이다. 보다 나은 u-헬스케어 서비스를 제공하기 위해서는 세 번째 단계인 신뢰도 높은 의료 데이터베이스의 구축이 중요하다. 아무리 많은 정보가 취합되더라도 그 정보들을 활용해서 정확한 진단과 처방이 내려지지 못한다면 u-헬스케어의 효용성은 떨어질 것이기 때문이다. 아마도 이 부분의 기술은 u-헬스케어에 필요한 의료 데이터가 점차 축적됨으로써 해결될 수도 있다. 또 인공지능을 이용한 의료 데이터의 분석과 학습 경험 축적으로 머지않은 장래에 영화에서와 같은 질 좋은 의료 서비스를 받을 수 있지 않을까 기대가 된다.

한국전자통신연구원ETRI은 「신규 u-헬스케어 비즈니스 모델 개발을 위한 시장 수요 분석 보고서」에서 u-헬스케어의 국내 시장 규모가 2011년에 2조 원에 달할 것으로 전망했다. 하지만 u-헬스케어의 앞날이 밝은 것만은 아니다. 한국에서는 의료 행위를 공공의 이익을 위한 비영리 행위로 보고 있기 때문에, 영리를 목적으로 하는 IT 산업의 의료 분야의 적용에는 많은 장애 요인이 도사리고 있는 상황이다. 실례로 u-헬스케어에 의한 진료는 의료보험 청구 대상이 되지 않고 있는 상황이다. 하지만 해외에서는 u-헬스케어 시장의 중요성을 인식하고, u-헬스케어 분야의 육성을 위해 많은 투자를 하고 있다. 일본의 경우에는 JAHISJapan Association for Healthcare Information System Industry에서 u-헬스케어 관련 표준화 작업을 수행하고 있다. 미국의 경우에는 1993년 ATAAmerican Telemedicine Association라는 u-헬스케어 관련 단체를 설립해 운영하고 있다. 또한 2003년에는 u-헬스케어 관련 법안을 통과시켜 u-헬스케어 산업 육성을 위한 법적 기초를 마련했다. 영국은 1999년 e-Health협회UKeHA, UK e-Health Association를 설립했으며, 전자 의무기록, 전자 처방, 원격 의료상담, 의료 영상의 디지털화를 위해 향후 10년간 550억 파운드(약 110조 원)를 투자하기로 했다.

사회 전체적인 u-헬스케어 시스템 구축과는 별개로 최근 각광받고 있는 마이크로 블로그(휴대폰이나 인터넷으로 짧은 글을 올리는 트위터, 미투데이 등 미니 블로그)를 통한 의료 관련 실시간 상담이 확산되고 있어 주목을 끌고 있다. 디지털 네이티브족이라 불리는 젊은 층을 중심으로 가벼운 의료 문제는 의사를 직접 찾아갈 필요 없이 바로 실시간 상담을 받고 있다. 이러한 추세를 들여다볼 수 있는 기사를 소개한다.

청진기 대신 아이폰 들고 트위터 이용 실시간 처방

"졸려서 타이레놀을 먹었는데 잘못한 건가요?"

"하하하…. 타이레놀에는 각성효과가 없어요. 커피나 초콜릿을 드셔보는 건 어떨까요."

한 환자의 다소 황당한 질문이 마이크로 블로그(휴대전화나 인터넷으로 짧은 글을 올리는 미니 블로그) '미투데이'에 올라온다. 정혜진 원장(32)은 아이폰을 통해 실시간으로 댓글을 달았다. 김승범 원장(33)도 이에 질세라 상담에 나선다. 두 사람은 홍대 앞 놀이터 인근에 위치한 '제너럴 닥터' 의사들이다. 이곳에서 두 사람은 홍대인 생활 패턴에 맞게 오후 2시부터 밤 10시까지 진료를 하고, 직접 커피를 내리고 때론 음식도 만든다.

가운 대신 청바지와 셔츠를 입은 이들은 '친구 같은 의사'가 되고 싶어 지난해부터 인터넷으로 환자들과 소통에 나섰다. 보통 병원 진료실에선 시간 관계상, 엉뚱해 보일까 봐, 혹은 의사가 귀찮아할까 봐 하기 힘들었던, 하지만 환자 처지에선 궁금한 질문이 있는 그대로 쏟아진다. 역시 일반 병원에선 기대하기 힘든 성실하고 친절한 의사 상담이 댓글로 바로바로 달린다.

(중략)

인터넷과 IT를 활용하게 된 것은 트위터, 미투데이 등 마이크로 블로그가 나오면서부터다. 양방향 소통이 가능해지자 두 사람은 지난해부터 커다란 애플 컴퓨터를 들여다 놓았고 SNS 친구들에게 시시콜콜 잔소리를 하기 시작했다. 환자 블로그를 방문해 그의 일상을 관찰하고, 위장병 환자가 블로그에 회식자리 사진을 올리면 곧장 '조심하라'고 경고를 날린다. 병은 알릴수록 치료에 도움이 된다는 게 이들 지론이다.

미투데이가 환자와 의사가 일상을 공유하는 공간이라면 블로그는 좀 더 차분한 공간이다. 환자들이 알고 싶어 하고 자주 물어보는 질문에 좀 더 꼼꼼한 답변을 남긴다. '신종 플루 검사 결과 음성인데 타미플루를 계속 먹어야 할까요' '병원에서 검사를 받기 전에는 꼭 굶어야 하나요' 같은 질문이 올라오면 두 사람은 경험을 바탕으로 조언을 남기고 동영상과 사진, 만화를 직접 그려 진료를 하기도 한다. 《매일경제》 2010. 1. 11.

IT와 자동차의 융합
지능형 자동차

현대인에게 필수적인 3대 기술 제품을 들라면 아마도 컴퓨터, 휴대폰, 자동차를 들지 않을까? 그만큼 자동차는 이제 편리한 기계를 넘어 필수품이 되고 있기 때문에 발전된 IT 기술을 융합하는 것은 너무도 당연한 일일 것이다. 자동차에 IT 기술이 적용된 것은 아주 오래 전부터라고 볼 수 있다. 실제로 1970년대에는 전자장치가 자동차 생산원가의 2퍼센트만을 차지했던 데 비해 최근에는 생산원가의 30퍼센트 이상을 차지하고 있는 실정이다. 이제 자동차는 단순한 기계 덩어리가 아니라 기계에 전자 기술을 더한 스마트한 자동차를 지향하고 있다.

이렇게 IT 기술을 적용하여 안전성과 편의성을 추구하는 자동차를 지능형 자동차라고 부른다. 지능형 자동차의 최종 목표는 '무인 자율주행'을 통해 사고를 완벽히 없애는 것이다. IT 기술이 발전됨에 따라 멀지 않은 장래에 무인 자율주행이 인간이 운전하는 것보다 더 안전한 날이 올 것이라고 예상하고 있다. 최근에는 무인 자율주행까지는 아니더라도 주변 차량과의 거리 등 주위의 교통 환경을 감지해 주행 안전성을 극대화시킨 고안전 지능형 차량ASV, Advanced Safety Vehicle이 개발되고 있다. 또한 도로에 교통량을 측정하는 장치를 설치해 교통 흐름을 원활하게 하는 첨단교통 시스템ITS, Intelligent Transport Systems도 넓은 의미에서는 지능형 자동차의 범위에 포함시킬 수 있다.

하지만 현재 지능형 자동차에 가장 유용한 시스템은 자동차용 종합 정보 시스템인 텔레매틱스Telematics라고 볼 수 있다. 텔레매틱스는 원래 'Telecommunications'와 'Informatics'를 결합한 말인데, 최근에는 그 본래의 뜻과는 조금 다르게 자동차 이용자를 대상으로 특화된 종합 서비스를 의미한다. 텔레매틱스는 자동차에 부착된 통신기기에 초고속 인터넷을 통해 교통 정보, 안전, 엔터테인먼트, 생활 정보, 원격 고객 관리 등 다양한 콘텐츠를 제공하는 서비스다. 텔레매틱스로 인해 자동차의 내부 공간이 외부 세계와 연결되면서, 자동차 회사들은 기존의 제조업 개념에서 탈피하여 서비스업으로 그 개념을 확장할 필요성을 느끼고 있다. 현재 자동차 제조 회사들은 고객 관계 관리CRM를 강화함으로써 자사 고객을 유지하기 위한 보조적 경쟁 수단으로 텔레매틱스 서비스를 제공하고 있다. 하지만 소비자들을 주도할 만한 통신 콘텐츠와 수익성이 충분히 확보되면 방송 사업자나 정보통신 사업자들이 적극적으로 텔레매틱스의 공급자로 나설 가능성도 배제할 수 없다.

아직까지는 네비게이션, DMB로 대표되는 초기 단계의 텔레매틱스 서비스가 제공되고 있지만, 조만간 차량 내 무선 인터넷 제공, 내비게이션 지도 무선 업데이트, 고품질 멀티미디어 콘텐츠 서비스 등 한 차원 높은 텔레매틱스 서비스도 제공될 것으로 예상된다. 텔레매틱스 시장의 확대를 위해서는 자동차 제조 회사와 이동통신 회사 그리고 통신기기 회사 사이의 협력이 필수적이다. 이런 필요성을 감안해서 국내 자동차 회사와 이동통신 회사 사이의 제휴 관계가 활발하게 형성되고 있다. 현대자동차와 KT는 2012년부터 출시되는 최고급 차량에 KT의 와이브로와 3세대3G 이동통신인 WCDMA, 무선 랜Wi-Fi 통신이 탑재된 고속 텔레매틱스 서비스를 제공하기로 협약을 한 상태다. 이에 맞서 최근 SK텔레콤은 르노삼성자동차와 전략적 제휴를 맺고 휴대폰을 이용해 자동차를 제어할 수 있는 '모바일 텔레매틱스'를 선보였다. 아무튼 텔레매틱스가 발전하게 되면 이제 자동차는 단순한 운송 수단이 아니라, 제2의 거실 또는 사무 공간으로 재탄생하게 될 것이다. 그야말로 자동차Car와 누에Cocoon가 합쳐진 안락한 공간Carcoon으로 변모하게 되는 것이다. 하지만 한편으로는, 이제까지는 자동차를 운전하는 동안 음악도 듣고 쉴 수도 있었지만, 텔레매틱스 서비스에 의해 오히려 자동차에서도 일을 해야 하는 건 아닌지 하는 우려가 되기도 한다.

북미와 유럽에서는 1990년대에 이미 텔레매틱스 시장이 시작됐지만, 한국은 2001년에 상용화가 됐다. 국내 텔레매틱스 시장은 2004년에 4.6억 달러에서 연평균 86퍼센트 고속 성장하여 2007년에는 30억 달러 규모에 이르고 있다. 미국의 경우에는 2005년에 55억 달러, 2010년에는 146억 달러에 이를 것으로 예측되고 있다. 가입자 수로 보면 한국의 경우에는 2005년에 100만 명이었다가 2010년에는 1000만 명으로 늘어날 것으로 전망되고 있다. 미국의 경우에는 2005년에 1300만 명이었다가 2010년에는 4400만 명이 될 것으로 예측되고 있다. 일본, 유럽 등도 비슷한 속도로 시장이 커질 것으로 보인다.

IT와 기계의 융합
로봇

    공상과학 소설이나 영화에 꼭 등장하는 단골 메뉴 중 하나가 바로 로봇이다. 인간을 닮은 기계, 인간처럼 행동할 수 있는 기계는 먼 옛날부터 인간의 꿈이었다. 하지만 영화 속에 등장하는 로봇은 인간과 대립하여 인류 멸망의 원인으로 작용하는 모습으로 그려지는 경우가 많다. 영화 〈터미네이터〉 〈아이 로봇〉 〈스텔스〉 등에서는 로봇이 인류 종말의 위기를 가져오는 것으로 그려지고 있다. 인간과 흡사하기 때문에 인간에게 꼭 필요하지만, 그 때문에 인간이 두려워하는 존재가 바로 로봇이라고 여겨지는 것이다.

    그렇다면 로봇이 인류의 멸망을 초래할 정도로 인간과 똑같은, 아니 인간보다 뛰어난 존재가 될 수 있을까? 아직까지는 그 누구도 장담할 수 없는 문제다. 로봇 공학 전문가인 한스 모라벡에 따르면 20세기 로봇은 곤충 수준의 지능을 갖고 있지만, 21세기에는 10년마다 세대가 바뀔 정도로 지능이 향상될 전망이다. 즉 2010년까지 1세대, 2020년까지 2세대, 2030년까지 3세대, 2040년까지 4세대 로봇이 개발될 것으로 보고 있다(이인식, 『지식의 대융합』). 3세대 로봇은 원숭이 정도의 지능을 갖게 되며, 4세대 로봇은 사람과 비슷한 지능을 가진다고 보고 있다. 게다가 유엔미래포럼의 예측에 따르면 2030년에는 로봇의 수가 사람의 수보다 많아지게 된다고 한다. 따라서 2040년 이후에는 지구의 주인이 인간에서 로봇으로 바뀌게 될 거라고 미래학자들은 예측하고 있다.

여기서 로봇 때문에 인류가 망할 것이냐 말 것이냐를 따지는 것은 탁상공론에 불과할 수도 있다. 그건 30년 이상 먼 훗날의 일이고, 그때까지 어떤 상황이 벌어질지도 알 수 없을뿐더러, 그때가 되면 인간과 로봇의 구분이 없어질 수도 있으니까 말이다. 따라서 여기서는 현재의 로봇 기술 수준이 어느 정도이고, 어떤 방향으로 발전하고 있는지에 대해 간략하게 살펴보려 한다. 로봇 전문가들에 따르면 2000년부터 청소 로봇과 애완 로봇을 중심으로 서비스 로봇 시장이 형성되기 시작했으며, 2010년쯤에는 사람의 건강과 복지에 도움이 되는 서비스 로봇이 본격 보급되고, 2020년경에는 개인용 로봇이 각 가정에 필수적인 존재가 되어 1가구 1로봇 시대가 개막될 것으로 전망하고 있다(이인식, 『미래 교양 사전』). 즉 현재는 인간과 같은 로봇 개발보다는 부분적으로 인간의 기능을 대신하거나 보조하는 역할을 하는 로봇 개발이 주를 이루고 있다. 현재 개발되고 있는 로봇으로는 산업용 로봇, 지능형 청소 로봇, 안내 로봇, 노인 도우미 로봇, 수술 로봇, 경비 로봇, 학습 로봇, 가사 도우미 로봇, 위험 업무 로봇, 군사용 탐지 로봇, 군사용 전투 로봇 등을 들 수 있다.

대표적인 산업용 로봇으로는 자동차 조립 공장의 용접 로봇을 들 수 있다. 프로그램에 의해 기계를 절삭하거나 가공하는 지능형 선반도 산업용 로봇이라 볼 수 있다. 제조 라인의 자동화에 따라 앞으로 산업용 로봇은 점점 더 많이 보급될 전망이다. 자기가 알아서 장애물을 피해 다니면서 방 안의 먼지를 빨아들이는 청소 로봇은 이제 흔하게 볼 수 있게 됐다. 거동이 불편한 환자 대신 청소와 집안일을 해주는 성인 여성과 동일한 팔과 손을 가진 로봇 간호사가 개발되고 있다. 일본 와세다대학의 시게키 스가노 박사 연구팀이 개발한 휴머노이드(인간형) 트웬디 원 Twendy-One은 고령화 사회에 대비한 서비스 로봇으로 거동이 불편한 독거노인과 환자의 간호가 주요 임무다. 현재 사용자의 명령에 따라 안전하게 약물과 음료수를 가져올 수 있으면서 가정의 일상적 업무를 처리할 수 있도록 기능을 개선하고 있는데, 10년 내 상용화를 목표로 개발되는 중이다.

그림 3-1 한국과학기술원에서 개발한 가사도우미 로봇

(《매일경제》 2010년 1월 17일)

한국에서도 가사도우미 로봇 개발에 어느 정도 성과를 거두고 있다. 한국과학기술연구원KIST 인지로봇센터 유범재 박사 팀은 가전기기를 조작할 수 있는 분산형 휴머노이드 로봇 '마루 Z'를 개발했다. 국내 첫 가사도우미 로봇인 마루Z(오른쪽)는 커피와 토스트 등을 들고 걸어 다니는 휴머노이드 로봇이다. 이는 바퀴로 움직이

는 마루M(왼쪽)에 비해 훨씬 진화된 형태라고 볼 수 있다. 마루Z는 고속 삼차원 물체 인식과 시각을 통한 행동제어, 원격 전신 동작 제어 등 첨단 기술을 탑재하고 있다(《매일경제》 2010. 1. 17).

수술 로봇도 현재 개발되어 실제 현장에 활발하게 적용되는 분야 중하나다. 《사이언스타임즈》에 실린 로봇 수술의 권위자인 연세대 세브란스병원 비뇨기과 나군호 교수의 말(2009. 2. 24)을 인용하여 한국 수술 로봇의 현주소를 잠깐 살펴보자. 나 교수는 수술 로봇을 사용하여 500회 이상 복강경 수술을 했다고 한다. 수술 로봇의 장점으로는 의사의 미세한 손 떨림으로 인한 의료사고 방지, 적은 출혈 및 수혈, 입원 기간의 단축, 환자를 정상 생활로 빨리 복귀시킬 수 있는 것 등을 들고 있다. 또한 10~15배 확대된 3차원 영상을 활용하기 때문에 정교한 수술을 할 수 있다고 한다. 수술 전에 진단기기를 통해 얻은 수술 부위에 대한 이미지를 활용할 수 있는 것도 큰 장점이라고 설명한다. 개선되어야 할 문제로는 수술 의사가 촉각을 느낄 수 없다는 점을 들었다. 아직까지는 외과의사가 수술하는 것을 보조적으로 돕는 차원에 머물고 있지만 향후 로봇 수술은 로봇 스스로 하는 시스템으로 바뀔 것이라고 한다. 또한 앞으로는 체내에서 사용될 수 있는 로봇 개발이 필요하다고 말하고 있다.

현재 세계 수술용 로봇은 미국 인투이티브서지컬Intuitive Surgical, Inc.의 '다빈치'와 국내 업체인 큐렉소가 미국 ISS로부터 기술을 인수해 생산 중인 '로보닥'이 대표주자인데, 2010년 한국의 지능형 로봇 전문 업체인 인터리서치가 순수 국내 기술로 수술용 로봇 '로만-MD'를 개발해서 임상 실험 중에 있다. 특히 로만-MD는 기존 수술용 로봇과 달리

의사의 팔 모양 및 크기를 모티브로 휴머노이드 형태로 제작되었으며 크기는 다빈치의 10분의 1, 로보닥의 3분의 1 수준, 무게도 7.5킬로그램에 불과하다. 더구나 다빈치의 가격이 40억 원, 로보닥은 20억 원 수준을 호가하는 데 반해, 로만-MD는 1억 원 수준이어서 대형 병원뿐만 아니라 중견 병원에서도 부담 없이 도입할 수 있어서 수술용 로봇의 대중화에 크게 기여할 것으로 보인다. 인터리서치사는 해마다 30퍼센트씩 성장해 2011년 28억 달러 규모가 될 것으로 추정되는 세계 의료 로봇 시장에서 유리한 위치를 차지할 것으로 기대하고 있다《서울경제》2010. 1.18).

위험 업무 로봇이나 군사용 탐지 로봇 등도 로봇의 용도를 제대로 활용할 수 있는 분야다. 심해에서 위험한 활동을 하거나, 화재 현장에서의 구호 활동, 지뢰 매설 지역에서 지뢰를 찾아내는 활동 등에 로봇을 활용할 수 있다면 귀중한 인명을 희생시키지 않으면서 꼭 필요한 목표를 달성할 수 있는 좋은 방안이 될 것이다. 특히 한국의 경우에는 남북통일 이후 비무장 지대에 묻혀 있는 지뢰를 찾는 방법으로 지뢰 탐지용 로봇을 개발하는 것이 가장 좋은 해결책이 될 수 있다. 미국은 무인 폭격기를 비롯한 군사용 로봇의 개발에도 관심을 갖고 있다. 선진국에서는 로봇이 전쟁에 동원되고 후진국에서는 사람이 동원됨으로써 사람과 로봇이 전투를 벌이는 상황이 될 거라면 좀 끔찍하다는 생각이 들기도 한다.

이렇게 부분적인 기능을 갖는 로봇이 실용화되고 있지만, 인간처럼 무슨 일이나 처리할 수 있는 로봇이 개발될 것으로 기대하는 사람들도 많이 있다. 이러한 목적을 위한 지능형 서비스 로봇은 IT 기술을 기반으로 언제 어디서나 나와 함께 하며 나에게 필요한 다양한 서비스를 제공하는 로봇URC, Ubiquitous Robotic Companion의 개발을 통해 달성될 수 있다. URC는 기존 로봇 개념에 네트워크를 부가함으로써 모빌리티와 휴먼 인터페이스가 향상된 로봇 시스템으로 진화하는 것이다. 하지만 인간을 본뜬 로봇 제작은 인간 뇌에 대해 완전히 이해한 후에나 가능할 것으로 보이기 때문에 아직은 요원한 길이라고 생각된다.

미국의 로봇 산업은 산업 시대에 요구됐던 산업용 로봇 시대를 지나 다양한 서비스를 제공하는 지능화된 로봇 개발에 박차를 가하는 단계라고 한다. 로봇 개발에 가장 열성적이면서 가장 앞서 있는 일본은 세계 산업용 로봇의 약 60퍼센트, 전체 로봇 시장의 약 50퍼센트를 점유하는 등 세계 로봇 시장에서 독보적인 우위를 차지하고 있다. 한국은 기계 산업과 IT 산업을 기반으로 로봇 산업을 발전시킬 잠재력은 갖고 있지만, 아직은 초보 단계에 머물고 있다. 2004년 한국과학기술원KAIST이 휴머노이드 로봇인 '휴보'를 개발한 이래 최근(2009년)에 달릴 수 있는 휴머노이드 로봇인 '휴보2'를 개발했다. 로봇이 달리도록 하는 기술은 상당히 어려운 기술인데, 일본 혼다의 '아시모'는 지난 2004년에, 도요타의 '파트너'는 2009년 8월에 달리기에 성공했다. 한국은 달리는 로봇 개발에 세계에서 세 번째로 성공했지만, 그만큼 일본과의 기술 격차를 보여주고 있는 셈이다. 더구나 '휴보2'는 '아시모'에 비해 달리는 속도가 2배 느리다고 하니 그 격차가 더욱 실감난다.

하지만 한국도 점차 로봇의 성장 잠재력과 중요성을 인식하고 로봇 개발에 연구 역량을 집중하고 있다. 지식경제부 주최로 2010년 1월 15

일 서울 양재동 교육문화회관에서 열린 로봇 융합 포럼에서 미래 로봇 시장 예측 용역 결과와 향후 10년간 개발될 각 산업별 로봇 제품 로드맵 초안을 논의했다. 이 로드맵 초안에 따르면 농업 분야에서는 앞으로 제초·시비·이앙 로봇(2013년 상용화), 착유 로봇(2016년), 벼 수확 로봇(2018년), 과수 수확 로봇(2018년)이 개발된다. 의료 분야는 수술 보조(2012년), 캡슐형 치료(2015년), 장애인 생활 보조(2018년) 기능을 갖춘 로봇 연구가 이뤄진다. 가정에 보급될 로봇 제품으로는 청소 로봇(2011년), 집사 로봇(2015년), 정원사 로봇(2015년), 운동 경기 상대 로봇(2015년), 통학 보조 로봇(2018년), 정리 정돈 로봇(2018년) 등이 개발될 예정이다. 이밖에 양식장 청소 로봇(2011년), 소방 로봇(2012년), 어군 탐지 로봇(2015년), 주차 서비스 로봇(2017년), 자율 연기 로봇(2018년), 대형 공중부양 로봇(2018년)과 각종 교육용 로봇 등도 수년 내 상용화할 것으로 전망하고 있다(《서울경제》 2010. 1. 16).

사업을 위한 기술

앞에서는 주로 기술에 관해 이야기했다. 공학, 즉 기술을 어떻게 이해해야 할 것인가 하는 문제부터 미래의 기술은 어떻게 발전할 것인가 하는 문제에 대해서 살펴보았다. 물론 사업적인 관점에서 기술을 살펴본다고 했지만, 그래도 기술 위주의 이야기가 주를 이루었다. 이제부터는 그런 기술들을 활용해서 어떻게 사업화할 것인가, 사업화와 기술이 어떤 연관성을 가져야 하는가 하는 문제에 대해서 짚어볼까 한다. 사실 이 논제는 그리 다루기가 쉬운 주제는 아니다. 또 어떻게 보면 기존의 여러 교육 과정에서 기술의 사업화에 대해 다루고 있기 때문에 진부한 내용이 될 수도 있다. 하지만 여기서는 실무적인 관점이 아닌, 좀 더 총괄적인 차원(?)에서 이 주제를 다루어볼까 한다.

필자는 1970년대에 대학을 다니고, 1980년대에 시멘트 공장에 취업해서 공장 생활을 하고, 연구소에서 근무하다가 유학을 다녀왔다. 그 후 경기화학(현재는 KG케미칼로 회사명이 바뀜)에서 연구소장을 하다, 신규 사업을 맡아 경험을 쌓고 1997년에 창업했다. 필자가 이렇게 거창하게 이력을 밝히는 이유는 시대를 거쳐가면서, 또 엔지니어에서 사업가로, 급여를 받는 입장에서 급여를 주는 입장으로 바뀌면서 세상을 바라보는 눈이 달라졌다는 얘기를 하고 싶어서다. 우선 1980년대에 시멘트 공장에서 근무할 때는 그저 시멘트를 어떻게 싸고 좋게 제조하느냐가 가장 큰 관심거리였다. 그걸 어떻게 팔고, 시멘트라는 제품의 운명이 앞으로 어떻게 바뀔지에 대해서는 별로 관심이 없었다. 그건 필자가 걱정해야 될 문제가 아니고, 영업부나 경영자들이 걱정해야 될 문제라고 생각했기 때문이다. 더구나 당시에는 건설 경기가 한참 좋았던 시절이라서 생산시설도 계속 증설하는 중이었고, 만들면 팔린다는 생각이 지배적이었다.

하지만 이런 생각은 경기화학에서 사업부를 맡고 나서 달라지기 시작했다. 일단 필자가 개발하고 판매를 담당했던 건설화학제품(혼화제)은 기존에 시중에서 유통되고 있던 수입 제품과 비교할 때 품질은 비슷한데, 가격은 70퍼센트 수준이었다. 엔지니어인 필자 입장에서 볼 때는 필자가 판매하고 있던 제품이 한국 시장을 싹쓸이했어야 했다. 그런데 거의 2년간 고전을 면치 못했다. 나중에 깨달은 아주 평범한 진리는 '고객은 제품을 사는 게 아니라 신뢰를 산다'는 것이었다. 특히 최종 완제품 형태가 아닌 중간 원재료인 경우에는 그 중간 원재료로 인해 최종 제품에 문제가 생길 수 있기 때문에 기존에 쓰고 있던 제품을 잘 바꾸려 하지 않는다는 사실을 알게 됐다. 필자가 가져다 준 중간 원재료로 실험실에서 결과가 잘 나왔다 하더라도, 만에 하나 실제 공정에서 문제가 생길 수 있기 때문이다. 그 후 우여곡절 끝에 몇몇 공장에서 필자가 판매하던 제품을 사용하기 시작하면서 한국 시장의 대부분을 차지하게 됐지만, 만약 필자가 소규모 자본으로 창업하여 사업을 시작했더라면 실패했을 수도 있었겠다는 생각이 든다.

이런 쓰라린 경험은 창업을 하는 데 큰 참고가 됐지만, 창업은 또 다른 차원의 문제였다. 여러 가지 어려운 점이 있었지만, 가장 큰 문제는 필자 개인이 고객들에게 신뢰를 주기 위해서는 시간이 필요했다는 것이다. 다행히 제품을 경기화학의 건설화학제품과는 차별화되는 특수 첨가제로 선택했고, 제조도 지인의 회사에서 아웃소싱을 했기 때문에 다시 2년여의 시간을 버틸 수 있었고, 자리를 잡을 수 있었다. 이런 얘기를 장황하게 늘어놓는 이유는 사업에서는 고객의 중요성이 너무도 크다는 것을 강조하기 위해서다. 물론 그걸 모를 사람이 어디 있느냐고 반문할지도 모르지만, 그걸 머리로 이해하는 것과 몸으로 체득하는 것과는 천양지차라는 걸 필자가 몸소 체험했다는 것을 강조하고자 하는 것이다.

경기화학에서 판매했던 제품은, 당시 일반적으로 제품 개발의 정석으로 통했던, 비싼 수입 제품을 대체하는 용도였다. 수입 제품에 비해 품질은 비슷하고 가격은 훨씬 싼 조건이면 제품 개발 측면에서는 성공적이라고 볼 수 있었지만, 실제 판매에서는 고전을 면치 못했다. 필자가 창업한 후 개발해서 판매했던 제품도 건설 현장에서 필요한 특성, 즉 높은 콘크리트 강도와 좋은 작업성을 만들어주는 특성을 가지고 있었지만, 실제 현장에 적용하기까지는 2년여의 세월이 필요했다. 제품 개발은 성공적이었지만 사업적으로는 시행착오를 겪은 셈이다. 2년여의 시간이 흘렀지만 자리를 잡았으면 된 것 아니냐고 반문할지 모르겠지만, 사업에서 2년의 세월은 결코 짧은 기간이 아니다. 단 몇 개월의 고비를

넘기지 못하고 쓰러지는 회사가 얼마나 많은지 생각해보면 그 심각성을
이해할 수 있을 것이다.

기술보다 시장이 우선이다

제품이나 기술보다 고객이 중요하다는 사실을 더욱 절실하게 깨달은 것은 사업이 어느 정도 자리를 잡고, 새로운 사업을 추진하면서였다. 앞서 말했듯 필자는 처음에 시멘트 회사를 다니다가, 건설화학제품 제품을 개발하고 사업화하는 과정을 거쳐, 건설화학제품을 가지고 창업했다. 세 군데 회사를 거쳤지만 모두 기술도 동일하고 시장도 거의 같았다. 보는 관점은 약간 달랐지만, 만나는 사람들도 거의 비슷했고, 기술도 어디서나 써먹을 수 있었다.

그런데 근본적인 문제는 하수슬러지를 재활용하는 환경 사업을 시작하면서 발생했다. 필자가 시멘트 관련 기술자라는 걸 아는 주위 사람이 하수슬러지의 고화처리 기술 개발을 의뢰하면서 하수슬러지 재활용 사업에 뛰어들게 된 것이다. 사실 하수슬러지는 기술적으로 보면 시멘트 기술자인 필자 입장에서 상당히 흥미로운 테마였다. 그리하여 3년여에 걸친 노력 끝에 하수슬러지를 흙으로 만드는 경제적인 기술을 개발했다. 문제는 개발이 끝나고 보니 개발을 의뢰했던 사람이 이미 그 업계를 떠나버린 것이었다. 개발한 기술이 다른 경쟁 기술에 비해 경쟁력이 뛰어나다는 자부심이 생기면서 개발한 기술을 사장시키는 것이 아쉬워 사업화를 시작했는데, 사업은 시작부터가 난항이었다.

우선 주 고객층이 달라지면서 적응하기가 힘들었다. 기존 사업인 건설화학제품은 공장의 기술자들이 주 고객이었다. 그들에게는 기술적인 면이 중요했고, 그들과는 정서적으로도 어느 정도는 통하는 면이 있었다. 그런데 하수슬러지 재활용 사업의 주 고객은 지방자치단체의 공무원들이거나 건설회사 또는 설계회사였다. 화학제품을 다루던 필자로서는 정서적으로 접근이 잘 되지 않았다. 영업 과정도 엄청나게 복잡했다. 건설화학제품은 담당자와 접촉을 해서 어느 정도 품질이 만족이 되면 가격 협상을 하고 바로 납품할 수 있었다. 그런데 하수슬러지 재활용 사업은 시설을 정부기관에 납품하는 것이기 때문에 타당성 검토, 기본 설계, 입찰 등 여러 단계를 몇 년 동안 진행해야 하는 것이었다. 입찰하는 방법도 다양해서 처음에는 잘 이해가 되지 않았다. 한마디로 고객이 달라짐으로 인해서 기존에 필자가 가지고 있던 강점을 하나도 발휘할 수 없었다. 아니 적응하느라 시간과 비용만 들고 효과가 없었다. 기술은 처음 개발 단계에서만 써먹었을 뿐이고, 정작 돈을 벌 수 있는 마케팅 단계에서는 별로 도움이 되지 않았다.

필자가 얻은 결론은 신규 사업을 시작할 때는, 물론 여러 다른 경우도 있겠지만, 기술보다는 시장이 중요하다는 것이었다. 새로운 사업을 시작할 때 기존 사업과 관련된 기술을 개발하고 그에 맞는 시장을 개척하는 것보다는, 자신이 확보하고 있는 시장에 맞는 기술이나 제품을 개발하는 것이 맞는다고 생각한다. 더구나 과거 공급자 위주의 산업사회에서는 만들면 팔렸기 때문에 기술이 중요했지만, 현재의 고객 위주의 지식사회에서는 시장의 중요성이 더욱 커졌기 때문에 시장 중심의 사업 확장이 맞는 방향이라고 생각한다. 물론 제품에 따라서는 아직도 공급자 위주이기 때문에 기술이 중요한 것들이 있을 수도 있다. 하지만 그런 공급자 위주의 제품은 현재의 지식사회나 앞으로의 감성사회에서는 점차 경쟁력을 상실할 것이다. 어차피 사업을 하려면 시장 중심의 사고방식을 가지는 게 중요하다.

첨단 기술 자체보다는
고객에게 주는 차별화된 가치가 중요하다

필자가 강연을 다니면서 많이 인용하는 예지만, 기술 자체보다는 고객에게 주는 차별화된 가치가 중요하다는 점을 강조하기 위해 여기 다시 그 예를 인용해보겠다.

필자는 몇 년 전 백화점에 갔다가 명품 핸드백 가격이 300만 원이라는 사실을 알고 깜짝 놀랐다. 핸드백 가격은 기껏 해봐야 30만 원 정도 하리라고 생각했는데, 300만 원이나 한다고 하니 깜짝 놀랄 수밖에 없었다. 사람들은 왜 그 비싼 돈을 주고 핸드백을 살까? 일반적으로 생각하는 핸드백의 용도인 물건 넣는 정도라면 시장에서 10만 원 정도만 줘도 좋은 핸드백을 살 수 있을 것이다. 사람들이 명품 핸드백을 300만 원이나 주고 사는 이유는 아마도 그 핸드백이 그 사람에게는 그만한 가치를 주기 때문일 것이다. 그 가치에는 물론 자기를 과시하는 용도도 포함되어 있을 것이다.

여기서 그런 명품 핸드백을 비싼 돈을 주고 사는 게 옳으냐, 그르냐

하는 윤리 논쟁을 하고 싶지는 않다. 그보다는 그런 비싼 핸드백을 사는 사람들은 왜 그러는지를 다른 측면에서 살펴보고자 한다. 그런 핸드백을 사는 사람들은 그 제품의 품질이 30배 뛰어나기 때문에 30배의 돈을 지불하고 사는 걸까? 아마 그렇지는 않을 것이다. 품질보다는 그 명품 핸드백으로 인해 자신의 가치(?)를 높일 수 있을 것이라고 생각하기 때문에 비싼 돈을 지불하는 게 아닐까? 그게 허영이든, 실제로 자신의 내면 가치를 나타내기 위해서든, 그 비싼 돈을 지불하는 데는 분명 이유가 있다. 물론 명품 제품이 품질이 좋은 것은 당연하겠지만, 좋은 품질의 제품이 모두 명품 제품이 되는 것은 아니다. 그래서 대부분의 사람들이 감성적으로 그 제품에는 가치가 있다고 인정하는 것이 바로 브랜드다. 제품을 살 때마다 그 제품에 대해 일일이 평가하기보다는 누구나 좋다고 인식하는 제품을 구입하려는 경향이 바로 브랜드 선호 현상인 것이다.

그렇다면 왜 사람들은 이성적인 판단을 할 수 있는 지식정보화 사회에서 브랜드라는 감성적인 기준으로 판단을 하는 걸까? 심리학자들의 의견에 따르면 우리에게는 복잡한 결정을 피하고 단순한 결합을 선호하는 경향이 있다고 한다. 결정이 복잡하고 중요할수록 결정하는 사람은 스트레스를 받는다는 것이다. 특히 재빨리 반응해야 하는 상황에서 우리는 지성보다 감정의 조종을 더 크게 받는다. 그래서 좀 과장해서 얘기하자면 '인간은 감정으로 결정하고 이성으로 합리화한다'고 한다. 즉 우리는 이성의 작용을 알고 그 의미를 과대평가하지만, 이성이란 어느 정도 제안을 내놓는 조언자에 지나지 않는다는 것이다. 더 나아가 최근 연구 결과에 따르면, 구매를 결정하는 요소 가운데에서 디자인, 그러니까 순전한 외형이 34퍼센트를 차지한다고 한다. 생산자는 상품의 특성을 추가하는 것보다 외형의 변화로 가격 프리미엄, 즉 시장 유통 가격보다 더 높은 가격을 붙일 수 있다. 전문가들은 그 몫이 대략 47퍼센트에서 64퍼센트까지 달한다고 추정한다(라이너 노이만 외, 『파워 심리학』).

그래서 요즘은 디자인이나 브랜드가 중요해진 것이다. 디자인을 통해 제품의 가치를 높일 수 있고, 고객이 생각하는 가치가 브랜드로 나타나기 때문이다. 브랜드는 오랜 기간에 걸쳐 형성되기 때문에 제품의 품질 향상과 더불어 디자인을 통해 제품 성능을 최대한 잘 구현하고 모양을 좋게 보이도록 하는 노력을 꾸준히 해야 한다. 물론 광고를 통해 제품에 대한 이미지를 꾸준히 구축하는 노력도 필요하게 된다. 또 한 번 구축된 브랜드, 즉 이미지는 바꾸기가 상당히 힘들기 때문에 각 제품별로 다른 브랜드를 사용하기도 한다. 전자제품 회사들이 냉장고, 세탁기, 에어컨 등에 각각 다른 브랜드를 사용하는 이유는 자신들이 구축한 각각의 제품들에 대한 브랜드 이미지가 다른 제품에 영향을 끼치지 않도록 하기 위해서다.

이런 개별화된 브랜드 전략은 이미 형성된 브랜드 이미지를 넘어 다른 브랜드 이미지를 구축하고자 하는 경우에도 자주 적용된다. 예를 들어 도요타자동차에서 좋은 중소형차를 생산하는 기업이라는 이미지를 벗어던지고 고급차를 생산하기로 결정한 후 '렉서스'라는 별도의 브랜드를 만든 것도 그런 이유에서다. 마찬가지로 휴대폰 시장에서 1등을 못하고 있는 KT에서 3G 휴대폰 시장에 맞는 제품을 출시하면서 KT라는 회사명을 전혀 드러내지 않고 '쇼show'라는 브랜드를 내세워서 성공한 이유도 바로 이런 브랜드 전략 때문이다.

경영학에 문외한인 필자가 여기서 이런 얘기를 늘어놓는 이유는 기술보다는 디자인이나 브랜드 등이 실제 마케팅에서는 더 중요하다는 말을 하고 싶어서다. 이제 뛰어난 기술만 있으면 시장을 걱정하지 않아도 되는 시대는 지났다. 기술은 마케팅을 위한 수단일 뿐이라고 생각해야 한다. 물론 마케팅을 잘 하기 위해서는 뛰어난 제품을 만들어야 되고, 디자인도 잘 해야 한다. 하지만 뛰어난 제품만 만들었다고 해서 마케팅이 저절로 되지는 않는다는 것 또한 사실이다. 외환 위기 이후 수많은 벤처 기업들이 뛰어난 기술력을 내세우고 창업했지만, 지금은 극히 소수만 살아 남아 있다. 이렇게 된 가장 큰 이유는 바로 '기술은 마케팅을 위한 수단이라는 사실을 간과하고 기술만 뛰어나면 소비자들은 줄을 서 있다'라는 착각을 했던 데에 있다.

삼성경제연구소에서 제작한 동영상을 보다가 좋은 기술에 좋은 브랜드 이미지를 더해서 사업에 성공한 사례가 있어서 여기 소개하고자 한다. 집안 대대로 내려오는 두부 공장을 물려받은 일본의 이토 신코 사장은 친환경 두부 개발, 진한 맛을 내는 두부 개발을 통해 사세 확장을 꾀했지만 번번이 실패했다. 그러다가 아래의 사진에서 보는 것과 같은 디자인과 '오토코마에(男, 사나이답다는 의미)'라는 브랜드를 개발하고 나서 드디어 사업적인 성공을 거둘 수 있었다. 물론 이 두부는 기존의 재래식 두부와는 차별화되는 친환경적이며, 고소한 맛을 내는 두부였다. 크기도 기존 두부에 비해 컸다. 하지만 이런 기술적인 요소들은 이미 전에 모두 시도해왔던 것들이다. 다만 차이가 있다면 거기다가 브랜드를

그림 4-1 오토코마에 두부

만들어서 소비자들에게 심어주도록 노력했다는 점이다.

마케팅에 있어서 브랜드와 디자인에 못지않게 중요하게 생각해야 할 점이 바로 고객은 각자 다르다는 것이다. 앞에서 예를 든 아이폰의 경우에도 모든 소비자들이 아이폰을 좋아하는 것은 아니다. 필자는 아직 2G 휴대폰을 사용하고 있다. 아이폰과 같이 최첨단 제품을 선호하는 고객층이 있는가 하면 필자와 같이 너무 복잡한 기능을 가진 제품을 싫어하는 소비자들도 있다. 예를 들자면, 전에 필자가 쓰던 일명 '이건희 폰'의 경우 첨단 기술보다는, 나이가 많아서 휴대폰의 작은 글자를 잘 볼 수 없는 고객들을 위해 개발된 제품이었다. 이 휴대폰은 노인층에 속하는 삼성의 이건희 전 회장이 자사의 핸드폰을 사용하다가 글자가 너무 작은 것에 불편을 느껴 노인들이 사용하기에 편하도록 글자가 크게 보이는 기능을 가진 핸드폰을 개발해보라고 제안해서 만들어졌다고 한다. 사실 여부를 떠나서 이 휴대폰은 노인층의 호응에 힘입어 상당한 매출을 올리고 있다고 한다. 실제로 LG전자는 중장년층 특화 휴대폰인 와인폰3를 2007년 처음 출시한 이후 국내에서 220만 대 이상 판매했다. 와인폰3는 문자 입력창과 키패드의 글씨 크기가 일반 휴대폰보다 2배 크고, 돋보기 문자 입력창, FM 라디오, 기능 단축 버튼 등이 들어 있어 중장년층이 사용하기에 편리하게 디자인됐다.

이렇게 새로운 첨단 제품을 개발하는 것도 중요하지만, 고객 입장에서 편리하게 쓸 수 있는 제품을 만들려는 노력도 아주 중요한 전략이 될 수 있다. 요즘은 휴대폰의 글자를 전혀 구별할 수 없는 정도의 노인층 고객들을 위해 비상용 키를 아주 누르기 쉽게 하고 제한된 가족과의 통화를 위한 몇 개의 버튼만을 가진 휴대폰이라든가, 자녀들의 안전을 위해 위치 추적이 되는 휴대폰도 외국에서는 인기라는 말을 들었다. 최근 SK텔레콤은 휴대폰에 탑재된 GPS를 이용해 등산이나 마라톤, 자전거 등의 여가 생활을 도와주는 'T맵 레저' 서비스를 출시해 호평을 받고 있다. 이 서비스는 이동 거리와 소요 시간, 소모 칼로리량을 측정하고 자신의 운동 경로를 지도상에 표시해주는 등의 편의 기능을 제공한다. 또 등산, 달리기 등 확장 기능을 통해 산 정상까지의 거리, 조깅 훈련 스케줄, 운동 기록 측정 등의 정보를 휴대폰을 통해 받을 수 있다《서울경제》 2009. 10. 20). 이와 같이 기술만이 전부가 아니라, 기술은 고객들의 니즈를 해결해주는 수단이라는 사고방식이 요구되는 게 요즘 시대다.

고객들의 가치 변화 가운데 중요한 트렌드 한 가지가 '소유 중심'에서 '사용 중심'으로의 의식 전환이다. 아마도 요즘 '공짜 휴대폰' 유혹에 안 빠져 본 사람이 없을 것이다. 그런데 이익을 내야만 하는 기업이 휴대폰을 공짜로 준다는 것은 이치에 맞지 않는 일이다. 자세한 내막은 모르겠지만, 보나마나 사용료를 통해 이익을 충분히 뽑을 수 있다는 계산이 나오기 때문에 공짜 휴대폰을 제공할 것이다. 이는 공짜 휴대폰을 약정할 때 일정 기간의 의무 사용기간을 설정하는 것만으로도 알 수 있다. 그렇다면 누구나 다 알 수 있는 이런 뻔한 속셈을 알면서도 사람들이 '공짜 휴대폰'을 선호하는 이유는 무얼까? 본인이 의식하든 의식하지 못하든, 휴대폰이 이미 소유하는 제품이라는 개념에서 사용하는 제품이라는 개념으로 바뀌고 있기 때문이라고 판단된다. 즉 사용하는 만큼 사용료를 내는 개념이 구매 저항을 덜 받는다는 것이다. 이런 경향은 비단 휴대폰에 한정되거나 한국에 한정된 현상도 아니다. 이미 독일의 보쉬와 지멘스가 공동 설립한 보쉬-지멘스는 2008년 7월부터 무료로 냉장고를 제공하기 시작했다. 또 이스라엘에서는 자동차를 무상으로 나눠 주고 주행거리만큼 사용료를 받는 서비스가 현실화되고 있다. 이렇게 소유에서 사용으로의 개념 변화 때문에 미래학자들은 앞으로 제조업이 급속히 쇠퇴할 것이라고 예측하고 있다. 물건은 무료로 제공하고 대신 지속되는 서비스에 비용을 부과하기 때문에 물건을 만들던 제조업체들은 아예 문을 닫는 지경에 이르게 된다는 것이다(박영숙 외, 『유엔 미래 보고서』).

시장의 요구에 맞춘 기술이 성공한다

처음 휴대폰이 등장하고 나서 휴대폰의 다음 진화 방향은 화상 전화가 될 것이라는 예상이 많이 있었다. 그런데 화상 전화는 아직도 실현되지 못하고 있다. 그 이유는 화상 전화가 기술적으로는 가능하지만 소비자들은 그런 서비스를 원하지 않기 때문이다. 사실 필자도 화상 전화가 나온다고 했을 때 걱정을 많이 했다. 비단 필자뿐만 아니라 대한민국의 남자들이라면 한 번쯤 그런 걱정을 했을 것이다. 술집 등과 같이 집에서 걸려온 전화를 받기 곤란한 장소라든가, 화장실에서 볼 일을 보는 경우에는 화상 전화를 받기가 곤란하지 않겠는가? 남자들뿐만이 아닐 것이다. 여자들의 경우에는 저녁에 화장을 다 지운 상태라든가, 이른 아침 아직 화장하지 못한 얼굴을 보여야 한다면 화상 전화는 별로 달갑지 않은 서비스일 것이다.

사실 휴대폰이 비싼 요금에도 불구하고 유선전화를 대체할 수 있었던 이유는 단순히 편리성 때문만은 아니라고 생각한다. 유선전화가 가족 또는 회사 사람들과 공용의 통신 수단이라면 휴대폰은 완전히 자신만의 통신 수단이다. 휴대폰을 통해 주위 사람들과 일정한 간격을 유지할 수 있는 이점이 있기 때문에 휴대폰이 그토록 사랑받을 수 있는 것이다. 현대의 개인주의적인 성향과 맞아 떨어졌기에 그토록 짧은 시간에 확산될 수 있었던 것이다. 개인의 사생활을 보호해주는 게 휴대폰의 주요 역할 중 하나인데, 화상 전화는 오히려 그런 이점을 완전히 없애는 역할을 할 것이기 때문에 사람들로부터 배척을 당한 것이다. 필자만 해도 화상 전화로 나의 모습이 상대에게 전달된다고 생각하면 자연스러운 통화가 잘 되지 않을 것 같다는 느낌이 든다. 먼 미래에 우주여행을 하면서 몇 년 동안 상대를 보지 못 하는 경우에는 화상 전화가 필요할지 모르겠지만, 현재와 같이 언제나 볼 수 있는 상황이라면 화상 전화는 환영받지 못하는 서비스가 될 것임에 틀림이 없다.

이와 반대로 현재에는 가능하지 않은 기술이지만, 누구나 필요하다고 느끼는 기술이면 언젠가는 현실화된다. 우리는 흔히 공상과학 소설이나 만화의 내용이 현실화되는 경우가 많다고 얘기한다. 그런데 그 이유를 생각해보면 이는 당연한 현상이다. 왜냐하면 공상과학 소설이나 만화는 앞으로 필요한 상황을 설정하고 그에 필요한 제품이나 기술을 그리기 때문이다. 비록 그 소설이나 만화가 쓰인 시대에는 그 제품이나 기술이 개발되지 못했더라도, 필요성이 있기 때문에, 기술이 발전하면 그 필요성이 충족되면서 우리 생활 속으로 들어오게 되는 것이다. 또 반대로 말하면 필요성에 맞춰서 기술의 개발 방향이 정해지기 때문에 소설이나 만화에 등장한 기술이 얼마 후에는 현실화되는 것이라고 볼 수도 있다.

비행기나 자동차, 휴대폰, 컴퓨터 등이 먼 옛날에는 상상 속에서나 가능한 기술이었지만, 지금은 현실화되어 있지 않은가? 사람이 하늘을 날 수 있기를 소망한 것은 그리스·로마 시대 훨씬 이전부터의 일이지만, 실제로 하늘을 난 것은 불과 100여 년 전의 일이다. 이런 추세를 보면 지금은 인간과 같은 정도의 로봇이 가능할까 하고 회의를 가지는 사람들이 있지만, 지금의 기술 개발 속도를 보면 필자는 충분히 가능하리라고 생각한다. 물론 당분간은 부분적인 기능을 가진 로봇들로 충분하기 때문에 각 기능별로 필요한 로봇들이 개발되겠지만, 나중에 그런 기술들이 합쳐지고, 부분적인 기능만이 아닌 인간과 같은 정도의 능력을 가진 로봇에 대한 필요가 생기면 개발은 시간문제일 것이다. '필요는 발명의 어머니'라는 고전적인 말을 빌리지 않더라도, 먼 옛날 '인류가 날 수 있으리라'고 생각했던 것보다는 인간을 닮은 로봇 개발의 가능성이 훨씬 더 큰 것이 아닐까.

이렇게 앞으로 시장에서 요구하는 방향이 뚜렷하고 기술 개발 가능성도 예측 가능한 경우에는 기업으로서도 기술 개발에 큰 부담이 없을 것이다. 문제는 미래 시장에서 무엇을 요구하는지 뚜렷이 알 수 없는 경우다. 기업에서 미래 시장에 필요한 제품을 개발하기 위해 주로 사용하던 방법이 소비자 설문 조사 등을 통해 수요 조사를 하는 것이었다. 그런데 지금은 기술 개발 속도가 워낙 빨라서 소비자들조차도 자신들이 무얼 원하는지 모르는 경우가 대부분이다. 그래서 요즘은 기업이 소비자들을 리드하면서 필요한 제품을 만들어내야 한다. 이 경우 새로운 제품에 대한 호응도가 높은 얼리 어뎁터early adopter의 역할이 아주 중요하게 된다. 즉 얼리 어뎁터를 통해 새로운 제품의 기능을 시험해보기도 하지만, 그들이 사용 경험을 퍼뜨림으로써 기존 소비자층을 끌어오는 역할을 하게 되는 것이다. 요즘은 단순히 일찍 사용해보는 정도를 떠나서, 아예 제품 개발 단계부터 참여하는 프로슈머prosumer가 기업의 새로운 제품 개발에 아주 중요한 역할을 하고 있다. 프로슈머들은 제품 개발에 참여할 뿐 아니라, 그 제품에 대한 열렬한 지지자가 되어 새로운 제품의 확산에 기여하는 일석이조의 역할을 하게 된다.

기존 제품의 가치도 시대에 따라 변한다

일반적으로 첨단 기술 제품이 탄생하면 비슷한 용도의 기존 제품은 시장에서 사라진다고 생각하게 된다. 하지만 실제로는 그렇지 않은 경우도 많다. 팩스와 전화의 발전으로 텔렉스와 전보는 사라졌지만, 라디오의 등장으로 사라질 것으로 예상됐던 신문이나, 텔레비전과 비디오의 등장으로 사라질 것으로 예상됐던 라디오와 영화는 아직도 사라지지 않고 더욱 발전하고 있다. 뉴스를 전해주는 면에서는 라디오의 신속성이 신문보다 우위에 있지만, 심층 기획기사라든가, 시간을 두고 뉴스를 읽을 수 있다는 면에서는 신문 나름대로의 기능이 있기 때문이다. 물론 최근에 인터넷의 발전이 다시 신문의 위기를 가져오고 있지만, 신문의 비중이 낮아지기는 하더라도 완전히 없어지지는 않을 것으로 예상된다. 라디오도 텔레비전에 비해 손쉽게 접근할 수 있고, 부엌일 등 다른 일을 하면서도 들을 수 있다는 장점 때문에 사라지지는 않을 것이다. 더구나 운전을 하는 경우 등 텔레비전을 시청할 수 없는 상황에서는 라디오 나름대로의 확실한 기능이 있고, 손쉽게 음악과 뉴스를 들을 수 있는 차별화된 장점이 있기 때문에 앞으로도 나름대로의 영역을 확보할 것으로 보인다.

텔레비전과 비디오가 가정에서 손쉽게 볼 수 있다는 장점은 있지만, 극장에서 상영되는 영화의 웅대한 맛은 나름대로 일부러 찾아가서 볼 만한 가치가 있어서 영화는 아직도 사라지지 않고 있다. 오히려 TV와 비디오 산업에 콘텐츠를 공급하는 역할로 영화의 기능이 변경되면서 TV와 비디오가 오히려 영화 산업에 도움을 주고 있다. 실제로 영화 산업의 수익에서 비디오가 차지하던 비중은 1980년에는 1퍼센트에 불과 했는데, 1990년에는 43퍼센트로 증가했다. 그 기간 동안 극장에서 영화 상영을 통해 영화 산업이 얻은 수익은 76퍼센트에서 34퍼센트로 낮아 졌다. 영화 산업의 쇠퇴를 가져올 것으로 예측됐던 비디오 산업이 오히 려 영화 산업의 새로운 수입원으로 떠오른 것이다.

또 다른 예를 들어보자. 필자가 학교를 다닐 때만 해도 주산은 필수적 인 계산 방법이었다. 계산기가 없던 당시에 계산을 하기 위해서는 주산 을 배우는 것이 가장 효율적이었다. 그래서 동네마다 주산 학원들이 많 이 있었고, 대부분의 학생들은 주산 학원에 다녔다. 특히 은행에 들어가 려면 최소한 1단 이상의 자격증이 있어야 했는데, 가장 인기가 좋았던 직장인 은행에 들어가기 위해서라도 주산 학원에 다니는 것은 필수였 다. 그런데 계산기가 등장하면서 주산 학원은 사라져버렸다. 더구나 은 행에서도 컴퓨터의 등장으로 수작업으로 하던 마감을 컴퓨터가 대신하 면서 주산의 존재 가치는 완전히 없어지게 됐다. 그런데 요즘 다시 동네 에 주산 학원이 등장하기 시작했다. 물론 전과 같이 은행에 들어가기 위 한 목적이 아니라, 주산이 아이들의 지능을 향상시키고, 계산 원리를 아는 데 도움이 된다고 인식됐기 때문이다. 같은 주산이지만 과거에 비해 다른 용도로 재탄생하게 된 셈이다.

주산의 경우와 비슷하게 기존 사업들도 기술의 발전과 새로운 산업의 탄생에 의해 사라지는 경우도 있지만, 용도 자체를 다르게 하면 나름대로의 가치를 찾을 수 있는 경우가 있다. 비슷한 예로 할리데이비슨Harley-Davidson 오토바이를 들 수 있다. 자동차의 발전이 오토바이의 쇠퇴를 가져오게 되자 할리데이비슨은 새로운 이미지를 부각시켜 인기를 끌고 있다. 즉 할리데이비슨 오토바이는 단순한 운송수단이 아니며, 그 이용자들의 모임은 '바람을 가르며 달리는 자유로운 멋쟁이들의 모임'이라는 것이다. 전문 직종에서 성공한 사람들 중에는 할리데이비슨 오토바이를 사서 호그HOG, Harley Owners Group의 멤버로 활동하길 원하는 사람들이 의외로 많다. 가죽 점퍼에 가죽 부츠를 신고 할리데이비슨 오토바이를 타고 무리 지어 아스팔트 위를 달리는 모습을 보면 왠지 자유로움과 낭만이 느껴지는 것도 사실이다. 필자가 아는 성공한 사장님 중에도 60이 가까운 나이에 아직도 할리데이비슨 오토바이를 타는 것을 인생 목표 중 하나로 삼고 있는 분이 있다. '오토바이는 위험하다'는 인식을 갖고 있는 식구들의 강력한 반대로 그 소원을 아직은 실현하지 못하고 있지만, 그 얘기를 듣는 순간 그 사장님이 다르게 보였던 걸 보면 왜 많은 이들이 할리데이비슨을 타려는지 이해가 되기도 한다.

시대가 변해서 제품의 가치가 변한 건 아니지만, 같은 제품을 갖고도 고객의 니즈를 파악해서 성공한 경우로 '도미노 피자'를 들 수 있다. 피자는 맛으로 승부하고, 어느 정도 성공하고 나면 체인점 사업을 통해 수익을 창출하는 것이 일반적인 사업 방식이었다. 그런데 도미노 피자는 가정으로 '뜨끈뜨끈한 상태'의 피자를 빠른 시간 안에 배달한다는 개념을 도입해 사업적으로 성공했다. 대부분의 피자집이 매장을 운영하면서 가정으로의 배달은 부수적인 사업으로 생각했던 반면 도미노 피자는 매장을 최소화하고 오히려 배달에 치중했다. 또한 배달을 주문하지 않고 직접 매장에 와서 피자를 가져가면 할인까지 해준다. 배달에 중점을 두면서 가장 큰 문제점인 배달 도중 피자가 식는 점을 개선하고, 30분 내에 배달한다는 원칙을 세워 고객들로부터 큰 호응을 받았다. 제품 자체에 중점을 둔 게 아니라 고객들이 원하는 서비스, 즉 가치에 중점을 둠으로써 새로운 사업을 창출할 수 있었던 것이다.

제품을 세일즈하지 말고 마케팅하라

세일즈와 마케팅이 무엇이 다르기에 '제품을 세일즈하지 말고 마케팅하라'고 하는가? 경영학 쪽에서 학문적으로 이런 구분을 하는지 모르겠지만, 필자는 '세일즈가 만들어진 제품을 파는 행위'라고 한다면, '마케팅은 제품이 저절로 팔리도록 하는 행위'라고 정의하고 싶다. '그게 그거지 뭐'라거나 '그게 그렇게 큰 차이야?'라고 생각할 수도 있지만 이 두 개념에는 아주 큰 차이가 있다. 세일즈는 공급자의 입장에서 기술 개발을 먼저 하고, 제품을 만든 다음에 그 제품을 어떻게 팔까 걱정하는 것이다. 반면에 마케팅은 고객의 니즈를 먼저 파악하고, 그에 맞는 제품을 만들고, 소비자들이 그 제품을 원하도록 해서 제품이 만들어지면 줄을 서서 사도록 만드는 것이다. 즉 세일즈가 앞에 설명한 기술 우선의 접근 방법이라면, 마케팅은 시장 우선의 접근 방법이라고 볼 수 있다. 좀 더 이해를 돕기 위해 아주 쉬운 비유를 들어보겠다.

요즘은 고속도로 휴게소도 아주 깨끗해졌다. 특히 화장실은 아주 몰라보게 달라졌다. 그런데 남자 화장실에 가보면 소변기 앞에 표어(?)가

붙어 있는데, 그 표어의 표현이 날로 세련되어 간다는 것을 느낀다. 몇 년 전에는 '정조준, 앞으로 한 발자국만 더!'라고 쓰여 있었는데, 요즘은 '아름다운 사람은 머문 자리도 아름답습니다'라거나 '남자가 흘리지 말아야 할 것은 눈물만이 아닙니다'라고 바뀌었다. 그래도 소변기 앞을 보면 아직 흔적(?)이 남아 있는 경우를 많이 본다.

그런데 어디선가 기발한 아이디어를 내서 소변기 앞을 깨끗하게 만들었다고 한다. 그 아이디어란 부드러운 고무 재질로 파리 모양을 만들어 소변기 정중앙에 붙여 놓는 것이었다. 그랬더니 소변을 보는 남자들이 누구나 그 파리를 떨어뜨리려고 앞으로 다가갔다고 한다. 특히 소변이 앞부분에 떨어지기 쉬운 끝내기(?)를 할 때 그 파리의 진가는 유감없이 발휘됐다. 앞으로 다가서면서 있는 힘을 다해 마무리를 했기 때문이다. 이것이 바로 마케팅이다. 자신도 모르게 소변기 앞에 흔적을 남기지 않도록 만드는 행위가 바로 마케팅인 것이다.

반면에 위에 예시한 앞에다 표어를 붙이는 것은 그 표현이 아무리 점 잖아도 결국은 '좀 앞으로 다가와 줘요. 안 그러면 당신은 야만인이야'라는 협박의 의미가 담겨 있다. 그걸 못 느낄 남자가 어디 있겠는가? 그렇게 해서는 남자들의 마음을 살 수 없는 것이다. 이것은 세일즈일 뿐이다. 위협을 전혀 못 느끼게 하면서도 남자의 자존심(나도 파리를 떨어뜨릴 정도의 힘은 있다)을 자극해서 자신도 모르게 앞으로 나가도록 하는 게 바로 마케팅이라는 뜻이다. 꼭 파리가 아니더라도, 다른 방법, 예를 들어 소변을 보는 데 불편이 없을 정도로 서 있는데 주변에 소변이 떨어지지 않도록 디자인을 변경한다면 아주 훌륭한 마케팅 전략이 될 것이다.

고객이 자신의 돈을 지불하고 제품을 사면서도 기쁨을 느끼게 만드는 것이 진정한 마케팅이다. 애플의 아이포드가 출시됐을 때 사람들은 자기 돈을 주고 사면서도 기쁘게 줄을 서서 기다리지 않았는가? 최근에 한국에서 애플의 아이폰이 출시됐을 때, 계약금을 미리 내고 예약을 한 인원이 6만 명을 넘었고, 첫 출시를 기념한 행사에 초대된 1,000명이 긴 줄을 만들며 기다리는 진풍경을 연출했다. 일반적으로 기업에서 신제품을 출시하게 되면 대대적인 광고 공세를 펼치며 홍보 행사를 하는 게 일반적이지만, 애플의 스티브 잡스는 신제품에 대한 호기심을 자극하며 자신이 직접 감성적인 신제품 발표회를 함으로써 언론 매체들이 자진해서(?) 신제품 관련 기사를 쓰도록 하고 있다. 물론 뛰어난 제품이기 때문에 사람들의 열렬한 호응을 받는 것이겠지만, 소비자들의 호기심을 자극해서 출시되자마자 화제의 중심에 서게 하는 기술이 바로 중요한 마케팅 전략의 하나라고 볼 수 있다. 진정한 마케팅을 위해서는 제품이 전부라는 구시대적인 패러다임을 버리고, 고객이 기대하는 가치를 제공해야 하겠다는 자세를 갖는 것이 무엇보다 중요하다. 거기다가 애플과 같은 홍보 전략이 더해진다면 그 효과는 배가될 것이 틀림없다.

애플만 너무 선전한 것 같아서 마케팅에 성공한 다른 회사의 예를 한 가지 더 들어보려고 한다. 일본의 컴퓨터 그래픽 카드 제조회사인 '구로토시코玄人志向'는 색다른 마케팅 전략으로 사업 개시 2년 만에 일본의 컴퓨터 그래픽 카드 시장에서 1위로 올라섰다. 구로토시코의 마케팅 전략은 '불친절'이다. 아니 요즘에 '고객 만족'을 넘어 '고객이 졸도할 정도로 친절'해도 모자랄 판에 '불친절'이 마케팅 콘셉트라니? 이 회사의 제품은 포장이 엉성하고, 제품에 대한 설명서도 없다. 또 제품에 대한 의문 사항이 있어도 문의를 할 회사 내 담당자가 없다. 그런데 어떻게 마케팅에서 성공을 거두었는가? 구로토시코는 컴퓨터 그래픽 카드의 주 고객이 전문가들이라는 데 마케팅의 주안점을 두었다. 즉 전문가들이라면 포장이 화려할 필요도 없고, 설명서도 필요 없다는 점에 착안한 것이다. 그러면 그게 뭐 그리 중요한가 하고 생각할 수 있을 것이다. 구로토시코의 제품을 사는 사람들은 전문가로서 자신들을 차별화할 수 있어서 자부심을 가지고 있다는 사실이다. 포장에도 신경을 안 쓰고, 매뉴얼도 필요 없는 전문가로 보이고 싶어서 구로토시코의 제품을 사는 것이다. 처음에는 전문가들이 주 고객이었으나, 점차 일반인들도 전문가로 보이고 싶어 구로토시코의 제품을 주문하게 되면서 매출이 획기적으로 늘게 됐다고 한다.

구로토시코에는 제품에 대한 문의를 받아줄 담당자가 없는 대신에 홈페이지에 질문과 답변 공간을 마련해서 고객들끼리 서로 질문을 올리고 답을 해주도록 했다. 회사 입장에서는 전문가를 고용하는 부담을 줄이고, 사용자들은 자신의 실력을 뽐낼 수 있는 기회가 되니 서로 좋은 방법이 아니겠는가? 이 마케팅 전략은 고객들에게 전문가로서의 자부심을 심어주는 효과뿐만 아니라, 회사 입장에서는 원가를 절감할 수 있고, 제품의 출시 속도를 빠르게 할 수 있는 효과를 거둘 수 있다. 즉 포장, 사용 매뉴얼 작성, 상담 담당자 채용 비용을 줄일 수 있고, 제품 개발과 제조 이외의 시간을 들일 필요가 없으니 제품 출시 속도가 빨라질 수 있는 것이다. 특히 제품의 사이클이 빠른 IT 사업에서 출시 속도가 경쟁업체보다 빠르다는 것은 상당히 중요한 경쟁력이 된다.

콘텐츠가 핵심이다

'마케팅이 중요하다'는 얘기는 '고객에게 차별화된 가치를 제공하는 게 중요하다'는 말과 같은 뜻이라고 볼 수 있다. 고객이 필요로 하는 가치를 꼭 집어서 제공해주면 마케팅은 저절로 되는 것이 아니겠는가? 여기서 '고객에게 필요한 가치'를 다른 말로 표현하면 '콘텐츠'라고 표현할 수 있다. 따라서 마케팅을 잘 하기 위해서는 제품의 '콘텐츠'를 잘 정의하는 것이 필수적이다.

앞에서 마케팅에 성공한 대표적인 제품의 하나로 애플의 아이포드를 꼽았다. 그런데 아이포드의 성공 요인은 무엇일까? 유려한 디자인? 편리한 기능? 물론 이러한 요인들이 성공에 영향을 미친 것은 사실이지만, 가장 중요한 요인은 바로 콘텐츠다. 사실 아이포드는 애플의 제품이라고 주장하기가 민망할 정도로 여러 회사의 기술들을 조합(컨버전스)한 것이다. 자기 헤드와 플랫폼을 비롯한 모든 부품들은 외부에서 조달됐고, 이런 부품들을 모아서 중국 선전深圳의 한 공장에서 생산하고 있다. 애플이 한 일은 아이포드에 대한 콘셉트를 만들고 디자인을 한 정도이다.

　그러면 애플만의 노하우가 전혀 없는 듯한 이 제품이 성공한 이유는 무엇일까? 디자인을 예쁘게 하고, 기능을 소비자 기호에 맞게 하는 면에서는 지금도 애플보다 더 뛰어나게 할 수 있는 회사들이 많이 있다. 또 실제로 많은 회사들이 아이포드보다 더 멋지고, 기능이 뛰어난 제품들을 지금도 만들어내고 있다. 그런데 아직 어떤 mp3도 아이포드를 능가했다는 얘기는 듣지 못했다. 그 이유는 바로 애플이 독특한 콘텐츠를 가지고 있기 때문이다. 애플은 mp3 플레이어를 단순히 음악을 듣는 음향기기로 생각한 것이 아니라 IT 시스템과 연결하여 이용할 수 있는 PC 주변기기로 생각하고 이에 맞는 콘텐츠를 제공한 것이다.

　그런 콘텐츠가 뭐 그리 중요하냐고 반문할 수도 있다. 그 문제에 대한 답은 애플의 아이포드가 나오기 전에 mp3의 원조라 할 수 있는 아이리버와의 콘텐츠 차이를 비교해보면 금방 알 수 있을 것이다. 아이리버의 mp3에 대한 기본적인 생각은 '워크맨의 편리한 형태의 제품' 정도였다. 사실 그것도 위력이 대단해서 과거에 가장 인기 품목 중의 하나였던 워크맨을 시장에서 몰아내고 아이리버의 mp3가 그 자리를 대신 차지하는 기염을 토했다. 그러면 아이리버의 mp3와 애플의 아이포드의 콘텐츠 차이가 만들어낸 결과는 무엇일까? 아이리버의 mp3와 애플의 아이포드는 제품 모양 면에서는 서로 비슷하다. 물론 아이포드가 좀 더 디자인이 세련됐지만, 아이리버도 그런 제품을 바로 만들 수 있었을 것이다. 그런데 아이포드의 진정한 경쟁력은 mp3 제품 자체에 있는 것이 아니라, 고객들에게 편리하게 많은 음악을 들려주는 소프트웨어 기능에 있다. 즉 음반사들과의 계약을 통해 합법적이면서 부담 없는 비용으로 음원(노래)을 다운받을 수 있는 권리와 아이튠스라는 소프트웨어의 제공에 있는 것이다.

이런 아이포드의 콘텐츠는 알게 모르게 불법으로 음악을 무료로 다운받을 수 있는 한국에서는 크게 중요하지 않을 수 있다. 하지만 미국에서는 합법적으로 큰 부담 없이 음악을 다운받을 수 있다는 것이 아주 중요한 일이다. 지금도 미국 mp3 시장에서 애플의 아이포드가 절대적인 강자로 군림할 수 있는 이유는 바로 아이포드의 디자인이 뛰어나서가 아니라, 음악을 합법적으로 다운받을 수 있는 가장 손쉬운 방법이 아이튠스를 이용하는 것이고, 아이튠스를 이용할 경우엔 이용할 수 있는 mp3가 아이포드밖에 없기 때문이다. 최근에 삼성전자를 비롯한 몇 업체들이 애플과 비슷한 콘텐츠를 갖추기 위해 아이튠스와 같은 소프트웨어를 개발하고, 음반사와의 음악 다운로드 계약을 위해 연합전선을 구축하고자 노력하고 있는 것도 바로 이런 이유 때문이다.

아이러니하게도 스티브 잡스가 PC라는 제품 자체를 처음 만들어내고 후속작 애플II의 뛰어난 기술적 우위에도 불구하고 PC 시장에서 실패하며 자신이 설립한 애플에서 쫓겨났던 이유도 바로 자신의 기술만을 고집하고, 제품 자체로 고객에게 접근했기 때문이었다. 반면 그가 다시 애플로 돌아와 mp3라는 PC보다 시장도 작고, 기술적으로 첨단 기술이 아닌 제품으로 성공할 수 있었던 요인은 바로 기술보다 콘텐츠가 중요하다는 점을 인식했기 때문이었다. 최근 또다시 선풍적인 인기를 몰고 온 아이폰도 다른 측면에서 콘텐츠의 중요성을 보여주고 있다. 아이폰은 앱스토어라는 든든한 콘텐츠 라이브러리를 제공하고 있다. 앱스토어는 아이폰 사용 고객들이 스스로 아이폰에 사용 가능한 콘텐츠를 만들어서 올리고 거래할 수 있도록 한, 휴대폰용 소프트웨어를 거래하는 온라인 장터다. 고객들은 좋은 콘텐츠를 만들어 인기를 끌게 되면 돈을 벌 기회를 가질 수 있고, 애플의 입장에서는 고객들이 원하는 풍부한 콘텐츠를 무한대로 공급할 수 있어 서로 이익이다. 앱스토어에 콘텐츠를 제공해서 돈을 버는 고객들이나, 필요한 콘텐츠를 찾아서 이용하는 고객들이나 모두 아이폰에 우호적인 고객이 될 수밖에 없다. 앱스토어는 2008년 7월 오픈한 이후 15개월 만에 10만여 개의 애플리케이션 등록, 20억 회를 상회하는 다운로드를 기록하는 등 폭발적인 관심을 끌고 있다. 바로 그런 앱스토어의 폭발적인 인기가 아이폰의 인기로 연결되고 있는 것이다.

개별적인 제품에 대한 콘텐츠도 중요하지만, 산업 전체적인 면에서의 콘텐츠도 앞으로는 중요하게 될 것으로 보인다. 보다 일반적인 의미로서의 콘텐츠는 부호·문자·음성·음향·이미지 또는 영상 등으로 표현된 자료 또는 정보, 지식, 데이터베이스를 총칭한다. 디지털 콘텐츠DC는 특히 부호·문자·음성·음향·영상 등이 IT 기술과 결합하여 전자적 형태로 제작 또는 처리된 자료 또는 정보를 말한다. 최근에는 이러한 디지털 콘텐츠를 디지털 포맷으로 가공 처리하고 이를 정보통신망, 디지털 방송망, 디지털 저장매체, 휴대정보 단말기기 등을 통하여 활용 또는 서비스하는 디지털 콘텐츠 산업이 별도의 독립적인 산업으로 발전하고 있다. 디지털 산업에서의 가치 사슬 단계를 보면 콘텐츠 제작 산업, 유통 및 배급업, 전송 산업, 단말기 산업으로 구분이 된다. 과거에는 디지털 산업의 가치 사슬 단계 가운데 배급을 담당하는 업체가 지배적인 역할을 해왔지만, 배급 영역에서의 경쟁이 심화되면서 콘텐츠의 차별화가 경쟁의 주요 요소가 되었기 때문에 앞으로 콘텐츠 사업자의 중요성이 점차 커지고 있는 상황이다.

디지털 콘텐츠 산업이라 하면 보통 온라인 게임, 3차원3D 애니메이션, 모바일 콘텐츠, 컴퓨터 그래픽CG 영화, 온라인 교육e-Learning 등을 말한다. 앞으로 기술 융합에 의한 새로운 기술이 출현하게 되면 디지털 콘텐츠의 중요성은 더욱 커질 전망이다. 특히 디지털 콘텐츠 산업은 창의적인 아이디어만 있으면 되는 고부가가치 산업이기 때문에 미국 등 주요 선진국에서는 국가 전략 산업으로 육성하기 위한 여러 정책을 마련하여 추진 중이다. 특히 미국은 디지털 콘텐츠를 근간으로 하는 미디어, 엔터테인먼트 산업을 군수 산업에 이어 2대 산업으로 설정하고 2005년 세계 시장 점유율 목표를 70퍼센트로 설정한 바 있다. 영국은 2000년 디지털 콘텐츠 산업 매출액의 목표를 GDP 대비 10퍼센트로 설정했었다. 한국 역시 디지털 콘텐츠 산업을 차세대 10대 신성장 동력 산업의 하나로 선정하여, 경제성장의 원동력으로 육성하기 위한 전략을 추진 중에 있다. 하지만 디지털 콘텐츠 산업의 앞날이 밝기만 한 것은 아니다. 특히 한국에서 디지털 콘텐츠 산업이 발전하기 위해 극복해야 할 과제로는 디지털 콘텐츠 저작권의 확립을 들 수 있다. 더구나 앞으로 기술이 발달할수록 디지털 콘텐츠의 복제가 더욱 용이해져 오히려 콘텐츠 발전에 역행하는 경우가 발생할 우려도 있다.

아웃소싱은 사업 성공의 필수 요소다

앞에서 애플의 아이포드가 성공한 것은 새로운 제품을 개발했기 때문이 아니라, 콘텐츠를 잘 만들어냈기 때문이라고 설명했다. 실제로 아이포드는 기존의 관점에서 보면 애플의 제품이라고 하기에 민망할 정도로 모든 부품들을 아웃소싱outsourcing했다. 자기 헤드는 TDK, 충전용 배터리는 소니, 케이스는 고바야시, 플랫폼은 Portal Player, 메모리 칩은 삼성, HDD는 도시바의 기술을 그대로 채용했으며, 이런 부품들을 모아서 중국 선전의 한 공장에서 생산하고 있다. 애플의 아이폰도 운영체제만 자사 시스템을 채용하고 반도체는 삼성 제품, 케이스는 중국제를 쓰며 조립은 대만에서 하고 있다. 핵심만 애플에서 만들고 나머지는 전부 외주를 주는 방식으로 또 다른 융합을 시도한 제품인 것이다.

과거에는 제조업을 하려면 가장 먼저 했던 일들 중의 하나가 자체 연구소를 설립해 운영하는 것이었다. 기술이 우선시되는 시대였기 때문에 자체 노하우를 갖기 위해서는 연구소를 통해 연구 개발하는 게 사업 경쟁력을 높이는 원동력이었다. 하지만 지금은 기술 중심 시대가 아니라,

시장 중심 시대가 됐다. 시장의 니즈에 맞춰서 그에 맞는 기술을 개발하거나, 외부로부터 기술을 조달해서 콘텐츠를 만드는 것이 중요한 시대가 됐다. 애플의 히트 제품들인 아이포드와 아이폰이 바로 이런 개념을 활용해서 만든 제품들이다. 즉 시장에서 요구하는 콘텐츠를 먼저 구상하고, 그에 맞는 기술들을 자체적으로 조달하든, 외부로부터 조달하든 상관하지 않고 조합해서 콘텐츠를 완성하는 것이다. 물론 이 경우에도 무조건적인 아웃소싱은 피하여야 한다. 아웃소싱을 하더라도 누구도 침범할 수 없는 자신만의 핵심적인 요소를 가지고 있어야 한다. 아이포드의 경우에는 아이튠스라는 소프트웨어이고, 아이폰의 경우에는 운영체제와 앱스토어가 바로 애플만의 핵심적인 요소라고 볼 수 있다.

앞으로 아웃소싱은 사업 성공의 필수적인 수단으로 자리 잡을 것으로 전망된다. 그 이유는 여러 가지가 있겠지만, 가장 큰 이유는 아웃소싱이 고객의 니즈를 충족시킬 수 있는 가장 효과적인 방법이기 때문이다. 앞에서도 여러 가지 측면에서 살펴보았듯이 앞으로의 고객 중심의 지식사회 내지 감성사회에서는 첨단 기술 개발보다는 고객의 니즈에 맞는 제품 또는 서비스의 개발이 사업의 승패를 좌우하게 된다. 따라서 고객의 니즈를 만족시키기 위해서는 알맞은 콘텐츠를 개발하는 것이 중요하고, 그 콘텐츠를 만족시키기 위해서 어떤 기술이 필요하다면 꼭 직접 개발해야 한다는 생각보다는 주위에 있는 기존의 기술들도 이용하고, 꼭 필요할 경우에만 직접 개발한다는 사고의 전환이 필요하다. 즉 기술은 어떤 콘텐츠를 제공하기 위한 하나의 수단으로 생각해야 한다는 것이다.

그러면 기술 개발이 무의미하다는 얘기냐고 항의하는 경우도 있다.

물론 그런 뜻은 절대 아니다. 새로운 기술 개발이 필요하고, 그러한 기술 개발에 힘입어 경제가 발전하는 것도 사실이다. 하지만 새로운 기술 개발 자체가 사업의 성공을 보장해주지는 않는다는 것이다. 만약 기술 개발이 자신의 핵심 역량이라고 생각한다면 자신의 기술에 맞는 콘텐츠를 가진 사람에게 기술을 제공(아웃소싱)하도록 관점을 바꿔보는 것도 바람직하다. 콘텐츠를 가진 사람은 그 콘텐츠에 맞는 기술을 찾을 것이기 때문이다. 아이포드를 만든 애플도 돈을 벌겠지만, 아이포드에 부품을 공급하는 TDK, 소니, 고바야시 등도 이익을 보지 않겠는가?

필자는 사업을 하면서 아웃소싱의 위력을 실감하고 있다. 사실 사업 초기에는 건설화학제품을 개발하면서 잘 알고, 신뢰할 수 있는 계면활성제 업체와 손을 잡고 일을 했다. 이미 그 회사에서는 필자가 개발하고자 하는 제품군과 비슷한 제품들을 생산하고 있었다. 따라서 기존의 시설과 인원을 활용해서 필자가 원하는 제품을 개발해주도록 부탁을 했다. 마침 그 회사는 기존의 사업 분야인 제지와 페인트 분야 산업의 쇠퇴로 새로운 사업을 찾고 있던 참이라 서로의 이해관계가 맞아 떨어지면서 상생의 효과를 거둘 수 있었다. 처음 그 회사와 관계를 맺기 시작했을 때 그 회사의 매출액은 100억 원 정도에 불과했는데, 지금은 500억 원을 웃돌고 있으니, 그 회사로서는 필자와의 아웃소싱 관계로 성공한 셈이다. 필자도 초기 자본금 없이, 위험 부담도 덜면서 핵심 역량인 기술 개발과 기술 영업에 집중하며 필자의 역량을 최대한 발휘할 수 있어서 만족스러웠다.

그런데 문제는 건설화학제품 사업이 어느 정도 자리를 잡으면서 생겨났다. 주위 사람들이 이제 그 정도 됐으면 공장을 가지고 직접 생산을 해야 하지 않겠느냐고 권유하기 시작했다. 물론 처음에는 필자의 소신대로 아웃소싱 방침을 밀고 나갔지만, 결국은 제조 공장을 마련하게 됐다. 가장 큰 이유는 사업 규모가 커지면서 은행을 거래하게 됐는데, 은행에서는 아웃소싱이란 개념 자체를 인정하지 않은 것이다. 더구나 기술 개발을 위한 정부 정책 자금을 지원받기 위해서는 연구소가 있어야 유리했다. 그리하여 연구소 겸 공장을 갖게 됐다. 그런데 문제는 공장을 갖게 되면서 필자의 핵심 역량인 기술 개발과 기술 영업에 집중할 수 없게 됐다는 것이다. 관심과 시간의 대부분을 공장 현장에 뺏기게 된 것이다. 사실 필자는 현장 사람들을 다루는 데(?)는 소질이 없다. 기술자인 필자가 공장을 운영하는 데 애를 먹는다고 하면 의아해 하는 사람이 있을지 모르겠지만, 제조할 수 있는 기술을 가지고 있다는 것과 현장 사람들을 다루면서 공장을 운영하는 것은 아주 다른 일이다. 공장을 세운 다음 은행 거래를 트게 되고, 정부의 연구 개발 자금을 조금 받은 것 외에는 별 소득을 얻지 못하고 결국 문을 닫게 됐다.

아웃소싱의 필요성을 더욱 뼈저리게 느끼게 된 것은 환경 사업을 시작하면서부터다. 앞에서 설명했지만, 새로 시작한 환경 사업은 기존의 건설화학제품과는 영업 형태가 완전히 달랐다. 물론 기존의 건설화학제품도 완제품이 아닌 중간 원료이기 때문에 현장에서 채택되는 데는 어느 정도의 시간이 필요했다. 하지만 환경 사업은 타당성 검토, 설계, 입찰 공고, 낙찰 등 복잡한 과정을 거치게 되고, 여러 사업자들이 단계별로 역할을 분담하고 있기 때문에 수년의 영업 기간과 많은 비용이 필요했다. 그런데 처음에는 그런 생각을 하지 않고 무작정 지방자치단체를 찾아다니고, 건설 회사들을 쫓아다니는 방식으로 영업을 했다. 이 과정에서 신기술이 필요하다고 해서 신기술을 받고, 실증 시설이 필요하다고 해서 무리를 해시 실증 시설을 설치했다. 많은 비용을 들인 것에 비하면 효과는 별로 없었다. 물론 그런 노력 덕분에 두 군데의 프로젝트를 수주하는 성과를 거두었다.

만약 환경 사업을 하면서 처음 건설화학제품 사업을 시작했을 때처럼 아웃소싱을 활용했더라면 훨씬 더 효율적으로 사업을 할 수 있지 않았을까 생각해본다. 하긴 아웃소싱을 전혀 활용하지 않은 것은 아니다. 설계와 기계 제작은 처음부터 자체적으로 할 생각이 없었고, 실제적으로 수주에 필요한 설계와 공장 건설은 기계 제조업체와 손을 잡고 진행했다. 두 군데 수주한 프로젝트도 어떻게 보면 환경 분야에서 경쟁력을 갖춘 그 지방의 유력한 기계 제조업체와 손을 잡았기 때문이었다고 판단하고 있다. 물론 좋은 아웃소싱 업체를 찾는 게 어려웠을 수도 있지만, 지금과 같이 기존 사업에도 큰 타격을 줄 정도로 사업이 진행되지는 않았을 거라고 생각한다. 따라서 앞으로 환경 사업 분야는 두 군데 수주한 프로젝트가 완공이 되어 잘 운영되면, 그 프로젝트 실적을 발판으로 각 지방별로 영업이 가능한 업체들과 손을 잡고 사업을 할까 생각하고 있다. 필자 입장에서는 별도의 영업 인력과 비용을 들일 필요가 없고, 지방에 있는 환경 관련 업체들의 입장에서는 기존의 영업 능력과 시설을 활용해서 새로운 사업을 할 수 있으니 서로 윈 – 윈하는 관계를 만들 수 있을 것이다.

아웃소싱의 중요성은 앞으로 '1인 기업' 시대가 되면서 더욱 커질 것으로 생각된다. 아니 아웃소싱을 잘 해야만 1인 기업이 성장하는 발판이 마련될 것이다. 앞으로 기업은 '코끼리'와 '벼룩', 곧 거대 기업과 1인 기업으로 나뉠 것으로 전망되고 있다. 그 이유는 고객의 니즈에 맞추기 위해서는 '스피드' 또는 '브랜드'가 필요한데, 1인 기업은 스피드 면에서 유리하고, 거대 기업은 브랜드 면에서 유리하기 때문에 기업의 양극화 현상이 일어나게 된다는 것이다. 1인 기업은 혼자서 하는 기업이라는 개념보다는 1인의 '핵심 역량'에 기댄 기업이라는 뜻이 내포되어 있다. 그래서 필자는 1인 기업이라는 용어보다는 '나 주식회사'라는 용어를 선호하는 편이다. 아무튼 1인 기업의 경우에는 핵심 역량을 최대한 살리고 나머지 필요한 부분은 아웃소싱을 하는 게 중요하다. 물론 거대 기업의 경우에도 아웃소싱은 필수적이다. 고객 니즈에 신속하게 대응하기 위해서는 자체 기술 개발로 시간을 끄는 것보다는 외부 기술을 아웃소싱하는 것이 훨씬 효과적이기 때문이다.

과거 거대 기업들은 R&D에 중점을 두었지만, 최근에는 외부의 전문 업체와 협력하는 연결 개발 즉 C&DConnect & Development로 개념 전환을 하는 추세를 보이고 있다. C&D는 외부 기술과 아이디어를 내부 R&D 역량과 연결하여 신제품을 개발하는 기술혁신 모델이다. 대표적인 예로 바로 위에 예를 든 애플의 아이포드와 아이폰을 들 수 있다. 과거 독자적인 R&D로 신제품을 개발하던 P&G, 듀폰, IBM, 머크, GE, 제록스, 일라이릴리 등 거대 기업들도 시장을 선점하기 위하여 C&D이라는 개방형 기술혁신 패러다임을 도입하고 있다. 예를 들어 P&G는 감자 칩 위에 그림이나 글자를 넣은 스낵 '프링클스 프린트' 출시로 대박을 터뜨렸는데, 그 기술은 P&G에서 개발한 게 아니라, 이탈리아의 한 대학 교수가 운영하는 제과점에서 케이크와 쿠키를 만들 때 이용하고 있던 기술을 도입하여 성공을 거두었다고 한다. 2000년만 해도 P&G의 외부 아이디어, 기술 개발에 따른 제품 개발 비중은 전체의 15퍼센트 수준이었지만, 2002년에는 35퍼센트로 높아졌고 앞으로는 50퍼센트를 목표로 하고 있다. P&G는 C&D 모델을 채택한 결과 매출액 대비 R&D 투자 비율이 2000년 4.8퍼센트에서 2006년 3.4퍼센트로 낮아졌지만 기술혁신 성공 비율은 오히려 2배 이상 높아졌다(김영한, 『창조 리더십 2.0』).

C&D는 기술 주도에서 시장 주도로 사업 환경이 변화하면서 중요성이 커지기도 하고 있지만, 또 다른 측면에서는 기술 개발이 대규모화되면서 위험성이 커지고 있기 때문에 필요하기도 하다. 예를 들어 의약품을 개발하는 경우 그 기간과 비용이 엄청나게 필요하다. 작용물질의 발견에서부터 의약품으로 약국에서 판매되기까지는 평균 10~12년이 걸린다. 시험에 들어간 5,000~1만 종의 물질 중에서 단 한 종만이 새로운 의약품의 작용물질로서 판매 허가를 받는 것으로 나타나고 있다. 또한 하나의 새로운 의약품을 개발하는 데는 평균 8억 달러의 비용이 든다(크리스틴 메데페셀헤르만 외, 『화학으로 이루어진 세상』). 따라서 의약품 개발과 같이 성공하면 대박이지만 실패하면 망하는 구조를 가지는 경우에는 위험을 무릅쓰고 첫 단계부터 개발하는 것보다는 어느 정도 개발된 기술을 사오는 것이 시간과 비용을 절약하는 방법이 될 수 있다는 것이다.

하지만 한국에서는 아직까지도 '아웃소싱'에 대해 부정적인 생각을 가진 경우가 상당히 많다. 그 이유는 외환 위기를 겪으면서 기업에서 구조조정의 방편으로 기업의 일부 기능을 떼어내어 '아웃소싱' 형태로 만들었기 때문에 아웃소싱에 대한 부정적인 생각이 더욱 커지게 된 것으로 생각된다. 그런데 이는 아웃소싱을 잘못 이해한 데서 오는 문제점일 뿐이다. 물론 아웃소싱을 하면 효율이 떨어진다고 생각하는 경우도 있지만, 브루스 저드슨은 그의 저서 『1인 기업을 시작하라*Go It Alone*』에서 "아웃소싱이 결과적으로 60퍼센트만 만족하게 되더라도, 우리가 그 일을 직접 하는 것보다 낫다"고 단언하고 있다. 필자도 그 의견에 전적으로 동감하는데, 그 이유는 아웃소싱하는 분야 자체에 대한 효율은 좀 떨어질지라도 아웃소싱으로 인해 내가 내 핵심 역량에 집중할 수 있어 전체적인 효율은 훨씬 높아지기 때문이다.

한국에서는 일반적으로 아웃소싱 하면 청소나 세무 계산 등을 외주로 하는 경우를 생각하기 쉬운데, 이는 진정한 아웃소싱의 상생 효과를 살리지 못하는 것이다. 진정한 아웃소싱은 직접 하는 것보다 더 큰 효과를 거둘 수 있어야 한다. 필자가 아는 회사 중에 제니엘이라는 회사가 이런 아웃소싱의 상생 개념을 잘 활용하여 사업을 하고 있어서 간단히 소개하고자 한다. 제니엘은 인력 공급 회사지만 다른 회사들이 단순 기능 인력을 공급하는 것과는 달리 전문적인 분야의 인력을 공급하는 걸 목표로 하고 있다. 예를 들어 휴대폰 직영점을 대신 운영해주는 식이다. 대기업인 휴대폰 회사에서 직원을 뽑아서 직영점을 운영하는 경우에는 인건비에서도 부담이 될 수 있고, 운영 효율 면에서도 문제가 될 수 있다. 그러나 제니엘에게 운영을 맡긴 경우에는 성과를 기준으로 평가하기 때문에 휴대폰 회사의 입장에서는 불만족스러울 경우에 계약 해지를 하고 다른 방법을 찾을 수 있는 장점이 있다. 실제로 제니엘은 자동차 조립 공정을 맡아서 운영하기도 하는데, 자동차 회사에서 직영하는 조립 라인보다 운영 효율이 뛰어나다고 한다. 또 다른 장점으로는 휴대폰의 영업 방식을 다른 분야, 예를 들어 옷 판매점에 적용하고자 하는 경우에 휴대폰 매장 직원을 바로 옷 매장으로 옮기면 된다. 이는 휴대폰 판매장의 직원과 옷 판매점의 직원들이 모두 제니엘의 직원들이기 때문에 가능한 일이다. 이제까지는 휴대폰 판매점 직원과 옷 판매점 직원의 소속 회사가 다르기 때문에 휴대폰의 영업 방식을 옷 매장 직원들에게 교육을 통해 전달할 수밖에 없었다. 하지만 그 방식으로는 효과를 거의 거둘 수가 없는 게 사실이다. 제니엘과 같은 아웃소싱이 자리를 잡으면 기업 입장에서는 원하는 대로 구조조정이 가능하고, 원가도 절감되면서 효율도 높으니 선호할 수밖에 없을 것이다. 개인의 입장에서도 능력은 있는데 회사 사정에 의해 일자리가 없어질 경우에 다른 곳으로 옮길 수 있는 기회가 있어서 좋지 않을까? 거기다가 제니엘은 직원들에 대한 교육에도 힘을 기울이기 때문에 자기계발의 기회도 가질 수 있다. 앞으로 아웃소싱의 개념을 잘 설정하고 활용하면 기업을 운영하는 입장이나 구직을 해야 하는 입장이나 모두에게 이익이 될 것으로 확신한다.

기술 융합이 아웃소싱을 가속화한다

　기술 융합은 새로운 사업 분야를 창출한다는 면에서는 사업 주체인 기업에게 유리하지만, 기술 융합의 모든 기술을 가지고 있지 않다는 면에서는 불리할 수 있다. 기술 융합을 추진하는 기업이 자체 보유하지 않은 필요한 다른 기술을 조달하는 방법은 크게 세 가지로 나눌 수 있다. 첫째는 해당 기술을 보유하고 있는 기업을 인수·합병M&A하는 방법이다. 둘째는 기술 융합에 필요한 기술들을 보유한 회사들끼리 출자해 제3의 회사를 설립하는 방법이다. 셋째는 업무 제휴 또는 납품의 형태로 아웃소싱을 받는 방법이다.

　첫 번째 방법인 인수·합병을 통해 기술 융합을 추진하는 경우는 해당 기술을 안정적으로 확보한다는 장점이 있지만, 통합 대상 기업들의 문화가 다른 경우에는 실패의 확률이 아주 높다. 대표적인 실패 사례가 AOL과 타임워너Time Warner의 결합이다. 합병 당시 세계 최고의 인터넷 서비스 업체인 AOL과 방송 등 다양한 콘텐츠를 가지고 있던 타임워너의 융합은 시너지 효과가 클 것으로 기대됐었다. 하지만 합병 기업인

‘AOL 타임워너’의 기업 가치는 절반 이하로 떨어지고, 드디어 2003년 10월에 기업명을 다시 ‘타임워너’로 바꾸기에 이르렀다. 이 합병이 실패한 이유는 다양하게 제시되고 있지만, 가장 큰 원인은 두 합병 기업들 간의 기업 문화의 차이에 의한 불협화음을 들 수 있다. 매우 유연하고 스피디한 기업 문화를 가지고 있는 인터넷 기업인 AOL과 보수적이며 수직적인 기업 문화를 가진 미디어 그룹인 타임워너의 부조화는 합병 후 많은 갈등을 일으키는 요인으로 작용하게 됐다.

한국에서도 기술 융합 관련 사업 추진을 위해 기업 간 합병이 추진되는 사례가 있지만, 주로 같은 그룹 내에서 추진되는 것도 바로 이런 이유 때문이다. 최근의 사례로 KT가 유선과 무선을 융합한 서비스를 추구하기 위하여 자회사인 KTF를 통합한 것을 들 수 있다. 삼성SDS와 삼성네트웍스의 합병도 비슷한 경우로 볼 수 있다. 정보기술IT 서비스 업체인 삼성SDS와 네트워크 업체인 삼성네트웍스의 기술 융합을 통해 종합적인 정보통신기술ICT 서비스를 강화하기 위한 포석으로 분석되고 있다. 포스데이타도 포스콘과 통합해서 2010년 1월에 통합법인 ‘포스코ICT’로 새로 출범했다. 포스코ICT는 포스콘의 철도·철강 분야의 엔지니어링 및 자동화 사업 등과 포스데이타의 IT 서비스 사업을 융합해 U-에코시티, 스마트 그리드 등과 같은 포스코가 추진하는 친환경 사업을 주도해나갈 방침이다. LG그룹도 데이콤과 파워콤의 합병에 이어 LG텔레콤과 다시 합병을 추진했다. 이는 인터넷과 이동통신의 융합을 위한 포석으로 분석되고 있다.

기술 융합에 필요한 기술들을 보유한 회사들끼리 출자해 제3의 회사를 설립하는 방법은 아직까지는 흔히 사용되지 않고 있다. 하지만 이 방법은 기업 간 인수·합병에 따른 부작용을 최소화하면서 두 기업 간의 협력 관계를 확실히 보장할 수 있다는 장점이 있어 앞으로 각광받을 가능성이 많다. 대표적인 예로 최근 현대모비스가 LG화학과 손잡고 친환경 자동차에 적용되는 배터리 팩의 연구 개발과 생산을 전담하는 합작회사를 설립하기로 한 것을 들 수 있다. 2010년 정식 출범할 예정인 두 회사의 합작회사는 LG화학으로부터 배터리 셀Cell을 공급받아 현대 및 기아차용 배터리 팩을 생산한 후 현대모비스에 공급한다. 핵심 부품 공급업체인 LG화학과 주 수요처인 현대모비스가 안정적인 상생의 협력 관계를 만들려는 이 시도가 새로운 성공 비즈니스 모델로 자리 잡을 수 있을지 관심을 끌고 있다.

앞의 두 가지 방법들이 사업 전반적인 협력 관계를 공고히 하기 위한 방법들이라면, 개별 기술 융합 제품들을 위한 협력 관계는 업무 제휴 또는 아웃소싱을 통해 해결하는 게 효율적이다. 애플의 아이포드와 아이폰을 대표적인 예로 들 수 있다. 이 경우에 애플이 사업적인 주도권을 가지고 있고, 부품 공급업체들은 자신들의 기존 사업을 활용해 부품을 공급하는 것이기 때문에 서로에게 이익을 주는 사업 구도라서 지속적인 관계 유지가 가능하다. 즉 업무 제휴나 아웃소싱의 방법은 어느 일방이 사업적인 주도권, 특히 시장 지배권을 가지고 있을 때 유용한 방법이다. 약간 경우는 다르지만 애플의 아이폰에서 제공하는 앱스토어도 콘텐츠 제공자들에게 사업 기회를 준다는 면에서 보면 콘텐츠 아웃소싱을 하고 있다고 볼 수도 있다. 물론 일정한 기업이 아니라 불특정 다수에게 아웃소싱의 기회를 제공한다는 면에서 이 범주에 포함시킬 수 있느냐 하는 의문을 가질 수 있지만, 앞으로 1인 기업, 즉 개인들에게 아웃소싱하는 게 추세라고 볼 때 오히려 진일보된 아웃소싱 방법이라고도 볼 수 있다.

특히 디지털 융합의 경우에는 앞의 두 가지 방법들에 비해 아웃소싱이 더 효율적이고 일반적인 대세로 자리 잡을 것으로 보인다. 그 이유는 디지털 기술 융합의 경우 기술의 빠른 발전 속도로 인해 필요 역량을 자체 조달하는 것이 점점 어려워지기 때문이다. 더구나 기술 중심이 아니라 시장 중심의 사업 구조가 되어야 경쟁에서 이길 수 있는 시대가 되면서 자체적인 기술 개발보다는 외부에서 아웃소싱으로 기술을 조달해야 고객의 니즈를 충족시킬 수 있는 콘텐츠 개발에 집중할 수 있고 시간을 절약할 수 있다. 앞에 설명한 연결 개발C&D의 개념이 바로 이런 필요성에 때문에 거대 기업에 의해 채택되고 있는 것이다. R&D가 완전히 기술 우위의 사고방식에서 나온 개념이라면, 그 이후의 R&BResearch and Business Development는 사업을 위한 기술로 한 단계 더 나아간 개념이지만 역시 공급자 중심, 기술 위주의 사고방식이라고 볼 수 있는데, 이에 비해 C&D는 그야말로 고객의 니즈를 만족시키기 위해서는 어떤 방법도 불사하겠다는 고객 중심의 사고방식으로의 전환을 의미한다고 볼 수 있다. 더구나 디지털 기술 융합에 가장 중요한 콘텐츠는 여러 기업이나 개인들이 다양하게 만들어서 공급하는 게 필요하기 때문에 아웃소싱이 필수적이다. 최근 KT 등 디지털 융합 사업을 시작하는 대기업들이 아웃소싱의 중요성을 인식하고 중소기업들과 협력 관계를 강화하기로 한 것도 바로 이런 이유 때문이다.

아웃소싱을 하더라도 업무 제휴를 맺어 좀 더 긴밀하게 융합 관계를 유지하려는 경우도 있다. 같은 융합 서비스에 대해 여러 수요처와 공급처가 있을 경우에 서로 업무 제휴를 통해 배타적인 동반자 관계를 맺는 추세를 보이고 있다. 최근 KT와 현대·기아자동차가 와이브로 기반의 차량용 서비스 제휴 협정을 맺은 것이 그 대표적인 예다. 기술 융합의 대표적 분야인 자동차용 텔레매틱스에 진출하기 위해 서비스 제공업체인 KT와 수요처인 현대·기아자동차가 서로 협력하기로 한 것이다. 이에 대항해서 SK텔레콤도 최근 르노삼성과 전략적 제휴를 맺고 휴대폰을 이용해 자동차를 제어할 수 있는 '모바일 텔레매틱스'를 선보였다. 또 현대·기아자동차는 삼성전자와 손을 잡고 하이브리드 자동차 등 친환경 자동차 생산을 위한 차량용 반도체 개발 업무 제휴를 맺었다.

이미 실용화된 모바일 뱅킹도 무선 통신회사와 금융기관의 업무 제휴에 의해 탄생된 대표적인 기술 융합 서비스다. KB국민은행은 LG텔레콤과 제휴를 맺고 2003년 9월 세계 최초로 스마트 칩 기반의 모바일 뱅킹 서비스 '뱅크온'을 출시했다. 휴대폰에 내장된 모바일용 스마트 칩에는 은행 ID, 직불·신용카드, 전자화폐 기능, 로열티 카드 등이 포함되어 있어 고객이 언제 어디서나 금융 네트워크에 접근, 서비스를 이용할 수 있는 유비쿼터스 금융 서비스가 제공되고 있다. 이에 맞서 SK텔레콤과 KT도 여러 은행들과 제휴를 맺고 모바일 뱅킹 서비스를 제공하고 있다. 금융 산업의 특성상 특정 은행과 통신회사 간의 배타적인 업무 제휴는 힘들기 때문에 이동통신 3사가 모두 여러 은행들과 중복하여 업무 제휴를 맺고 있는 것이 특징이라고 볼 수 있다.

작은 회사의 기술 융합 활용하기

　앞에서 애플, KT 등 거대 기업들만의 예를 들다보니 기술 융합이 거대 기업에게만 사업 기회를 제공하는 게 아닌가 하는 느낌이 들지 않았을까 걱정이 된다. 하지만 거대 기업들만 기술 융합이 유리한 것은 아니다. 오히려 기술 융합은 작은 기업들에게도 많은 기회를 제공한다. 우선 작은 기업들도 기술 융합을 통해 다양한 콘텐츠를 만들어낼 수 있기 때문에 과거에 비해 불리하지 않다. 과거에는 기술 위주의 시장이었기 때문에 아무래도 자본력과 인력에서 뒤지는 작은 기업들이 불리할 수밖에 없었다. 하지만 이제는 작은 기업들도 창의력만 있으면 시장에서 원하는 콘텐츠를 만들어낼 수 있고, 그 콘텐츠에 필요한 기술을 기술 융합을 통해 아웃소싱할 수 있기 때문에 거대 기업에 비해 불리하지 않다. 둘째는 거대 기업에서도 필요한 기술이나 제품을 아웃소싱하려고 하기 때문에 콘텐츠만 좋다면 과거보다 거대 기업과 제휴 관계를 맺기가 훨씬 유리해졌다. 더구나 과거에는 거대 기업과 작은 기업이 대부분 종속적인 관계를 맺었으나, 이제는 콘텐츠가 워낙 중요해졌기 때문에 좋은 콘텐츠를 가진 작은 기업들을 무시할 수 없게 됐다.

작은 기업이 기술 융합을 통해 새로운 사업 기회를 잡기 위해서는 두 가지 방법으로 접근이 가능하다. 첫째는 거대 기업이 미처 보지 못하는 틈새시장을 노리는 것이다. 작은 기업들이라도 기술 융합을 통해 다양한 새로운 제품과 서비스를 만들어낼 수 있다. 거대 기업이 노리기에는 시장 규모가 너무 작거나, 기존 거대 기업들의 사업 영역과는 전혀 다른 분야에서 나름대로의 사업 기회를 찾는다면 성공의 기회는 얼마든지 찾을 수 있다. 왜냐하면 이제 사업 성공의 기회는 기업 규모에 상관없이 얼마나 시장 친화적인 콘텐츠를 활용한 제품이나 서비스를 만들어내느냐에 달려 있기 때문이다. 물론 가능하면 전혀 새로운 분야의 사업을 하기보다는 기존의 사업을 통해 보유한 핵심 역량을 발휘할 수 있는 분야의 사업을 한다면 더욱 성공 확률은 높아질 것이다. 가장 좋은 방법은 기존에 확보하고 있는 시장에서 기술 융합을 통해 고객들이 필요로 하는 제품이나 기술을 만들어서 제공하는 것이다.

이런 틈새시장을 노리는 전략의 예로는 앞에 예를 든 쥬얼리와 USB 메모리를 결합한 제품을 들 수 있다. 휴대하기 간편하면서도 액세서리 같은 USB 메모리 제품이라면 단독으로 판매할 수도 있고, 휴대폰 매장이나 컴퓨터 매장에서 판매가 가능할 것이다. 또 다른 예로 자전거에 관련된 기술의 개발을 들 수 있다. 자동차가 거대 기업들의 시장이라면 자전거는 거대 기업들이 노리기에는 규모가 작은 시장이다. 하지만 요즘 건강과 친환경에 대한 관심이 높아지면서 다양한 기능을 가진 자전거가 요구되고 있다. 이런 필요성을 충족시키기 위해서 정부에서 관련 기술을 개발하는 중소기업을 지원하는 프로젝트를 진행하고 있다. 개발되고 있는 기술의 예를 보면 공기를 넣지 않아도 되는 자전거 타이어, 자동

충전 하이브리드 자전거, 유비쿼터스 개념을 활용한 공공 자전거 관리 시스템, 알루미늄보다 가벼운 마그네슘을 이용한 자전거 프레임 개발, 미니벨로와 전기 사전서를 융합한 접이식 전기 미니벨로, 자전거 여행 가이드 서비스를 위한 디지털 맵 기술 등 자전거에 특화된 다양한 기술들이 개발되고 있다(《서울경제》 2009. 10. 20).

두 번째는 거대 기업이 필요로 하는 핵심 기술이나 콘텐츠를 확보해 아웃소싱의 대상이 되는 것이다. 필자는 이 원칙을 특히 엔지니어들에게 아주 강조한다. 왜냐하면 한 가지 핵심 역량을 가진 엔지니어도 이제는 이 원칙만 잘 활용하면 성공할 수 있기 때문이다. 과거에는 어느 한 가지 부분적인 강점을 가진 사람은 사업에 성공하기가 힘들었다. 제품을 잘 개발해서 만들어내는 사람도 판매 역량이 모자라서 사업에 실패하는 경우가 많았다. 1980년대에 우후죽순 격으로 생겨났다가 사라진 기술 벤처기업들이 바로 기술 개발에는 성공했지만 판매에 미숙하거나 자금 운용 능력이 뒤떨어져서 그랬던 경우가 많다. 즉 과거에는 사업을 하려면 기술, 영업, 자금 등 모든 분야에서 만능이 되어야 했다. 또 만약 일부 핵심 능력만 가지고 대기업에 아웃소싱 대상이 되는 경우에도 수직적인 종속 관계를 강요당해 수익을 못 내거나 불평등한 계약 관계를 맺어 애써 개발한 기술을 빼앗기는 경우도 많았다.

하지만 이제는 남들과 차별화된 확실한 핵심 능력만 갖추고 있어도 사업을 할 수 있다. 과거와 같이 만능이 될 필요가 없다는 것이다. 이미 이런 아웃소싱 관계는 미국 등 선진국에서는 일반화되어 있다고 한다. 미국에 있는 필자의 한 친구는 화학제품의 시험 생산과 실제 생산을 대행해주는 사업을 하는 회사에 다니고 있다. 일반적으로 화학제품들이 실험실에서 합성에 성공하면, 그 다음에는 좀 더 큰 규모의 시설인 파일럿 설비에서 시험 생산을 하는 스케일 업scale up 과정을 거치게 된다. 그런데 아무리 실험실에서 반응 조건을 잘 잡아도 스케일 업 과정에서 여러 가지 예기치 못했던 문제들이 생길 수 있다. 하지만 필자 친구의 아웃소싱 회사는 스케일 업 과정에서 생길 수 있는 문제를 최소화하는 노하우를 많이 축적하고 있기 때문에 시행착오를 줄일 수 있어서 시간과 비용을 절약할 수 있는 이점이 있다고 한다. 또 화학제품을 개발한 회사 입장에서는 스케일 업 과정은 실제 생산으로 가는 과도기 과정이기 때문에 인력이나 시설도 모두 실제 생산이 이루어지면 필요가 없게 된다. 반면 그 친구의 회사에서는 스케일 업 시설도, 노하우를 가진 인력도 계속 필요하기 때문에 서로에게 이익이 되어 많은 대기업들이 활용하고 있다고 한다. 아직도 노하우를 중시하는 한국의 기업 정서상 이런 아웃소싱 시스템이 정착되려면 시간이 좀 걸리겠지만, 그리 멀지 않은 미래에 실현되리라 확신한다.

이제까지는 기술 융합에 의해 생겨난 사업 패러다임 변화에 대해 주로 살펴보았다. 지금부터는 기술 융합을 위주로 한 새로운 기술의 사업화를 위해 고려해야 할 점에 대해 몇 가지 살펴보도록 하겠다.

융합 대상 분야의 규제 내용을 고려하라

2009년 11월 23일 지식경제부 주최로 서울 COEX에서 열린 제1회 융·복합 국제 콘퍼런스 행사에 갔더니 어느 연사가 요즘 한국 법규가 걸림돌이 되어 한국에서 개발된 기술이 오히려 외국에서 사업화된 사례가 많다는 얘기를 했다. 그 연사가 예를 든 '휴대폰으로 혈당을 측정하는 기술'은 의료법에 저촉되어 한국에서는 사업화할 수 없어 외국(미국?)에서 사업화를 할 수밖에 없었다고 한다. 기술은 영역을 넘나드는데, 어느 특정 영역에서는 아직까지 법규가 상당히 엄격하게 적용되기 때문에 사업화와 균형이 맞지 않는 경우가 흔하다. 법규 문제가 기술 융합의 가장 큰 걸림돌로 작용하고 있는 것이다. 물론 법규가 특정 영역에서 엄격한 데는 나름대로의 이유가 있다. 여기 예를 든 의료 분야의 경우도 사람의 생명과 직결되는 분야이기에 규제가 엄격해야 되는 것은 당연한 일이다. 문제는 기술의 수준이 과거와 달라졌는데도 불구하고 규제 내용은 과거 기술에 맞춰진 채 운용되고 있는 점이다. 앞에 예를 든 '휴대폰으로 혈당을 측정하는 기술'이 사람의 생명을 좌우하는 의료기기 관련 법규로 심의되어야 하는 것인지 의문이 들지 않을 수 없다.

치료기기라면 당연히 엄격한 규제를 해야 하겠지만, 혈당을 측정하는 기기의 경우 정확도가 얼마냐 하는 것이 문제가 될 수 있어도 인명에 관계되기 때문에 사업화를 할 수 없다는 것은 좀 지나친 감이 있다고 생각된다. 하지만 법규는 법규다. 따라서 법규가 불합리하면 고쳐야 하는 것이지 법규를 무시할 수는 없는 것이다. 문제는 법규가 기술의 발전 속도를 따라가지 못하는 데 있다.

위의 융·복합 국제 콘퍼런스 행사에서 미래학자 대니얼 핑크(앨 고어 전 미국 부통령 수석 대변인) 박사는 "인도는 의료비용이 저렴해 의료 시술을 받은 뒤 나머지 1주일은 타지 마을을 관광하고 돌아오는 의료 관광이 발전됐다. 한국도 다른 국가에서 제공하지 못하는 차별화된 서비스 제공을 고려해야 한다"고 주장했다. 의료 관광, 투자 개방형 의료법인 허용 등을 추진하고 있지만 각종 이해관계에 발목이 잡혀 아직 걸음마 단계에 머물러 있는 한국 정부로서는 대니얼 핑크 박사의 말을 다시 한 번 새겨볼 필요가 있다. 앞으로 기업들이 성공하기 위한 조건으로 핑크 박사는 "경계를 넘나들어 기술, 비즈니스 모델 등 두 가지 이상 개체가 융합돼야 한다"고 주장했는데, 이는 기업의 변화와 창의적인 사고를 가진 인재의 필요성과 더불어 융합에 걸맞는 규제의 변화도 필요하다는 점을 강조한 것으로 볼 수 있다.

최근 기술 융합을 하면서 규제의 중요성이 부각되는 분야가 바로 방송과 통신의 융합이다. 전통적으로 방송은 공익성과 다양성을 추구해온 반면에 통신은 경쟁을 통한 네트워크의 고도화와 소비자 편익 증진 등을 목표로 삼아 왔기 때문에 융합 시대의 방송과 통신을 한 가지 틀 내에서 규제하기란 매우 어려운 것이 사실이다. 더구나 방송과 통신의 목표가 이처럼 다르기에 규제 기관이 달랐을 뿐 아니라, 융합을 앞에 놓고 규제 기관끼리 서로 영역 다툼을 하는 양상이기 때문에 통일된 규제 기준을 제시하기가 힘든 상황이다. 현재 한국에서는 방송에 대한 규제가 더 심하기 때문에 방송의 통신에의 진입은 쉽게 이루어진 반면 통신의 방송 진입은 이루어지지 못하고 있는 상황이다. 하지만 보수적인 방송은 새로운 사업 진출에 소극적인 반면, 기업 성향인 통신은 새로운 방송과 통신의 융합 분야에 적극적이어서 대조를 이루고 있다.

미국의 경우에는 1996년 개정된 통신법이 방송과 통신의 융합에 결정적인 역할을 했다. 방송은 1940년대 처음으로 등장한 이래 한정된 주파수와 광대한 사회문화적 영향으로 인해 오랫동안 규제 대상이 되어 왔다. 하지만 1996년 통신법이 개정되면서 50년간 지속됐던 방송에 대한 규제 조항들이 대부분 철폐되거나 대폭적으로 완화됐다. 개정된 미국 통신법의 기본 취지는 통신 관련 산업의 규제 완화와 경쟁 활성화로 요약할 수 있다. 이에 따라 1998년 11월 1일에 미국의 4대 방송사가 주요 10개 도시에 디지털 TV 방송을 시작했으며, 2000년에는 30개 도시로 확대해 방송을 실시하고, 이후 모든 상업 방송까지도 디지털 방송을 실시하게 됐다. 한마디로 규제 정책의 변화가 방송과 통신의 기술 융합을 선도한 셈이라고 볼 수 있다.

필자도 사업을 하면서 규제의 위력을 새삼 느끼곤 했다. 처음 시작한 사업 품목인 건설화학제품의 경우에는 규제에 별로 신경을 쓸 필요가 없었다. 물론 건설제품에 대한 규격이 존재하긴 했지만, 필자가 공급하는 제품들은 완제품이라기보다는 첨가제 형태였기 때문에 직접적으로 규제를 받는 대상이 아니었다. 하지만 환경 사업을 시작하면서는 사정이 확 달라졌다. 모든 게 규제와 밀접하게 관련됐다. 환경 사업 품목은 앞에서도 언급한 바 있는 하수슬러지 재활용이었다. 이제까지는 하수슬러지를 바다에 투기하고 있었다. 하지만 아무리 공해상에 하수슬러지를 버린다고 하지만, 해양 환경에 악영향을 주는 것은 물론이고 국제적인 문제를 야기하게 됐다. 왜냐하면 바다에 버려진 하수슬러지가 인근 국가의 해양 환경에 악영향을 주기 때문이다. 따라서 국제 협약인 런던 협약에 의해 하수슬러지의 해양 투기를 금지하게 됐다. 그런데 문제는 언제부터 금지되느냐 하는 것이었다. 처음에는 2007년경에 규제가 된다고 하다가 2013년부터 금지되는 것으로 입법 예고됐다. 사업을 준비하는 사람에게 5년여의 시행 연기는 사업에 심대한 타격을 의미했다. 막대한 돈을 들여 개발해놓은 기술이 몇 년 동안은 무용지물이 됐기 때문이다. 사실 하수슬러지를 처리해야 하는 입장에서는 해양에 버리는 것이 가장 간편하고 비용이 저렴한 방법이었다. 따라서 해양에 버릴 수 있는 한은 어떤 재활용 기술을 개발해도 경쟁이 되지를 않았다.

또 한 가지 규제로 인하여 어려웠던 점은 처리 방법을 규정한 법규 때문이었다. 필자가 개발한 기술은 하수슬러지를 발효한 다음 고화하는 공법이었다. 이 발효 기술에 의하면 하수슬러지를 3일 동안만 발효하면 충분했다. 하지만 법규에는 무조건 45일 이상을 발효하도록 규정하고 있었다. 그 법규를 개정하는 데만도 몇 년이 걸렸다. 만들어진 제품을 매립장 복토재로 활용하기 위한 규정도 마찬가지였다. 아무리 기술이 좋아도 법규에 맞지 않으면 활용할 수 없으니 환장할 노릇이었다. 공무원들과 관련 교수들을 쫓아다니면서 규정을 개정하기 위해 설득에 들인 시간과 노력만 해도 엄청나다. 만약 처음부터 환경 사업에 규제가 그렇게 중요하고, 규제를 고치기가 또 그렇게 어려운 줄 알았더라면 환경 사업을 시작하지도 않았을 것이다. 아무튼 의료, 식품, 환경 등 규제가 중요한 분야에 진출할 때는 기술 개발에 앞서 규제에 대한 검토를 충분히 할 필요가 있다.

기존 사업자들의 저항 극복도 고려해야 한다

　기술 융합에 의해 창출되는 새로운 시장이 활성화하기 위해서는 규제 여건의 변화도 중요하지만, 그에 못지않게 기존 산업계와 기득권층의 반발을 극복하는 것이 큰 과제가 되고 있다. 특히 기존 산업이 독점적인 지위를 누리고 있을 때 그 반발은 상당히 극렬해서 극복에 상당한 기간이 소요될 수 있다. 미국에서 독점적으로 전화 서비스를 제공하던 AT&T가 장거리 전화 서비스 업자들의 등장을 견제하기 위해 비싸게 받던 장거리 전화 요금을 대폭적으로 내린 것을 예로 들 수 있다. 이런 전략은 비단 새로운 산업의 출현에만 적용되는 것은 아니다. 과거에는 수입에 의존하던 제품들을 국산화하는 과정에서 겪었던 진통이기도 하다. 이미 독과점적인 지위를 누리면서 비싸게 팔리던 수입 제품을 국산화해서 시장에 내놓으면 수입 업체들이 가장 흔하게 쓰던 전략이 바로 저가 공세였다. 당분간 제조 원가를 밑도는 저가 공세를 펴게 되면 국산화 제품을 출시한 국내 업체가 못 견디고 도산하는 경우도 많았다. 물론 그 후에는 수입 업체가 다시 독점적인 지위를 악용해 가격을 올리는 게 일반적이었지만 말이다.

최근 잇따르고 있는, 이동통신 업체들이 무선 인터넷 망의 접속을 한 정하려는 움직임도 공짜 무선 인터넷 전화mVoIP를 견제하려는 움직임으로 파악되고 있다. 방송통신위원회까지 나서서 보안을 위해 별도의 인증을 요구하는 초고속 무선 인터넷 연결기기AP에 일반인들이 접속할 수 없도록 하고 있다. 표면적인 이유는 개인이나 기업들이 내부적으로 사용하고 있는 무선 인터넷의 보안을 위한 조치라고 하지만, 내면적으로는 무선 초고속 인터넷 망을 이용한 공짜 무선 인터넷 전화의 확산을 견제하려는 움직임으로 파악되고 있다. 실제로 일반인들이 초고속 무선 인터넷 망을 마음대로 사용할 수 없게 되면, 휴대폰으로는 집이나 KT의 네스팟 존, 보안 설정이 안 되어 있는 사설 무선 인터넷 망을 통해서만 인터넷 전화를 할 수 있는 것이다. 하지만 이 경우에 무선 인터넷 전화를 사용하기 위해서는 상당한 불편을 감수해야 하기 때문에 공짜 무선 인터넷 전화의 무분별한 확산을 방지할 수 있다는 계산이 깔려 있다. 더구나 앞으로는 기존에 보안 설정이 안 되어 있는 사설 AP에 접속해 공짜 인터넷 전화를 할 수 있는 방법도 크게 제한될 전망이다. 방송통신위원회와 이동통신 업체들이 사설 AP 이용에 대해 보안상의 문제를 들어 사용을 못하도록 하는 방안을 검토 중이기 때문이다《서울경제》 2009. 10. 19).

사실 초고속 무선 인터넷 망을 이용한 공짜 인터넷 전화는 기술상으로는 아무 문제없이 제공될 수 있는 서비스다. 이미 인터넷 전화 사업자인 '자자'는 최근 트위터를 통해 전화를 공짜로 할 수 있는 프로그램 Jajah@call을 선보이고 본격 서비스에 들어갔다. 구글도 리서치인모션RIM 사의 블랙베리와 안드로이드 기반 스마트폰에서 무료 통화를 할 수 있는 '구글 보이스Google Voice'를 선보였다. 이베이의 스카이프는 무선 인터넷 전화로 전체 국제전화 사용량의 90퍼센트 이상을 점유하면서 세계 최대의 장거리 전화 회사로 등극한 상태다(《서울경제》 2009.10.5). 하지만 이동통신 업체의 입장에서 보면 무선 인터넷 전화 서비스는 휴대폰 서비스의 매출 감소로 이어지기 때문에 달갑지 않은 상황이다. 인터넷 전화와 휴대폰으로 인해 유선전화의 매출이 감소됐던 전철을 밟고 있는 것이다. 이 경우 한 가지 다른 점은 무선 인터넷 전화의 경우에는 이동통신 업체들이 통제할 수 있는 수단을 가지고 있다는 점이다. 즉 이동통신 업체들은 휴대폰에 무선 인터넷 전화 사용을 위한 프로그램의 사용을 금지함으로써 무선 인터넷 전화의 사용을 막을 수 있다는 것이다. 하지만 기술상으로도 가능하고, 소비자들 입장에서는 이익인 무선 인터넷 전화 서비스가 공급업체인 이동통신 업체들의 이익 때문에 계속 금지되기는 어렵지 않을까 하는 생각이 든다. 그래도 공짜 무선 인터넷 전화가 허용되면 회사 존립까지도 걱정해야 하는 정도로 타격을 입을 것이 뻔한 이동통신 업체들의 저항이 극심할 것으로 예측된다.

TV 방송과 통신의 융합의 경우에도 TV 방송사들의 저항이 심한 것은 어쩌면 당연한 현상이라고 볼 수 있다. 보수적이면서 독과점적인 지위를 누리고 있는 TV 방송사의 입장에서는 이런 지위를 위협할 수 있는 새로운 기술 융합의 출현이 반가울 리가 없다. TV 방송과 통신의 융합을 통해 탄생하는 새로운 시장에서 개방적이면서 경쟁을 중시하는 통신 회사들과 경쟁해서 이기기가 힘들기 때문이다. 새로운 기술 융합의 추세가 소비자들의 욕구를 좀 더 만족시켜줄 수 있기 때문에 어쩔 수 없이 따라야 할 시대적인 대세라는 데는 동의하지만, 현재의 독점적인 지위를 지키고 싶은 것도 당연한 이치다. TV 방송사들이 기득권을 지킬 수 있는 가장 강력한 방법은 콘텐츠 제공의 거부다. 과거에 케이블 TV 나 스카이라이프 등 기존 TV 방송과 경쟁할 수 있는 다른 매체들이 출현했을 때에도 TV 방송사들은 TV 프로그램의 제공을 거부하는 등 기득권을 지키기 위한 조치를 취해왔다. 이에 비해 DMB의 경우에는 영역 구분이 확실하기 때문에 어느 정도 협조가 되고 있는 상황이다. 왜냐하면 기존 TV가 안방을 중심으로 한 프로그램 제공이라면, DMB의 경우에는 자동차 등 움직이는 별도의 공간에서 제공되는 서비스여서 기존 TV 방송사들의 영역을 침범할 염려가 적기 때문이다. 즉 기존 TV의 서비스 영역이 가족 중심의 공동 공간이라면, DMB는 자동차 등의 개인적인 공간에서 제공되는 서비스로 확실한 구별이 된다는 것이다.

하지만 앞에서 언급했듯이 소비자들의 요구가 분명히 있고, 기술적으로 가능한 서비스에 대해 언제까지나 기득권을 내세워 저항할 수는 없다. 위에 예를 든 무선 인터넷 전화 서비스의 경우에도 현재는 이 서비스가 실현되기 위해 필요한 기술을 이동통신 업체들이 통제할 수 있기 때문에 어느 정도 지연을 시키고 있다. 음성통신 서비스 매출 비중이 크기 때문에 대부분의 이동통신 업체들이 시장 요구에 반하여 저항하고 있는 것이라고 볼 수 있다. 하지만 음성통신 매출 비중이 낮은 이동통신 업체가 출현하거나, 이동통신의 비중을 낮추고 무선 인터넷 전화를 이용한 다른 사업 분야로의 진출을 원하는 이동통신 업체가 출현한다면 무선 인터넷 전화 서비스가 전격적으로 실행될 수 있다고 생각된다. 마치 유선통신 매출이 높았던 KT가 무선 이동통신 서비스 매출 비중을 높이기로 전략을 세우면서 유선과 무선 통신 결합 상품FMC을 전격 출시했던 것과 같은 이치다.

기술 융합에 의해 사업의 주도권이 완전히 바뀌는 경우에는 기존 사업자들의 반발이 더욱 클 수 있다. 대표적인 경우가 전자책e-book 시장이다. 출판 시장의 경우 이제까지는 소규모의 출판사들과 오프라인 서점들이 협력적인 공생 관계를 유지하고 있었다. 하지만 전자책 시장이 활성화되면 대규모 자금 조달이 가능한 유통업체, 이동통신 업체들이나 대형 서점들이 주도권을 가지게 될 것이다. 저자들과의 접점으로서 출판권을 가지고 있던 출판사들의 입지가 급격히 좁아질 것으로 예상된다. 이는 비단 한국만의 문제가 아니다. 출판사들의 전자책에 대한 우려의 목소리는 다음 신문 기사에서도 읽을 수 있다.

프랑스 출판 그룹인 아세트의 아르노 누리 최고경영자CEO가 전자책e-book이 기존 종이책을 위협하고 있다는 우려를 표시했다. 31일《파이낸셜타임스FT》에 따르면 누리 CEO는 인터뷰에서 "세계 최대 인터넷 서점인 아마존과 구글을 비롯, 반즈앤노블스 등 전자책 소매업체들이 가격을 일방적으로 낮춘다면 하드커버(양장본) 서적을 만드는 기존 출판사는 타격이 불가피할 것"이라고 경고했다.

더 싼 전자책을 택할 소비자들을 붙잡기 위해 가격을 낮추다가는 작가들에게 지불할 원고료만 간신히 건지게 된다는 것. 결국 종이책 시장에는 페이퍼백(paperback, 보급판)만 남게 된다는 설명이다. 그는 "출판업자들은 아마존과 구글의 정책에 매우 반감을 갖고 있다"고 전했다. 미국의 e-book 시장을 장악한 아마존은 최근 모든 e-book 가격을 9.99달러로 낮췄다. 구글은 네티즌들에게 디지털 도서 검색 서비스를 통해 저작권 기한이 지난 수백만 권의 책을 공짜로 제공할 계획이다.

유럽의 도서관들은 구글의 이 같은 계획에 반감을 표해왔지만, 이마저도 프랑스 국립도서관 등이 최근 구글과 손을 잡기로 하면서 잦아드는 추세다. 구글의 막대한 영향력을 무시할 수 없는 탓이다. 누리 CEO 역시 "구글이 보다 합리적인 서비스를 제공했으면 한다"면서도 "구글과 협력할 계획이 있다"고 밝혔다. 《서울경제》 2009. 8. 31.

전자책 시장은 아직은 전체 출판 시장의 1퍼센트 미만에 불과할 정도로 미미하지만, 조만간 기존 도서 시장을 위협할 정도로 급속도로 커지고 있다. 전자책 시장의 가장 큰 난제는 전자책 단말기의 비싼 가격이다. 단말기 가격이 비싸지만 다운로드 받는 책의 가격이 낮고 편리하기 때문에 책을 많이 읽는 사람들에게는 전자책이 유리하다. 하지만 현재 일 년에 3~6권의 책을 읽는 독자들에게는 별 흥미를 끌지 못하는 실정이라서 10년 후에나 전자책 시장이 전체 출판 시장의 20~25퍼센트를 차지할 것으로 전망되고 있다. 현재 전자책 시장은 인터넷 쇼핑몰 업체인 아마존이 '킨들kindle'을 앞세워 리드하고 있는 가운데, 소니의 '리더reader'와 시장을 60퍼센트와 35퍼센트로 양분하고 있는 상황이다. 최근에는 대형 서점 반즈앤노블스가 전자책 단말기 '누크'를 출시하면서 이 시장에 뛰어들었다.

IT 강국을 자랑하는 한국은 전자책 시장에서 미국, 일본에 이어 3위의 시장을 형성하고 있다. 전체 출판 시장에서 한국이 세계 7위인 것을 감안하면 전자책 시장에서는 상당히 앞서 있음을 알 수 있다. 전자책 사업에서도 이동통신 3사(SK텔레콤, KT, LG텔레콤)가 교보문고와 인터파크, 한국이퍼브(예스24와 알라딘)와 한국출판콘텐츠 등 대형 서점들과

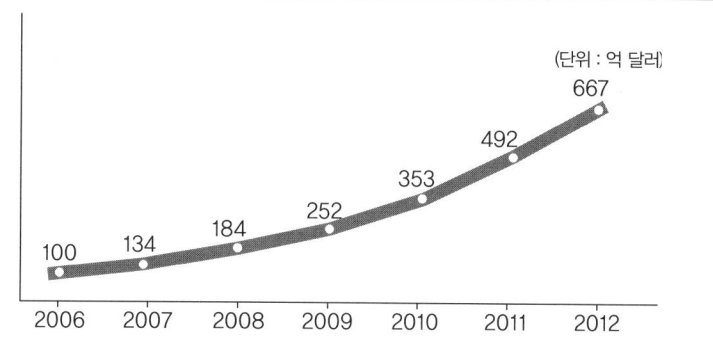

(단위 : 억 달러)
667
492
353
252
184
134
100

2006 2007 2008 2009 2010 2011 2012

《서울경제》 2009년 10월 13일 기사에서 재인용)

협력 관계를 만들면서 진출하려고 하고 있다. 이와 더불어 최근 들어 아이리버가 전자책 '스토리'를 출시할 예정이어서 한국에서 전자책 시대가 본격적으로 시작될 것으로 전망되고 있다. 하지만 출판업계는 저작권을 앞세워 반발은 하면서도 별다른 대응 수단을 마련하지 못하고 손을 놓고 있는 상황이다.

새로운 기술에
소비자가 적응할 시간이 필요하다

새로 사업을 시작하면서 가지는 가장 큰 오해 중의 하나는 소비자에게 획기적인 서비스를 제공하면 성공할 수 있다고 생각하는 것이다. 하지만 상품이나 서비스는 그때까지 충족되지 않고 있던 소비자의 욕구를 만족시키기에 충분할 정도로 새로우면서, 동시에 소비자의 삶의 방식을 크게 바꾸지 않아도 되는 정도일 때 팔린다고 한다. 너무 새로워도 소비자는 외면하게 된다는 것이다. 새로 나온 제품이나 서비스가 전과 다름이 없으면 기존 제품이나 서비스와의 경쟁에서 이길 수 없고, 너무 새로우면 소비자가 외면할 가능성이 많다. 새로운 제품의 경우에 처음 시작한 사람은 망하고, 나중에 뛰어든 사람이 성공하는 사례가 많은 것도 이러한 이유 때문이다. 따라서 어느 정도 새로운 제품을 출시할 경우에는 소비자가 그 제품에 익숙해질 수 있는 정도의 시간을 고려해야 한다. 외식업의 경우에는 소비자의 입맛을 변화시키는 데 최소한 1년은 소요된다고 한다. 필자의 경우에도 제3세대라고 하는 폴리카본산계 고성능 감수제를 일본에서 처음 수입해와서 한국에 소개한 후에 약 1년 정도의 시간이 흐른 다음에 사용되기 시작했고, 5년여의 시간이 흐른 다음에야

국산화에 의해 일반화되기 시작했다.

특히 최근에 기술 융합에 의해 탄생되는 새로운 사업 분야의 경우에는 기존 제품이나 서비스와는 전혀 다른 차원이기 때문에 소비자들이 적응하는 데 좀 더 시간이 필요할 수가 있다. 이는 최근 방송통신위원회와 한국인터넷진흥원이 국내 통신 융합 서비스에 대한 소비자 반응을 조사한 결과를 보아도 알 수 있다(《서울경제》 2009. 12. 8).

국내 시장에서 통신 결합 상품이 등장한 지 1년이 다 돼 가지만 소비자들의 반응은 아직 덤덤한 것으로 나타났다.

7일 방송통신위원회와 한국인터넷진흥원이 전국 3만 가구를 대상으로 실시한 '통신 결합 상품 이용현황 조사'에 따르면 지난 5월 현재 12.4퍼센트만 가입한 것으로 조사됐다. 10가구 가운데 1가구 정도만 결합 상품에 가입한 셈이다.

통신 결합 상품은 초고속 인터넷과 일반 집 전화, 인터넷 TV, 이동전화 등의 정보통신 서비스를 묶어서 사용하는 경우 요금을 할인해주는 서비스로, 올 초부터 도입됐다.

(중략)

나은아 한국인터넷진흥원 연구원은 "결합 상품이 선보인 지가 얼마 되지 않아 아직 소비자들이 이 서비스에 대한 정확한 정보를 접하지 못한 것으로 보인다"며 "정보통신 요금 인하 효과가 있다고 생각하는 가구가 늘어나고 있는 점을 감안하면 앞으로 결합 상품 이용자가 꾸준히 증가할 것"이라고 내다봤다. KT, SK텔레콤, LG텔레콤 등 통신업체는 다양한 결합 상품을 내놓으며 치열한 시장 쟁탈전을 벌이고 있다.

지난 1999년부터 방통위와 인터넷진흥원이 공동으로 매년 실시하는 '인터넷 이용 실태 조사'에 결합 상품 이용 현황이 포함된 것은 이번이 처음이다. 결합 상품에 대한 소비자들의 관심이 높아지고 있기 때문이라고 방통위는 설명했다.

그림 4-3 통신 융합 상품 이용 현황(방통위·인터넷진흥원)

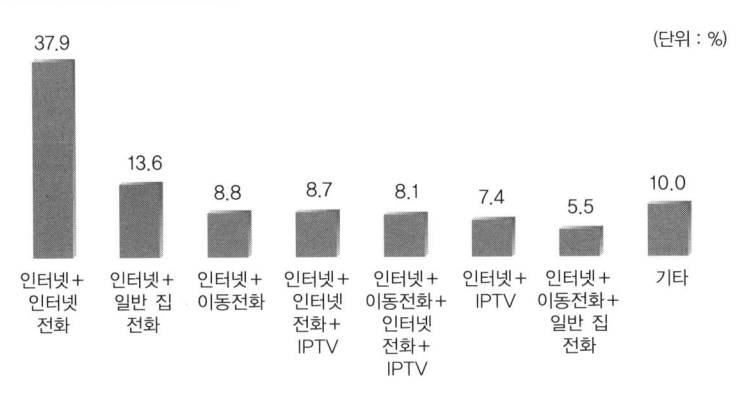

(《서울경제》 2009년 12월 8일 기사에서 재인용)

과거에는 새로운 제품이나 서비스를 출시할 때 소비자들의 반응을 어느 정도는 짐작하거나 조사할 수 있었지만, 최근에 기술 융합 등을 통해 창출되는 새로운 기술은 소비자들의 반응을 정확히 예측할 수 없다는 고민도 있다. 더구나 기존 사업 패턴에 익숙한 기업들의 경우에는 기술을 중시하고 소비자들의 반응은 과소평가하는 우를 범할 가능성이 있기 때문에 소비자들의 반응을 정확히 읽기가 힘들 수 있다. 하지만 새로운 제품이나 서비스를 내놓는 기업의 입장에서는 소비자들의 미래 니즈를 정확히 파악하는 것이 중요하다. 여기서 미래 니즈는 현재는 겉으로 나타나 있지는 않지만, 미래 트렌드에 의해 나타날 것으로 예측되는 니즈를 말한다. 문제는 이런 미래 니즈를 파악하기도 힘들지만, 설사 파악한다 하더라도 그 미래 니즈가 실제 수요로 연결되는 데 얼마의 시간이 필요할지를 알기는 더욱 힘들다는 점이다. 그런데 기업 입장에서는 제품이나 서비스 개발에 투자했는데, 빠른 시일 안에 매출로 연결되지 않으면 곤란하다. 왜냐하면 이미 투자한 상태에서 시간을 끌면 비용이 늘어나게 되고, 후발 주자들에게 추격당하게 되면 수익성이 떨어지게 되기 때문이다.

그러면 이런 초기 소비자 적응 문제를 어떻게 해결해야 할 것인가? 해결의 가장 중요한 실마리는 초기 수요를 빠른 시간 안에 끌어올리는 것이다. 당연한 얘기라고 말할 수도 있지만, 이런 전략을 가장 잘 활용하는 회사가 바로 애플이다. 바로, 앞에서 말한 바 있는 세일즈가 아닌 마케팅의 위력이기도 하다. 제품이나 서비스가 나온 다음 세일즈하려 하지 말고, '팔릴 제품이나 서비스를 만들어내는 마케팅'이 중요한 이유가 바로 여기에 있다. 애플의 아이포드나 아이폰처럼 소비자들이 줄을 서서 사게 만들면 된다. 물론 그런 마케팅이 쉬운 일이냐고 반문할 수도 있다. 당연히 어렵다. 아마도 가장 쉬우면서도 확실한 마케팅 방법은 바로 얼리 어덥터early adopter나 프로슈머prosumer를 활용하는 것이다. 특히 이미 제품이 나온 다음 사용해보는 얼리 어덥터보다는 제품 개발 과정부터 참여하는 프로슈머가 제품에 대한 소비자의 반응을 반영할 수 있다는 장점도 있고, 제품 개발에 참여했다는 자부심을 가진 프로슈머들이 자발적인 열정 소비자층을 형성하는 선도 역할을 할 수 있어 더욱 효과적이다.

또 한 가지 기술 융합 제품이나 서비스를 출시하면서 명심해야 할 점은 소비자들은 복잡한 서비스보다는 간편한 서비스를 선호한다는 사실이다. 예를 들어 통신 융합 제품 가운데 유선과 무선 통신 결합 제품인 원폰 서비스 같은 경우 효과를 극대화하기 위해서는 청구서를 단일화하는 작업이 필요하다. 미국 양키Yankee 그룹의 조사 결과에 따르면 미국의 소비자들 중 "집에서 쓰는 통신과 방송 서비스를 하나의 사업자로부터 구매할 의향이 있다"라고 응답한 비율은 2002년도에 38퍼센트였으나, 2004년에는 49퍼센트로 증가, 전체 응답자의 절반가량이나 됐다고 한다. 유선과 무선 통신 융합 서비스의 경우에 잠재 고객들은 낮은 요금과 함께 단일화된 고객 접점과 하나의 청구서 같은 편리성을 중시하는 것으로 분석되고 있다. 기술 융합에 의해 만들어진 제품이나 서비스 자체에 의한 편의성도 중요하지만, 그로부터 만들어지는 단일 청구서와 같은 부가적인 편의성도 중요한 마케팅 포인트가 될 수 있다는 말이다.

융합 기술 사업화의 성패는
표준 기술이 되느냐에 달려 있다

한국이 IT 강국에 올라선 계기는 무엇보다도 코드 분할 다중 접속 방식인 CDMACode Division Multiple Access를 이용한 디지털 방식의 휴대폰을 세계 최초로 상용화하면서부터라고 볼 수 있다. 물론 초고속 인터넷 망의 급속한 확산도 한몫을 했지만, CDMA 방식의 휴대폰 상용화는 한국에 기술에 대한 자신감을 심어주었고, 세계에 한국의 디지털 기술 수준을 알리는 계기가 됐던 것은 틀림이 없다. 하지만 CDMA 방식은 유럽 등 선진국에서 이미 표준 방식으로 자리 잡은 시 분할 다중 접속 방식인 TDMATime Division Multiple Access에 밀려서 세계 시장에서는 경쟁력을 발휘하지 못하고 있는 상황이다. 기술적인 면에서 보면 주파수 코드를 분할하는 방식인 CDMA가 주파수를 시간대별로 나눠 정보를 전송하는 방식인 TDMA에 비해서 뛰어나지만, 세계 표준으로 자리 잡는 데 실패함으로써 기술 우위를 경쟁력 우위로 연결시키지 못하고 있는 실정이다.

이런 기술 표준의 위력은 기술 융합에서 더욱 커지는 추세다. 왜냐하면 기술 융합에 있어서는 기기들 사이의 호환성이 중요한데, 호환성을 확보하기 위해서는 기술의 표준화가 선행되어야 하기 때문이다. 더구나 기기들 사이에 신호를 주고받아야 하는 통신기기에서는 국제적인 표준이 필수적이기 때문에 국제적으로 협약을 체결하여 표준화를 국가들 사이의 강제 사항으로 규정하고 있다. 따라서 국내 표준을 제정할 경우에도 국제 표준이 존재하거나 그 완성이 임박한 경우에는 이에 기초하여 강제력이 있는 기술 규정을 제정하여야 한다. 더구나 기술 표준 자체가 국가 기술 경쟁력으로 작용하기 때문에 기술 표준에 대한 국제 통상 마찰이 증가하고 있는 추세다. 이런 추세에 맞추어 국제 표준 기구인 ISO/IEC 산하 MPEG 그룹에서는 2000년 초부터 다양한 네트워크와 사용자 단말의 '상호 운용성inter-perability' 확보를 위한 통일된 형태의 큰 비전과 통합 표준을 제공하기 위해 MPEG-21 표준화 작업을 시작했다.

기술 표준에 있어서는 선발 기술이 유리한 것이 일반적이지만, 각국의 이해관계와 힘겨루기에 의해 후발 기술이 표준으로 채택되는 경우도 많이 있다. 대표적인 예가 최근 개발된 4세대4G 이동통신 기술에 대한 표준이다. 4세대 이동통신 기술 표준을 놓고 한국이 주축이 된 와이브로WiBro와 스웨덴 에릭슨 중심의 롱텀에볼루션LTE이 치열한 각축전을 벌이고 있다. 이 결과에 따라 앞으로 이동통신 시장의 주도권 향방이 결정되기 때문에 양 진영은 서로 연합전선을 구축해 사활을 건 싸움을 벌이고 있다. 한국은 2007년에 와이브로를 상용화했지만, 늦게 상용화한 LTE에 밀리고 있는 상황이다. 한국이 와이브로 상용화 서비스를 실시한 지 벌써 2년이 넘었는데도 불구하고 아직까지 가입자 수가 20만 명에 불과할 정도로 지지부진한 반면, LTE는 유럽의 이동통신사들의 공식적인 지지와 함께 일본과 미국, 중국의 메이저 이동통신사들이 깊은 관심을 보이면서 빠르게 세를 불리고 있는 상황이다.

전문가들은 앞으로 LTE가 와이브로를 제치고 4G 시장의 주도권을 잡을 것이라는 데 대체적으로 의견을 같이 하고 있다. 하지만 와이브로가 저렴하고 검증된 기술이라는 점을 부각시키면서 '틈새niche시장'을 집중적으로 공략하면 세계 시장의 30퍼센트 정도는 차지할 수 있을 것으로 전망된다. 특히 인구가 많지만 아직 통신 인프라가 제대로 갖춰져 있지 않은 아프리카나 중앙아시아, 중동, 남미 등은 와이브로를 채택할 가능성이 높은 것으로 분석되고 있다. 이를 위해서는 우수한 성능의 와이브로 단말기를 빨리 개발하고 글로벌 무선 테스트 베드를 구축할 필요가 있다. 국제 4세대 이동통신 표준이 LTE로 급속히 기울면서 와이브로를 정책적으로 밀고 있던 정부도 발을 빼는 상황이다. 이런 상황에서 삼성전자는 그나마 와이브로뿐만 아니라 LTE 두 부문에서 모두 기술 주도권을 확보하겠다는 의지를 분명히 하고 있지만 LG전자는 LTE 장비및 단말 개발에 집중적인 역량을 투여하고 있다. 오는 2015년에는 장비 시장만도 180조 원 이상의 시장을 형성할 것으로 보이는 4세대 이동통신의 기술 표준에서 한국의 와이브로가 LTE에게 밀려 상당한 타격을받을 것으로 전망되고 있어 안타까움을 주고 있다.

특허에도 신경을 써야 한다

특허가 한국의 제조업 기반을 흔들고 있다. 특허 제도의 원래 취지는 기술을 개발한 사람이나 기업에게 일정 기간 동안 독점권을 부여해서 개발에 들인 비용을 회수할 수 있도록 하는 것이었다. 이런 특허 제도를 통해 개발 동기를 부여함으로써 기술 개발을 촉진하자는 것이다. 그런데 이제는 특허 제도가 제조업의 발목을 잡는 역할을 하고 있다. 특히 요즘은 제조 특허뿐만 아니라, 영업과 비즈니스 모델BM 특허도 허용되는 분위기라서 사업을 할 때는 특허에 신경을 써야 한다.

"어릴 적 거머리에 물려본 적 있으세요. 특허 괴물은 원천기술이 취약하다는 우리 약점을 깊숙이 파고드는 거머리 같아요. 합의나 소송밖에 길이 없는데 들어가는 비용이 갈수록 늘어나고 있어요." 특허 괴물에 대한 이야기를 나누던 중 A사 임원이 불쑥 이렇게 말했다. "합의 조건으로 예전에는 100만 달러 정도를 불렀는데 지금은 100만 달러는 장난"이라며 "수천만 달러는 기본이고 수억 달러까지 요구해 황당할 지경입니다."

세계 최대의 특허 괴물인 인텔렉추얼벤처스ɪv가 특허 소송에 본격 나선 가운데 한국의 주요 기업들은 밀려오는 특허 소송에 대응하기 위해 고심하고 있다. 몇 년 뒤에나 나올 소송 결과에 따른 손실도 문제지만 당장 눈에 보이는 비용도 만만치 않다.

(중략)

특허 분쟁에서 한국 기업이 타깃이 되는 이유는 우리 기업들이 생산·응용 기술에 치중, 큰 성과를 거두고 있지만 원천기술은 상대적으로 취약하다는 한계 때문이다.

이 같은 원천기술 부족은 해외에 지급하는 특허료 증가로 이어지고 있다. 특허청이 작성한 특허권 등 사용료 국제수지 현황을 보면 국내 기업의 로열티 유출 규모가 늘고 있다. 로열티 유출 규모는 2005년 45억 달러에서 2006년 46억 달러, 2007년에는 51억 달러, 지난해에는 55억 달러로 해마다 늘어나고 있다. 반대로 우리가 받은 특허료 수입은 등락을 반복하면서 특허료 국제수지의 경우 2005년부터 적자를 기록하고 있다. 특허권 등 사용료 국제수지 현황은 일반적인 기술무역수지와 다른 것으로 특허권에 초점을 맞춰 작성된 데이터다. 특허 괴물 입장에서는 원천기술이 취약한 한국 기업이 좋은 먹잇감이 되고 있는 것이다. 《서울경제》 2009.9.21.

원래 제조업을 보호하고 기술 개발을 촉진하기 위한 특허 제도가 이렇게 제조업의 발목을 잡는 수단으로 변질된 데는 다음의 몇 가지 요인이 있다고 생각된다. 첫째는 기술이 세분화되고 너무 빠른 속도로 발전을 하다 보니 관련 특허를 모두 파악하기가 힘들다는 점이다. 물론 과거와 달리 특허 정보 검색 시스템의 발달로 어느 정도는 관련 특허의 검색이 가능하지만, 모두 파악하기는 힘든 게 현실이다. 더구나 특허는 선출원이 원칙이기 때문에, 출원 중이지만 아직 공개되지 않은 특허에 대해서는 속수무책일 수밖에 없는 실정이다. 최근에는 특허 내용을 공개하지 않다가 경쟁업체가 기술을 개발하면 특허 소송을 통해 로열티 수익을 거두는 '매복식 특허 공격'이 감행되기도 한다. 삼성전자와 하이닉스 등을 상대로 특허 소송을 진행 중인 미국의 메모리 칩 설계업체인 램버스의 특허 공격을 '매복식 특허 공격'의 대표적인 예로 들 수 있다.

둘째는 경제 규모가 커졌다는 점이다. 과거에 기업의 매출액이 적었을 때에는 특허 공격을 하는 주체가 주로 그 특허 기술로 제품 제조를 하고 있는 제조업체였고, 특허 공격의 주 목적도 경쟁업체를 견제하거나 타격을 주기 위해서였다. 따라서 특허 분쟁의 주 내용이 실제로 특허 기술을 도용했느냐에 초점이 맞춰져 있었다. 하지만 지금은 기업들의 매출 규모가 커지면서 특허 소송에서 이길 경우 막대한 손해 배상액을 받아낼 수 있어 '특허 소송' 자체를 사업으로 하는 회사나 펀드가 생겨나고 있다. 일명 '특허 괴물'로 불리는 특허 소송 전문 회사나 펀드는 매출액이 큰 글로벌 기업들을 대상으로 특허 소송을 제기하고 막대한 금액의 손해 배상금이나 합의금을 받아내고 있는 실정이다. 특허 괴물은 제품을 생산하거나 판매하지 않으면서 특허만을 매입해 로열티나 소송 합의금 등을 챙기는 회사로 위의 기사에 거론된 인텔렉추얼벤처스IV, Intellectual Ventures 등 세계적으로 220여 개가 활동하고 있다. 특히 글로벌 기업들의 경우에는 특허 분쟁에 휘말릴 경우 회사 이미지에도 큰 타격을 입을 수 있다는 점을 두려워하기 때문에 특허 괴물의 주 타깃이 되고 있다.

　셋째 특허를 출원하는 주체들이 다양해졌다는 점이다. 과거에는 제조 업을 하는 기업들이 자신들의 제조 기술을 보호하기 위해 주로 특허를 출원했다. 하지만 지금은 대학, 연구소, 개인 등 직접 제조를 하지 않는 다양한 주체들이 특허를 출원하기 때문에 이들로부터 특허를 싼값에 쉽 게 사들일 수 있다. 실제로 특허 괴물 인텔렉추얼벤처스는 서울대, 카이 스트 등 국내 주요 대학 8곳으로부터 269건의 특허를 매입했다. 현재도 특허 매입은 계속 진행되고 있다. 또 특허뿐 아니라 연구진의 아이디어 에 대한 현금 매입에도 나서 한 건당 1000만 원을 지급하고 상당수 아 이디어를 매입한 것으로 알려지고 있다(《서울경제》 2009. 9. 10). 이런 추세에 따 라 미국 내에서도 특허권 매개가 최근 급속도로 증가하는 추세를 보이 고 있다(그림 4-4 참조). 또한 '특허 분쟁'을 통해 경쟁업체에 타격을 주

그림 4-4 미국 내 특허권 매매 추이

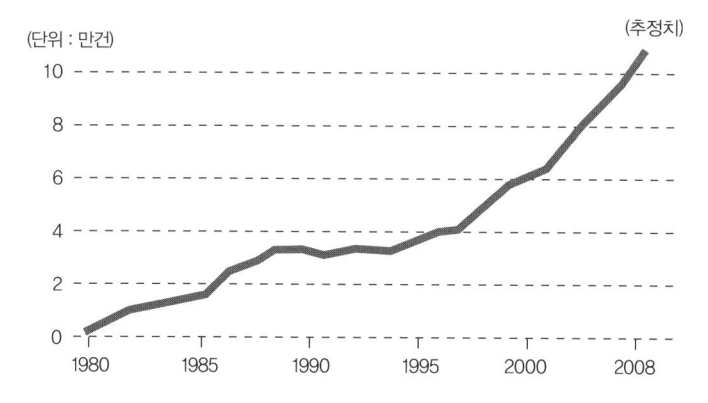

《서울경제》 2009년 9월 20일 기사)

면서 수익도 챙기고, 자신들은 제조 활동에 전념하기 위해 제조업체들이 특허 괴물에 특허를 현물 출자하는 경우도 늘고 있다. 노키아는 스파이더내비게이션이라는 IV의 자회사에 278개의 특허를 양도했고 소니·마이크로소프트·인텔·애플·구글·이베이 등 다른 IV 주주들 중 일부도 특허를 출자한 것으로 추정되고 있다(《서울경제》 2009. 9. 20). 더 나아가 특허 괴물들은 특허를 위한 기술을 개발하는 전문 연구 인력을 채용하여 자체 출원하는 특허 비중을 높여가고 있는 실정이다.

이런 문제가 생기는 가장 근본적인 이유는 특허 제도가 시대에 맞지 않는다는 점이다. 특허는 제조업 위주의 산업사회의 산물이라고 볼 수 있다. 현재의 지식사회와 미래 감성사회에서는 지식은 공유되고 공개되는 것을 원칙으로 해야 하기 때문에 지식에 대한 배타적인 권리를 주장하는 특허는 잘 맞지 않는다. 그렇다면 이렇게 시대에 맞지 않는 특허가 왜 아직도 위력을 발휘하고 있는가? 그 이유는 우선 지금이 아무리 지식사회라고 하지만 산업사회가 공존하고 있기 때문이다. 제조업 위주의 산업사회 기업이 아직도 건재하고 있기 때문에 그에 맞는 특허제도가 아직도 유효하다는 점이다. 어떻게 보면 특허 괴물이라는 지식사회의 진화된 기업 형태가 산업사회의 덜 진화된 기업을 공격하는 것이라고 볼 수도 있다. 두 번째 이유로는 특허제도가 선진국들의 자국 산업 보호 정책에 아주 잘 맞는다는 점을 들 수 있다. 선진국들은 높은 기술력은 보유하고 있지만, 제조업은 점차 개발도상국가로 넘어가는 상황에 처해 있다. 과거에는 선진국들도 제조업을 하면서 조금 뒤떨어진 기술들을 개발도상국들에게 팔 수 있었지만, 지금은 개발도상국들도 선진국과 동일한 제품을 제조하는 공장을 짓고 있다. 개발도상국들의 추격을 효과적으로 견제하기 위해서 선진국들은 특허 제도를 아주 효율적으로 활용하고 있는 것이다.

특허 제도가 현 시대에 맞지 않는 제도라고 하더라도 세계 경제를 리드하는 선진국들의 이해관계를 충족시켜주는 한 당분간은 없어지기 힘들 것으로 보인다. 그렇다면 이런 상황에서 특허 소송 피해를 줄일 수 있는 방법은 무엇인가? 아직까지는 특허 소송을 완전히 피할 수 있는 방법은 없는 것으로 보인다. 다만 특허 소송 피해를 줄이기 위해서는 특허 괴물들의 공세에 수세적으로 대응하기보다는 공격적으로 대응하는 게 한 가지 방법이다. 최근 부상하고 있는 특허 방어 회사의 등장이 이런 추세를 반영하고 있다. 특허 괴물들이 특허 소송을 위해 특허를 매집한다고 하면, 특허 방어 회사들은 특허 괴물들의 특허 소송을 막기 위해 관련 특허들을 사들이는 역할을 하게 된다. 더 나아가 한국도 특허 괴물과 같은 형태의 사업을 통해 해외로부터 특허 기술료를 벌어들이겠다는 보다 적극적인 자세를 취하는 게 바람직하다. 공격적인 특허 펀드를 통해 특허를 확보하다 보면 특허 피해는 저절로 막아지는 이중 효과를 볼수 있을 것이다. 최선의 공격이 곧 최선의 방어책이 되는 것이다.

더구나 지금은 특허 괴물들이 현재 전성기에 있는 전기·전자 등 분야의 일부 글로벌 대기업들만 대상으로 특허 소송을 제기하고 있지만, 앞으로는 2차 전지, 자동차, 바이오 등의 분야도 시장이 점점 커짐에 따라 특허 괴물들의 먹잇감으로 부상될 가능성이 커지고 있다. 또한 특허 괴물들의 수적인 증가로 인해 소송 대상도 현재의 대기업 위주에서 중견 기업, 중소기업 등으로 무차별 확대될 가능성이 높아지고 있다. 문제는 대기업들은 그나마 특허 공세에 대응할 수 있는 자금력과 인력을 갖추고 있지만 중견·중소 기업들은 법적 대응 능력이 취약하다는 점이다. 예를 들면 특허 소송이 제기되는 장소가 한국이 아니라 대부분 미국을 비롯한 외국이기 때문에, 중소기업들은 비용뿐만 아니라 거리상의 문제로 인해 제대로 대응하기가 힘든 상황이다. 더욱이 특허 소송은 자국 산업 보호주의로 기우는 경향이 크기 때문에 외국에서 진행되는 소송은 이래저래 불리할 수밖에 없는 상황이다. 특히 비즈니스 모델도 특허에 포함되는 경향이 점점 강해지고 있어 문제가 더욱 커질 소지가 있다. 기술 융합에 의해 생겨나는 새로운 분야는 기술 특허의 대상이 되기도 하지만 비즈니스 모델BM 특허의 대상이 되기도 하기 때문이다.

하지만 한국 정부나 연구 기관, 기업들의 특허의 중요성에 대한 인식은 아직도 매우 낮다고 볼 수 있다. 그 전형적인 예로 최근 전자통신연구원ETRI이 노키아, 애플 등 전 세계 23개 휴대폰 제조업체를 상대로 1조 원대 특허 침해 소송을 진행하면서도 여실히 나타났다. 전자통신연구원 내에 법률을 전담하는 부서가 없어서 기술 특허를 통째로 외국 업체에 넘긴 것으로 드러났다. 따라서 ETRI는 관련 특허 소송에 이겨도 수익의 일부만 챙기고, 향후 기술 사용허가 등 관련 특허권도 단독으로 행사할 수 없게 됐다. 한 마디로 '재주는 곰이 부리고, 돈은 엉뚱한 사람이 챙기는 꼴'이 된 셈이다.

관련 업계에 따르면 ETRI는 2006년 4월에 미국 특허 관리 업체인 SPH아메리카(이하 SPH)와 이동통신 관련 표준 기술특허 7건에 대해 '전용 실시권'

계약을 체결했다. 전용 실시권이란 관련 소송뿐 아니라 해당 특허의 사용 및 판매 등 제반 권리를 위임하는 것이다. 따라서 ETRI는 자신이 보유한 이동통신 관련 표준 기술특허 7건에 대해서는 더 이상 권리 주장을 할 수 없다.

ETRI 관계자는 "계약서 문구상 SPH가 관련 권한을 독점하는 것으로 돼 있지만 별도 조항을 통해 ETRI와 협의를 거쳐 일을 할 것"이라며 "ETRI 역시 단독으로 기술 수익료를 받거나 사용을 허가하는 등 권리 행사는 할 수 없다"고 말했다.

결국 노키아와 애플 등 외국계 23개 휴대폰 제조사들을 상대로 한 소송에서 이겨도 수익금은 SPH가 챙긴 뒤 일부만 ETRI가 받게 된다. ETRI 관계자는 "비율을 공개할 수 없지만 승소에 따른 수익을 SPH와 나누기로 계약했다"며 "국책 연구기관의 한계상 국제 법률 문제를 진행할 수 없기 때문에 어쩔 수 없이 취한 방법"이라고 말했다. ETRI는 내부에 변리사와 지적 재산권 팀은 있지만 법률 전담 조직은 없다. 《한국일보》 2010. 1. 14.

사업에 기술자를 100퍼센트 활용하는 방법

　필자는 이제까지 대학과 기업을 다니면서 강연을 통해, 또 필자의 첫 번째 졸저인 『대한민국 이공계 공돌이를 버려라』를 통해 주로 기술자들을 대상으로 새로운 시대에 맞춰서 변해야 한다는 점을 강조해왔다. 그런데 여기서는 기술자가 아닌 입장에서 기술자들을 어떻게 대해야 하는지에 대해 쓰려고 하니 상당히 곤혹스러운 점이 많다. 우선 기술자들이 모두 같으냐 하는 문제를 제기하면 별로 할 말이 없다. 하지만 기술자들 나름의 일반적인 특성이 있는 건 사실이라고 생각한다. 뭐라고 할까, 기술자를 떠올리면 약간 고집스럽고, 막힌 듯한 느낌이 든다고 할까? 물론 모든 기술자들이 그런 건 아니지만, 대부분(?)의 기술자들이 그런 느낌이 드는 것은 필자도 느끼는 바다. 기술자인 필자가 생각해도 주위의 기술자들 중에 유난히 그런 느낌을 주는 사람들이 많이 있다. 그 이유는 그런 기질을 가진 사람들이 기술자가 되는 경우가 많기 때문이기도 하고, 공학을 공부하다 보면 성격이 그렇게 바뀌기도 하기 때문이라고 생각한다. '어떤 사실이 옳거나 그르다'고 판단해야 하는 공학을 공부하다 보면 '그건 틀린 것이 아니라 다른 것일 뿐이다'라는 사고방식을 가지기가 힘들다. 객관적인 사실을 탐구하는 공학을 공부하다 보면, 주관적인 입장에서 세상일에는 다른 의견도 있을 수 있다는 다양한 견해를 받아들이지 못하게 변할 수 있다.

　이런 말을 하면 아마도 기술자들 중에는 반발할 사람이 많을 것이다. 기술자가 아닌 사람 중에도 그렇게 고집스럽고, 꽉 막힌 듯한 느낌을 주는 사람은 많으니까 말이다. 필자는 여기서 기술자들의 성격이 어떻다고 판단을 내리거나 비판을 하려고 하는 것은 아니다. 다만 사업을 하면서 느낀 기술자로서의 필자 자신에 대한 생각이나, 같이 일했던 기술자들의 특성을 좀 일반화해서 말하고, 그에 대한 해결책을 나름대로 제시해보려고 하는 것이다. 필자는 시멘트 공장에서 처음 일을 시작했다. 그다음에는 연구소에서 개발 업무를 하다가, 영업을 하고, 결국 창업해서 사업을 하게 됐다. 이렇게 전형적인 기술자에서 사업가로 변신하면서 고생도 많이 했지만, 배운 점도 많았다. 이렇게 글을 쓰고 강연을 하러 다니는 이유도 기술자들이 변해야 한다는 것을 느꼈기 때문이다.

　그렇다면 기술자가 아닌 입장에서 기술자들을 잘 활용하는 방법은 무엇일까? 여러 가지 방법이 있을 수 있지만, 필자가 기술자에서 사업가로 변신하면서 가장 효과적이었다고 생각하는 방법을 소개할까 한다. 필자는 유학을 다녀와서 경기화학(지금의 KG케미컬)에 취업을 했다. 처음 입사해서는 연구소장을 했는데, 연구소에서는 정수장(수돗물)용 화학제품과 건설화학제품을 개발했다. 물론 알루미나를 활용한 제품도 개발했지만, 필자는 건설화학제품을 맡아서 사업화에 참여하게 됐다. 필자가 기술자 입장에서는 안정적인 연구소장이라는 직책을 그만두고 사업 부서를 맡아서 나오게 된 데는 나름대로 경기화학의 독특한 연구소 운영 정책이 있었기 때문이다. 우선 경기화학은 제조부, 영업부 식의 조직이 아니라, 사업부서제를 운영했다. 즉 한 사업부 내에 개발, 제조, 영업이 묶여 있었다. 사업부서장이 사업 전체에 대한 책임을 맡는 식이었다. 물론 이런 시스템은 다른 회사에서도 흔히 채택되고 있는 시스템이긴 하다.

경기화학만의 독특한 시스템은 연구소의 운영 정책이었다. 일반 기업에서는 연구소에서 어떤 품목에 대해 연구 개발이 끝나게 되면 보고서를 작성하고 영업부 내지 사업부서에 넘겨주게 된다. 하지만 경기화학에서는 제품을 개발한 팀 내지 연구원이 사업부서를 만들어서 사업화에 참여해야 하고, 그 사업화가 성공해야만 임무가 끝나는 것으로 정책을 정했다. 즉 개발을 담당했던 사람이 영업까지 담당하도록 한 것이다. 이렇게 하면 두 가지 좋은 점이 있다. 우선 개발이 끝난 제품도 초기에는 여러 가지 시행착오를 겪게 된다. 그런데 그 제품에 대해서 가장 잘 알고 있는 개발자가 사업화에 참여함으로써 그런 시행착오를 줄일 수 있다. 두 번째로는 보통 개발자들은 프로젝트를 지속하기 위해 시장 상황을 부풀리고 기술적인 애로를 숨기는 경향이 있다. 이런 문제는 개발 제품을 실제 사업화할 때 비로소 불거지게 되는데, 개발자와 사업 담당자가 이원화되어 있는 경우에는 서로 책임을 떠넘기게 되는 경우가 많다. 하지만 개발자가 직접 사업을 담당하게 되면 이런 문제는 자연스럽게 없어지면서, 개발 단계부터 사업화에 대해 실질적인 고려를 하게 된다.

이런 시스템을 채택해 얻게 되는 가장 중요한 장점은 바로 기술자들의 의식 변화다. 기술자들은 그냥 기술 개발만 하는 게 자신의 임무라고 생각하는 경우가 많은데, 그런 자세를 확실히 뿌리 뽑을 수 있다는 것이다. 사업을 성공적으로 만들어야 자신의 임무가 끝난다고 생각하도록 만드는 시스템, 그게 바로 기술자들을 100퍼센트 활용하는 방법이다. 과거 기술 우위였던 시대에는 기술 개발만 끝나면 바로 사업으로 이어졌지만, 지금은 기술 개발도 중요하지만 그 기술이 고객에게 어떤 가치를 제공하느냐가 중요한 시대다. 이렇게 '마케팅이 중요하다'고 아무리 기술자들에게 강조를 해도 그걸 실감나게 받아들일 수 있는 기술자들은 별로 없다. 왜냐하면 기술 개발은 자신의 일이라고 생각하지만, 사업화는 자신의 일이라고 생각하지 않기 때문이다. 남의 일을 자신의 일처럼 생각하기는 정말 쉽지가 않다. 가장 좋은 방법은 시스템을 통해 자신의 일로 만드는 것이다. '마케팅을 기술자들의 일로 만드는 것', 그것이 바로 기술자들을 사업에 끌어들이는 가장 효과적인 방법이라는 것이다.

필자도 연구소장이라는 기술자로서는 최고의 자리를 박차고 고생을 무릅쓰고 사업부서를 맡아서 나간 이유가 바로 이런 경기화학의 독특한 시스템 덕분이었다. 당시 필자가 경기화학에서 개발했던 건설화학제품은 수입 제품과 비교해 품질은 동등하고 가격은 70퍼센트 정도에 불과할 정도로 개발자 입장에서는 획기적인 제품이었지만, 사업화에는 2년여의 시간이 소요됐다. 필자는 그 과정을 통해서 싸고 좋은 제품이 영업의 전부가 아니라는 아주 평범한 진리를 깨닫게 됐다. 영업에는 나름대로의 노하우가 있다는 것도 알게 됐고 말이다. 아무리 싸고 좋은 제품이라도 사람이라는 변수가 있다는 사실도 그때 깨닫게 됐다. 이때의 사업 경험은 나중에 필자 자신의 사업을 하면서도 아주 귀하게 활용했다. 그

때 경기화학 연구소에서 비슷한 과정을 밟았던 연구원들은 나중에 다른 회사로 옮긴 다음에도 크게 환영받았다고 한다. 기술자들 가운데 그렇게 사업적인 사고방식을 가진 경우가 드물기 때문이었을 것이다.

CEO가 기술에 대해 가져야 할 자세

사실 이제까지 비공학도인 CEO가 기술에 대해 가져야 할 자세에 대해서는 이미 앞부분에서 여러 면으로 언급을 했다. 조금 중복되는 느낌이 있지만, 여기에 그 내용들을 요약해서 다시 한 번 기술하면서 마무리하려고 한다. 왜냐하면 이 내용이야말로 이 책이 추구하는 방향이면서 필자가 정말로 하고 싶은 얘기이기 때문이다. 물론 일부 내용은 기술에만 한정된 것이 아니라 경영이나 마케팅에 관련된 내용이라고 볼 수 있지만, 어차피 기술도 그 자체로서 의미가 있는 게 아니라 경영, 마케팅과 융합을 해야 하는 것이기 때문에 굳이 별도로 구별할 필요는 없다고 생각한다.

1. 비공학도인 CEO도 기술을 이해해야 한다

비공학도인 CEO가 왜 기술을 이해해야 하는가 하는 문제에 대해서는 이미 프롤로그에서 언급했기 때문에 여기서 다시 언급할 필요는 없다고 생각한다. 여기서는 앞에서 다루지 않은 두 가지 추가적인 문제에 대해 살펴보고자 한다. 우선 큰 회사의 경우에는 CTOChief Technology Officer가 별도로 있는데, 굳이 CEO가 기술을 알아야 할 필요가 있느냐고 의문을 제기할 수 있다. 하지만 필자는 CEO가 기술을 알아야 할 필요가 있다고 생각한다. 물론 CEO가 기술을 어느 수준까지 알아야 하는가가 문제일 수는 있다. CEO가 CTO가 아는 만큼 기술을 알 필요는 없을 것이다. 하지만 기술 문제라고 해서 CTO에게 전적으로 맡기는 자세는 바람직하지 않다는 의미다. 그 이유는 CTO가 기술을 바라보는 입장과 CEO가 기술을 바라보는 입장이 다를 수 있기 때문이다. 지금은 CEO의 결정이 회사의 운명을 좌우할 정도로 중요하기 때문에 기술과 관련된 결정을 하기 위해서는 CEO가 결정에 필요한 정도는 기술에 대한 이해를 하고 있어야 한다.

다음으로는 CEO가 기술을 이해해야 한다면 어느 수준까지 기술을 이해해야 하는가 하는 문제다. 물론 CEO가 모든 기술을 자세히 이해할 필요는 없다. 또 그럴 시간도 없을 것이다. 여기서 기술을 이해한다는 의미는 새로운 기술이 만드는 패러다임을 이해해야 한다는 정도로 이해하면 좋을 것이다. 예를 들어 요즘 SNSSocial Networking Service의 중요성이 커지고, 그에 따라 새로운 신세대인 디지털 네이티브족이 탄생했다. 새로운 사업 기회를 만들기 위해서는 그들의 사고방식을 이해해야 하는데, 그들을 과거의 산업사회적인 관점에서 이해하면 사업에 실패할 가능성이 크다는 것이다. 뒤에 다시 언급하겠지만, 그들은 집단 지성을 통해 '똑똑한 군중 smart mob'이 되며, '공짜 경제학'을 신봉한다. 그들을 상대로 사업을 하기 위해서는 그들을 내 편으로 끌어들여야 하며, 그들이 필요한 것은 공짜로 주되, 돈을 벌 수 있는 방법은 따로 강구해야 한다. 그들을 이해하기 위해서는 그와 관련된 전문가를 초청해서 강의를 듣거나 관련된 책을 읽는 정도로는 부족하다. 익숙하지는 않겠지만 실제로 트위터도 사용해보고, 블로그를 운영해보거나, 최소한 블로그를 방문해서 글을 남기고 다른 사람들의 글을 읽는 정도는 해야만 몸으로 감각을 느낄 수 있다.

2. 소비자와 한편이 되어야 한다

애플의 아이폰이 성공한 이유가 많겠지만, 그중의 한 가지가 바로 소비자를 한편으로 끌어들였다는 것이다. 즉 애플 앱스토어를 통해 누구나 소프트웨어를 올릴 수 있도록 하고, 매출액 중 파격적인 비율을 소프트웨어 개발자가 가져가도록 하고 있다. 이제까지 한국의 이동통신 업체들이 소프트웨어 개발자에게 겨우 생색내기 정도로 나눠주었던 것과는 대비되는 면이다. 이런 애플의 전략은 똑똑한 군중을 내 편으로 끌어들이는 효과를 톡톡히 보고 있다. '앱이코노미The App Economy'라는 신조어를 만들어낼 정도로 많은 1인 기업 내지 소규모 소프트웨어 개발자들이 앱스토어에 프로그램을 올리고, 실제로 수많은 평범한 사람들이 백만장자로 새로 태어나고 있다. 한국의 모바일 개발자들 중에서도 이미 최강우 블루지앤씨 대표가 모바일 게임 '카툰워즈 거너'를 통해 7억 원의 매출을 올린 것으로 알려졌다.

이러한 애플의 전략은 두 가지 큰 효과를 거두고 있다. 우선 이런 새로운 뉴스거리는 애플을 자연스럽게 홍보하는 역할을 하면서 사람들의 관심을 끌게 된다. 애플의 신비주의 마케팅과 더불어 지속적으로 긍정적인 관심을 끄는 효과적인 전략이 되고 있다는 의미다. 두 번째는 소비자들을 애플의 편으로 끌어들이는 효과가 있다. 직접 앱스토어에 프로그램을 올려서 돈을 번 사람들뿐 아니라, 그럴 가능성만이라도 가진 사람들은 애플에 호의적일 수밖에 없지 않겠는가. 앱스토어의 성공에 자극받은 한국의 이동통신 업체들도 앱스토어와 비슷한 전략을 선택하고 있지만, 근본적으로 소비자와 한편이라는 상생의 패러다임 전환 없이 흉내만 내는 것만으로는 부족하다. 지금의 소비자들은 똑똑한 군중이기 때문에 그런 정도의 속임수는 금방 눈치를 채기 때문이다.

그렇다고 애플이 소비자들을 위한 선한(?) 기업이라고 오해하면 절대 오산이다. 애플이 이런 전략을 선택하는 이유는 물론 소지자들에게도 이익이 되지만, 애플에게는 더 큰 이익이 되기 때문이다. 사실 앱스토어의 경우에도 애플이 하는 일이 무엇인가? 그저 멍석만 깔아 놓은 것이다. 실제로 거기에 콘텐츠를 제공하는 주체는 애플이 아니라 수많은 개발자들이다. 개발자들은 아이템을 올리고, 매출이 발생하면 애플은 수수료(?)만 챙기면 되는 것이다. 그야말로 '손 안 대고 코푸는 격'이다.

3. 공짜로 주고 더 크게 벌어라

구글이 무엇 하는 회사인가? 물론 검색 서비스를 제공하는 회사다. 그런데 구글이 검색 서비스를 통해 돈을 버는가? 그렇지는 않다. 소비자들에게는 검색 서비스를 제공하고, 좋은 검색 서비스를 보고 몰려드는 소비자들의 숫자를 이용해 광고를 통해 돈을 벌고 있다. 이게 바로 '공짜 경제학'이다. 산업사회의 패러다임으로 보면 검색 건수당 얼마씩 받으면 금방 돈을 벌 수 있을 것으로 판단할 수 있다. 하지만 검색 서비스를 유료화하게 되면 검색 서비스가 아무리 좋더라도 아마 대부분의 이용자들이 다른 공짜 검색 엔진을 사용하기 위해 야후 등 다른 검색 서비스로 이동하고 말 것이다.

심지어 요즘은 인터넷 서비스 회사를 바꾸면 현금을 준다는 전화도 받곤 한다. 물론 몇 년 정도의 의무 약정 기간은 지켜야 한다는 전제를 제시한다. 그렇다면 결론은 뻔한 것이다. 공짜를 넘어 현금을 준다고 하지만 결국 내 돈을 내가 받는 것일 따름이다. 그런데도 사람들은 그 유혹에 약하다. 왜냐하면 이미 우리는 '공짜 경제'에 익숙해 있기 때문이다. 앞으로 이 경향은 점점 더 심해질 것이다. 주택도 소유보다는 월세로, 자동차도 구입보다는 렌트를 선호하는 경향이 점점 더 많아지는 것을 보면 알 수 있을 것이다. 이러한 경향은 제조에서 서비스로 경제 시스템이 변화하게 되면서 자연스럽게 생겨난 것이다. 따라서 앞으로 기업이 돈을 벌기 위해서는 소비자들에게 필요한 것을 개발했다고 해서 끝나는 게 아니다. 산업사회에서는 소비자들이 필요한 것이 제품의 형태로 나오기 때문에 그 제품을 팔면 직접적으로 돈이 되지만, 감성사회에서는 그 서비스를 이용해 어떻게 돈을 벌 수 있는지를 별도로 생각해야 한다. 소위 말하는 '비즈니스 모델'을 어떻게 찾느냐가 사업 성패의 관건이 된다.

4. 시장을 조사하지 말고 시장을 창출하라

새로운 사업을 시작할 것인가 결정을 내릴 때 가장 어려운 점이 시장에 대한 문제다. 그래서 일반적으로 사업계획서를 만들 때 들어가는 중요한 항목이 바로 시장조사를 통해 나온 정보다. 그런데 이 경우에 그 시장 관련 정보가 얼마나 신빙성이 있느냐 하는 점이 문제가 된다. 과거에는 제품의 개선이 서서히 이루어졌고, 새로 나오는 제품에 대해 소비자들도 어느 정도는 예상을 할 수 있었기 때문에 새로운 제품에 대해 소비자들이 판정을 할 수 있었다. 하지만 지금은 어떤가? 소비자들이 예상치 못하는 제품이나 서비스들이 쏟아져 나오고 있다. 이 경우에는 소비자들을 상대로 설문조사 등을 통해 시장조사를 하는 게 큰 의미가 없다. 소비자들 자체가 새로운 제품이나 서비스에 대해 모르기 때문이다.

그러면 어쩌란 말인가? 시장을 조사하지 말고 창출해야 한다. 물론 그게 말처럼 쉽지가 않다. 왜냐하면 소비자들은 기존 제품이나 서비스와는 차별화되어야 하되, 너무 급진적으로 생활을 바꿀 정도의 제품이나 서비스는 받아들이지 않기 때문이다. 새로운 사업을 한다는 것은 그 경계 선상에서 외줄타기를 하는 것이나 마찬가지다. 그 경계 포인트를 제대로 짚기 위해서는 시장에 대한 끊임없는 파악이 필수적이다. 새로운 시대의 기술 동향을 파악하고, 소비자들의 불편 사항에 귀를 기울여야 하는 가장 큰 이유가 거기에 있다.

하지만 새로운 사업이 성공하기 위해서는 이런 노력만으로는 충분하지 않다. 실제적으로 시장을 창출하는 가장 좋은 방법은 위에 얘기한 '소비자를 내 편으로 끌어 들이는 것'이다. 요즘 소위 말하는 '프로슈머(생산자와 소비자를 합한 개념)'를 활용해 시장 적용성을 타진해 보고, 그들을 통해 시장을 창출해 나가는 것이다. 더욱 바람직하게는 소비자들을 단순히 끌어들이는 정도가 아니라, 애플의 앱스토어 같이 적극적으로 참여하게 만드는 것이 가장 좋은 시장 창출 전략이다. 소비자와 함께 시장을 창출하고 돈을 버는 공동 운명체를 만들게 되면 그 사업의 성공은 따 놓은 당상이다.

에필로그

　책을 쓸 때면 원고를 완성해 출판사에 넘기고 나서 편집을 거쳐 최종적으로 책이 나올 때까지 어느 정도의 시간이 소요된다. 필자의 경우를 보면 그 기간이 짧은 경우에는 1개월, 길 경우에는 6개월 정도가 걸리기도 했다. 웬만한 경우에는 두 번 정도의 교정을 거치고 나면 책이 나오게 되는데, 최종 원고 수정을 하고 나서 책 출간이 가까워지면 괜히 가슴이 두근거린다. 기대감과 더불어 두려움도 섞여 있는 묘한 감정 상태가 되는 것이다. 그 정도가 처음 책을 낼 때 가장 심하긴 했지만, 이제까지 일곱 권의 책을 낼 때마다 비슷한 감정을 느끼곤 했다.

　하지만 이번 책을 내면서는 이전에 책을 내면서 느끼던 묘한 감정에 초조함이 더해지는 경험을 했다. 그 이유는 최종 원고를 넘기고 나서 막상 책이 나왔을 때 이 책에서 기술한 미래 기술이 이미 구닥다리가 되어버렸거나, 필자가 예측하지 못한 새로운 기술이 나타날 수도 있다는 염려를 했기 때문이다. 그야말로 속도가 생명인 최근의 트렌드를 몸으로 느끼는 계기가 된 셈이다. 지금 출판사로부터 1차 교정을 마친 원고와 수정에 관한 의견을 받고, 재수정을 하면서도 왠지 빨리 마무리해야 한다는 강박관념에 시달리고 있다.

물론 필자가 화학공학도로서 변화의 속도에 비교적 둔감한 분야에 종사했기 때문에, IT라는 변화 속도가 빠른 기술 분야를 다루다 보니 현기증이 날 가능성도 있을 것이다. 하지만 최근의 기술 변화 속도는 그야말로 정신을 차릴 수 없을 정도다. 일반 사람들도 이런 기술 발전 속도에 멀미가 날 정도인데, 사업을 하는 사람이나 기업은 더욱더 혼란스러울 수밖에 없다. 남을 따라가는 정도로도 생존할 수 있던 과거와는 달리, 이제는 앞서 나가지 않으면 생존 자체가 불가능한 상황에서 변화 속도가 너무 빠르다 보니 따라가는 것조차도 버겁기 때문이다.

특히 그 정도는 중소기업의 경우에 더욱 심하리라 생각된다. 대기업들은 나름대로 이런 변화를 예측하고, 대처하는 별도의 팀을 만들어 대처할 수 있는 여력이라도 있지만, 중소기업의 경우에는 별도의 투자를 할 수 있는 여력이 없는 경우가 대부분이기 때문이다. 사실 이 책은 이런 어려움을 갖고 있는 중소기업 CEO들을 주 독자로 해서 쓰여졌다. 중소기업을 운영하는 필자가 느끼는 동병상련의 결과라고나 할까? 그러다 보니 이미 미래 기술에 대해 관심을 갖고 이해를 하고 있는 대기업 CEO들이나 공학도들에게 이 책의 미래 기술에 대한 내용이 너무 평이하고 이미 알고 있는 내용으로 비쳐질 수도 있을 것이다. 하지만 이 책이 미래 기술에 대해 목마르면서도 잘 접할 수 없는 중소기업 CEO들을 위한 책이라는 점을 감안하고 이해해주길 바란다. 한 걸음 더 나아가 비록 책이나 신문, 잡지 등을 통해 알고 있는 내용이지만, 어느 시점을 기준으로 전체적으로 한번 정리해보는 것도 의미가 있지 않을까 하고 스스로 자위해본다. 사실 일반인들이나 중소기업 CEO들은 최근의 디지털 컨버전스 기술들에 대한 용어를 이해하는 것만도 상당히 버거운 상태다. 이 책을 통해서 그런 용어에 대한 개략적인 이해만 할 수 있어도 충분히 의미가 있다고 생각된다.

그야말로 2010년은 한국 경제에서 중요한 시기가 될 것으로 전망된다. 아이폰으로 선을 보인 기술 융합의 새로운 시대가 문을 열었고, 제조업 위주의 산업 체제가 서비스업 위주로 재편되는 중요한 시기이기 때문이다. 변화에는 항상 위기가 따르기 마련이다. 기존의 사업 체제에 안주하는 기업들은 도태될 것이고, 새로운 변화에 제대로 적응하는 기업들은 새로운 기회를 맞이하게 될 것이다. 요즘 같은 변혁의 시대에는 패러다임의 변화를 제대로 이해하는 것이 가장 중요하다. 예를 들면 소비자를 내 제품을 사주는 상대로 생각하는 게 아니라, 완전히 내 편이라는 사고의 전환이나 소비자, 협력업체와 상생해야 한다는 사고의 전환이 이루어지지 않으면 기술 개발만으로는 새로운 시대에 적응하는 게 불가능하다.

금년 1월 7일부터 나흘 동안 미국 라스베이거스에서 열렸던 세계 최대 가전 전시회인 CES 2010에 각종 신제품이 쏟아져 나왔다. 태블릿 PC(키보드 대신 컴퓨터 화면에 펜으로 정보를 입력하는 휴대용 PC), 스마트북(넷북보다도 작은 초소형 노트북 PC), e리더(전자책), 모바일 TV, MID(Moblie Internet Device) 등 종류도 다양하다. 특히 아이포드와 아이폰으로 새로운 바람을 일으키고 있는 애플이 새해 들어 태블릿 PC인 아이패드를 공식 공개하고 출시를 예고하면서 경쟁 업체들에게 긴장감을 불어넣고 있다. 그에 맞추어 세계 각국의 글로벌 기업들도 새로운 사업 계획을 속속 발표하고 있다. 한마디로 눈이 핑핑 돌고 정신을 차릴 수 없는 소용돌이에 들어와 있는 셈이다. 하지만 이럴 때일수록 모든 것을 다 하려는 생각보다는 전체적인 트렌드를 이해하고 새로운 패러다임에 맞춰서 변신하되, 자신만의 핵심 역량을 키우고 발휘하는 지혜가 필요하다. 이 책이 새로운 시대의 트렌드를 이해하는 데 조금이나마 도움이 되었으면 하는 바람을 가져본다.

이 책의 원고를 마무리하는 동안 애플의 아이패드 출시에 못지않게 중요한 뉴스 중의 하나가 '도요타가 위기에 빠졌다'는 것이었다. 도요타는 소니 몰락 이후 일본 자존심의 최후 보루였고, 수많은 최신 경영 원칙을 만들어낸 세계 최정상의 기업이었다. 그런데 품질의 보증 수표로 여겨졌던 도요타자동차가 이제 리콜을 해야 하는 처지에 처하게 된 것이다. 필자도 강연을 할 때면 도요타의 T형 인재라든가 제로 재고JIT, Just in Time 개념 등을 인용하곤 했는데, 도요타의 몰락으로 더 이상 인용이 어렵지 않을까 은근히 걱정이 된다.

미래 기술을 예측해서 변신에 성공한 기업의 대표로 꼽히는 노키아가 애플에 밀려서 고전하는 현상이나, 경영의 모범 사례로 꼽히던 도요타의 위기는 이제 더 이상 한 번 일등이 영원한 일등이 될 수 없음을 보여주는 생생한 사례라고 보여진다. 끊임없이 변신하는 기업만이 생존할 수 있다는 평범한 진리를 우리에게 일깨워주고 있는 것이다. 지금 반도체 분야에서 세계 최고를 자랑하는 한국의 대표 기업인 삼성전자의 경우에도 안심할 수 없다는 반면교사로 삼아야 하지 않을까 괜히 걱정이 된다. 정말 '변해야 한다는 사실 하나만 변하지 않고 모든 것이 변한다'는 누군가의 말이 가슴에 와 닿는 요즘이다.

한 치 앞을 내다볼 수 없을 정도로 급변하는 미래 세상에서 살아남기 위해서는 '변하는 세상을 받아들이는 열린 마음'이 가장 필요하다. 미래에 어떤 기술들을 개발해야 할 것이냐 하는 것도 중요하지만, 새로운 시대에 맞는 새로운 패러다임을 이해하는 것이 더욱 중요하다. 이 책에 공학 비전공자인 CEO들을 위해서 미래 기술들에 대해 예측을 했지만, 그 예측 자체만이 중요하다고 생각하지는 않는다. 그보다는 그 미래 기술들을 통해 만들어지는 새로운 시대의 패러다임을 이해하는 것이 더욱 중요하다는 말이다. 삼성전자, LG전자, SK텔레콤 등 한국의 대표적인 기업들이 살아남기 위해서는 제조업 기반의 산업사회적인 마인드를 버리고 서비스업 기반의 감성사회 마인드를 갖추어야 한다. 단순히 애플을 따라할 게 아니라, 새로운 시대에 맞게 고객을 내 편으로 만드는 상생의 경영을 펼쳐야 한다는 것이다.

며칠 전 신문에 전자책 분야에 제휴를 하기로 했던 KT와 교보문고가 결별하기로 했다는 기사가 나왔다. 물론 기업 간에 제휴란 이해관계에 따라 성사될 수도 있고, 결렬될 수도 있다. 변화무쌍한 최근의 경영 환경에서 어제의 적(경쟁자)이 오늘은 우군(제휴 파트너)이 될 수도 있고, 오늘의 우군이 내일은 적이 될 수도 있다. 하지만 KT와 교보문고 제휴의 결렬 원인이 통신망 임대료 문제라는 사실에 적잖이 실망을 했다. 물론 필자는 어느 기업의 입장을 비판하거나 지지하지는 않는다. 또 아마도 기사에 나와 있지 않은 다른 결렬 원인이 있을 수도 있다. 하지만 고객이 필요한 서비스를 어떻게 제공하느냐 하는 데 초점을 맞추지 않고, 단기적인 기업 이익만을 생각하는 산업사회적인 마인드를 아직도 갖고 있는 게 아닌가 하는 걱정이 은근히 된다.

사실 공학을 사업의 관점에서 다루다 보니 미흡한 점이 많았을 것이라고 생각된다. 이제까지 기술을 일반인들에게 소개하는 책이나 기술발전에 따른 사회적·경제적 변화에 대해서는 소개하는 책들이 많이 나왔지만, 사업적인 관점에서 살펴본 책은 거의 없는 것 같다. 이 책이 비공학도인 사업가 내지 사업을 생각하는 사람들에게 얼마나 도움이 될지는 모르겠지만, 일단 그런 시도를 해봤다는 자체만으로도 의미는 있다고 생각한다. 물론 비공학도인 사업가들에게도 도움이 되겠지만, 사업을 생각해야만 하는 공학도들에게도 도움이 되리라는 희망을 가져본다. 이제 사업과 기술도 융합을 해야 하는 시대가 되었기 때문이다. 아무튼 급변하는 기술 환경 속에서 사업을 해야 하는 기업인들에게 이 책이 조금이나마 도움이 되었으면 하는 마음으로 부족한 책을 세상에 조심스럽게 내보낸다.

이 책이 나오기까지 수고를 해준 여러 분께 감사를 드리고 싶다. 우선 이 책을 쓰도록 제안해준 페이퍼로드의 최용범 대표에게 감사드리고, 비공학도의 입장에서 여러 의견을 주고 책 내용을 다듬어준 페이퍼로드 식구들에게도 감사드린다. 책이 나올 때마다 내용의 이해와 관계없이 항상 격려해주시는 부모님의 따뜻한 사랑에 감사드리며, 건강하고 편안한 여생을 보내시기를 기원해본다. 더불어 원고를 쓸 때마다 변함없이 좋은 충고를 해주는 동생에게도 감사드린다. 출판사와는 별개로 이 책의 기획서에 대한 검토를 거쳐 초고 내용에 대한 분석과 독자로서의 모니터링을 해주신 링크나우(www.linknow.kr) '내 책 쓰기 클럽'의 김중현 대표와 박정근, 곽숙철, 이정연, 고영혁, 전동주 님께도 지면을 빌어 감사의 말씀을 전한다.

2010년 2월
글쓴이 김송호

CEO 공학의 숲에서 경영을 논하다

초판 1쇄 발행 2010년 3월 2일

지 은 이 김송호

펴 낸 이 최용범
펴 낸 곳 페이퍼로드
출판등록 제10-2427호(2002년 8월 7일)
　　　　　서울시 마포구 연남동 563-10번지 2층

기　　획 고왕근, 이송원, 노만수
편　　집 양석환, 김남희
마 케 팅 윤성환, 유정완
관　　리 임필교
디 자 인 장원석(표지), 이춘희(본문)
출　　력 스크린그래픽센터
종　　이 태경지업사
인　　쇄 천광인쇄
제　　책 (주)상지사 P&B

이 메 일 paperroad@hanmir.com
Tel (02)326-0328, 6387-2341 | Fax (02)335-0334

I S B N 978-89-92920-38-4 03320